语言学经典文丛

核心推导语法

（第二版）

陆丙甫 著

上海教育出版社

出　版　说　明

　　上海教育出版社成立六十年来，出版了许多语言学专著，受到学界的欢迎。为满足读者的需要，我们从历年出版的著作中精选了一批，辑为"语言学经典文丛"。《核心推导语法》(第二版)原为"中国当代语言学丛书"的一种。此次出版，我们按照学术著作出版规范的国家标准，对编入文丛的著作进行了体例等方面的调整，还对个别差错予以改正。其他均保持原貌。

上海教育出版社

2018 年 8 月

出 版 者 前 言

"中国当代语言学"丛书是上海教育出版社的重点出版项目之一。本丛书于 1990 年春由游汝杰(复旦大学)、张洪明(美国威斯康辛大学麦迪逊校区)和唐发铙(本社)策划,并开始组稿和编辑工作。当初拟定的丛书编辑宗旨如下:

> 中国语言学在 20 世纪二三十年代开始摆脱传统小学的樊篱,进入现代语言学的新阶段。半个多世纪以来,中国语言学已经积累了可观的研究成果,特别是最近十多年来,许多领域在海内外又有了长足的发展。这套丛书希望总结中国当代语言学各个分支学科领域的研究成果,特别是反映最新的研究进展,以期收到承前启后、继往开来的效果,促进中国语言学的现代化。丛书作者则不限国别地域,不限门户学派,唯求高明独到,力争每一本书都能达到当代该学科的最高水平。

1992 年 6 月组稿者将丛书的编辑宗旨、计划和撰稿人名单告知当时在美国访问的朱德熙先生,请他为本丛书撰写总序。朱先生十分赞赏丛书的编辑宗旨,并且认为撰稿者也都是"一时之选",欣然答允为序。孰料朱先生病情日益加剧,天不假年,未及提笔就不幸逝世。丛书的总序也因此暂付阙如。

从 2000 年开始,刘丹青(中国社会科学院语言研究所)、张荣(本社)也参加了丛书的编辑工作,编委会工作由游汝杰主持,编辑和出版的方针也有所调整。本丛书原拟五年内出齐,结果未能如愿,因为有的作者忙于其他工作,未能按计划完成书稿;有的作者虽然已经完成书稿,但是希望有时间反复修改,使之完善,而不想匆匆交稿。考虑到学术研究需要艰苦的劳动和大量的时间,限定出版时间,不利保证书稿质量。又考虑到学术研究的特点是学无止境、与时俱进、推陈出新，丛书的出版工作也应该是册数开放、不设时限、常出常新。基于上述认识，我们将不设本丛书终止出版的时限，即没有出完的一天。我们不想追求轰动效应，只要优秀书稿不断出现，我们就不断出版。

　　本丛书将成为一套长期延续出版的丛书。希望本丛书的编辑和出版方针，能对学术著作的出版工作走上健康发展的道路有所贡献。

上海教育出版社

2003 年 10 月

Preface

The series *Contemporary Chinese Linguistics* is one of the important projects of Shanghai Educational Publishing House. The planning of the series and the soliciting of contributions began in the spring of 1990 with the joint efforts of Rujie You (Fudan University), Hongming Zhang (University of Wisconsin at Madison) and Fanao Tang (Shanghai Educational Publishing House), who were brought together to edit the series by such following common grounds.

Not until the twenties and thirties of 20th century could Chinese linguistics break down the barriers of the traditional Chinese philology and enter its modern stage. Since then, and especially in the last ten years, rapid progress has been made in various different fields of Chinese linguistics and considerable wealth of research achievements have been accumulated. The series tries to present these achievements so as to stimulate the further research.

In June 1992 the editorial committee apprised Prof. Dexi Zhu of the target and the policy of the series with a name list of contributors and invited him to write a preface for the series. Prof. Zhu appreciated the target of the series and the contributors, and promised to write a preface. But his cancer situation turned worse and worse day by day, and did not allow him to write it. So the preface remains unfinished, it is a great pity.

Prof. Liu Danqing of Sciences and Mr. Zhang Rong, the editor of the Shanghai Educational Publishing House, joined the editorial committee from the year of 2000, and the policy of editing and publication has been adjusted since then. We planned to publish the serials within 5 years at the beginning, but the plan was not realized because some authors were too busy with some projects else, and did not finish writing according to the schedule, while others who had finished the manuscripts would like to revise them to perfect. Considering academic study needs hard work and a plenty of time, if we set deadline, the quality could not be guaranteed, and it is the feature of academic study that there is not limit to knowledge and the old should be weeded through while the new should be brought forth, we will not restrict the number of series volumes and their dates of publication. We would not like to pursuit sensational effort, and what we want to do is to publish qualified manuscripts whenever we have.

This series will be published successively in China. We hope our policy and publication would make contribution to the publication of academic works healthily in China.

Shanghai Educational Publishing House

Oct. 2003

内 容 提 要

　　我国流行的句子分析法主要有两种：传统的句子成分分析法和结构主义的直接成分分析法。前者因为强调结构内核心词的作用，所以又称"中心词分析法"；而后者强调层次，又称"层次分析法"。本书从比较这两种分析法的得失出发，提出一种兼顾核心词和层次的"向心层次分析法"和由有限多项式构成的"向心轨层"的语法描写形式和结构观念。

　　以此为出发点，根据核心词在切分中的"定向"（确定切分深入的方向）、"定界"（确定切分的下限）作用，在本书的前半部，也对汉语语法中一些传统的基本问题，如词本位、短语本位和句本位的得失问题，结构核心的判断和内向、外向问题，形式和意义的关系问题，词类问题等，在统一的基础上进行了系统的分析。

　　本书的后半部，根据核心词在结构分析中的"定义"（确定结构成分的范畴）、"定位"（确定成分的位置）作用，以核心所定义的"整体性"（板块）和内、外层为基础，对语序的变换进行了讨论。这些内容，也是形式语法的转换生成语法所讨论的基本现象。本书对这些现象提供了一个建立在认知基础上，从传统语法角度也能理解的功能主义分析、解释。

　　在上述讨论的基础上，本书最后一章提出一种听话者取向的、动态的句法分析——"同步组块分析"；它既不同于结构主义中静态的和听话者取向的语法分析，也不同于生成语法中动态的、说话者取向的语法分析。"同步组块分析"也是对句法结构分析加以数量化的一个尝试。

目　　录

1 导言：核心作为
句法推导的起点

1.1 结构核心在结构分析中的规定作用

1.1.1 切分分析和关系分析

语法所研究的主要是语句结构的问题。而所谓结构，就是整体中各组成部分之间的关系。因此，结构分析的第一步就是如何把一个语言结构体，如句子、短语，切分成若干个组成成分，即切分分析。第二步就是如何去分析、整理各成分之间的关系，即关系分析。

无论是切分分析还是关系分析，都有许许多多的可能性供我们选择。那么，我们根据什么标准去择优而选呢？也许主要的标准有两条：一是客观上看哪种处理最能反映出语言结构的本质，二是主观上看哪种处理最容易被人理解、掌握。所幸就语言结构而言，这两个标准在极大的程度上是一致、重合的：因为语言原本就是人类智力的产物，语言的本质就同人类的主观智力，即认知能力，有着极其密切而深刻的联系，所以反映其结构本质的成分切分和关系分析，也总能反映出人类认知的特点并易于为人类认知所把握。

以切分分析而言，我们应该建立一种能为我们的认知所把握的"有限切分"。只要目标确定，切分总有尽头，所以我们认为应该用一个核心去限定切分的方向、程序和终点。这样的结果，一方面，任何一个语言结构体的组成成分都将是一个有限多项式，这就反映了人类语言是有限手段的无限运用这一本质；另一方面，这个有限多项式的项目数又必然不会超过七项左右，正好同人类短时记忆和注意力的广度相一致，因而这种有限多项式也是便于我们理解、掌握的形式。

以关系分析而言,也应该用一个核心作为起点或坐标原点。好比分析家庭中各成员的关系,总要先确定一个中心成员,通常是家长或户主,以此推出去,每个人的身份才能明确下来。除此之外,为了对成分间的位置关系和移动方式作明确的形式分析,也要先确定一个核心作为定位标准和相对静止点。这样的分析,同人类最基本的、对事物空间关系的认知方式是完全一致的,因而也是容易理解、掌握的。

总起来说,结构核心在切分分析中具有"定向(确定切分深入的方向)、定界(确定切分的下限)"的作用,在关系分析中具有"定义(确定成分身份)、定位(确定成分的位置)"的作用。下面我们进一步讨论结构核心的这两方面基本作用。

1.1.2 由核心导向的有限切分

人类认识的一个目标就是努力以有限的基本因素、基本原理去把握无限的世界。事实上整个客观世界可以说就是由有限种类的基本元素根据有限的基本结构模式和规律而进行无限排列组合的结果。例如,事物虽然无限但构成事物的物质(分子)种类就少得多,构成物质的元素(原子)种类就更少,至今发现的不过一百多种。至于构成原子的基本粒子更是寥寥可数了。从结构上看,任何复杂结构都是由一些简单结构组成的。甚至任何不规则的曲线,在数学中都可以分析成由多条规则的正弦曲线或余弦曲线叠加而成。不规则的噪声其实也是由一些具有固定频率的规则的声波合成的。人类语言也是如此,19世纪最伟大的语言学家洪堡特就已经深刻地指出过,"语言是对有限手段的无限运用"。

客观世界尽管是可分析的,但并非总是可以明确切分的。如整个光谱是个渐变的连续体,但人类感觉和语言却把它大致切成七个左右的区域,更进而用形式和意义都明确不同的词语去命名。可切分性,是人类语言的基本特点之一。动物也有某些交际手段,如蜜蜂能用飞行舞蹈的阵式表示蜜源方向,用舞速表示蜜源的距离。但是这种语言是不可切分的,如速度越快表示距离越远,是渐变的,或者说是"无级微调式"的。无切分意味着无结构,因为所谓结构即内部离散的各个组成成分间的关系。人类语言则可以切分，"五百米之外｜有｜花蜜"和"一万里之外｜有｜花蜜"，都可以切分成三部分。但要达到明确切分的目标，获得明确的切分结果，却并不是简单的事。当然，一些明显错误的切分是容易排除的，如"五百｜米之｜外｜有花蜜"这样的切分，因为完全不能正确反映语言的内在结构，显然是不允许的。但允许的切分却不是唯一的，如"五百米之外｜有花蜜"和"五百米之外｜有｜花蜜""五百米｜之外｜有｜花蜜"甚至"五｜百｜米｜之｜外｜有｜花｜蜜"，都是允许的切分。同一个结构体允许有不同的切分结果，就意味着切分结果的不明确。

我们在这本书里要讨论的第一个具体主题就是切分的明确化：在允许的切分中，哪一种切分是最好的？或至少是较好的？判断好、坏的标准又应该是怎么样的？我们的分析要强调：理想的切分不仅应该有明确的手续和结果，并且切分所获得的结构模式系统应是一个我们的认知能力所能有效把握的、必要而充分的模式，是一种项目限度为<u>七项左右的有限多项式</u>。所以对于语言结构模式而言，有限性除了指模式类型有限外，其实还可理解成组成每个结构体内的成分应该是有限的。

人类的高度认知能力同人类语言之间的因果关系是怎样的？当然，在较晚的阶段和较高的层次，两者之间无疑是互为因果的。然而就最早的初始状态而言，大概是智力起主导作用，即智力发展到一定程度才产生语言。理由有两点：一、从发生的角度看，智力先于语言，事实上动物也有智力，但却没有严格意义的语言。那么，只要承认语言同智力有密切因果关系，就不能不承认智力是语言发生的基础之一。二、语言本身是一种具有很高抽象程度的符号系统，任何词义都是对客观事物的抽象，因此对语言的运用需要相当的智力基础。既然人类认知能力是人类语言的基础，那么，人类认知的特点必然在很大程度上决定人类语言的构造特点。

在人类智力中，研究得比较多的并且也是最能数量化的就是人类的短时记忆和注意力的广度。据心理学研究，人类短时记忆和注意力的广度都为七个单位左右（7±2）（Miller 1956）。事实上短时记忆同注意力的广度密切相关，可以说是同一现象的两种表现：记忆的内容是内部意象,而注意的内容则是外部物象,衡量两者的单位都是"块"(chunk)。由于语言的基础形式是口语,而口语本身转瞬消失,留下的只是声音意象,因此语言学家就强调短时记忆的作用,除非在书面语阅读的研究中,一般很少提及注意力的广度问题。Miller(1956b)把短时记忆限度和注意力的广度统称为"人类信息处理能力的限度",我们也不妨把这两种密切相关的心智能力统称为"人类认知的运作广度"。

关于认知运作限度为七项左右,即人类认知和思维中能够同时把握的离散单位不超过七块左右,我们在日常生活中不乏这方面的经验。例如,听一遍就能记住的电话号码通常不能超过七位左右。数糖果等小物件时,效率最高也只能做到五个五个地,或六个六个地数,超过七个就很难保持高效率的一目了然。比方说八个八个地数,实际上就会把八个看作两个四的加和,要分两步,最初一目了然判断的是四个。棋手可以一目了然地记住一个棋局上的所有棋子,似乎可远远超过七个,但进一步的调查表明棋手是把全局分成不超过七个左右熟悉的小格局去记的。如果是毫无布局地乱放,那么连最高明的棋手在看一眼后也至多记住七个左右的棋子。

我们可以注意到,七个左右这个数量级在人类语言中有极为广泛的反映。小到一个音节所包含的音位数目不会超过七个(例如,英语单音节词 shrimps"虾",有六个音位;sh-r-i-m-p-s);大到一个句子包含的句子成分通常也不会超出七个左右("他|昨天|在图书馆里|认认真真地|查了|半天|资料"这个句子有七个成分:主语、时间状语、处所状语、方式状语、动词、时量补语和宾语);再大到一篇能够一鼓作气读完的文章,基本段也以不超过七段左右为宜(例如,中国古代通行的考试作文典范格式"八股文")。本书的讨论将会显示,人类认知的运作广度是如何具体地制约着人类语言的结构方式以及分析方式[1]。这种普遍的数量限制,恐怕是人类语言最基本的共性和形式限制了。由此可见人类语言形式深受人类认知机制的制约。毕达哥拉斯说"万物皆数",自然是有失片面的,但数量指标在科学中确实是最重要的因素之一;如把他的话改为"万理皆数",大概就差不多了。

1.1.3 从核心出发的关系推导

切分之后的任务是分析切分所得到的成分间的关系。理想的分析应该是必要而充分的，即既不冗余又无遗漏，恰到好处。例如，一个五口之家，你说其结构是：一老人，俩夫妇，俩孩子，那就不充分，因为没说明老人到底是谁的什么人以及孩子是男是女等。如果你列举谁是谁的什么人，穷尽每一对两两关系，那么，需要罗列的关系有十对，显然又太啰唆，因为其中很大一部分是可以从其他的关系中推导出的。那么，较好或最好的表达该是怎样的呢？

在一个语句中，某些成分是相对浮动、易变的，而另一些则像海底的礁石似的屹立不动。分析句法关系，应该以那些稳定的成分为比较的基础和起点。例如，在"张三|看到了|李四"和"李四|看到了|张三"两个句子中，位置和意义都稳定的单位是动词"看到了"；不管是张三看到还是李四看到，"看到"本身的语法意义并无不同，正如用左眼看到和用右眼看到是一回事。但名词可随其位置的变化而改变语法意义：前置于动词时是施事和主语，后置于动词时是受事和宾语。分析这类句子中各成分之间的关系时，显然应该以动词作为起点和稳定的比较基础。

在分析"客人来了"和"来了客人"两个句子之间的联系时，我们面临三个基本选择：1. "客人"和"来了"交换了位置；2. "来"变动了位置；3. "客人"变动了位置。第一种处理牵涉两个成分的变动，而后两种处理中只动一个成分，比较简单。后两种处理中，又以"客人"移动了位置为比较好。因为在这两个句子中，发生意义变动的是"客人"：前置于"来了"时是预先知道的客人，而后置于"来了"时是指不速之客。说"客人"移动就可把位置的变动和意义的变动直接联系并统一起来，或者说可以把变动因素集中到一个成分上，这是认知上最易把握的处理。这也是形式和意义一致的表现之一，即形式变化和意义变化的一致性、象似性。因此我们在分析这类句子时，也应以动词为原点、相对静止点。

这个原则可贯彻于句法分析的所有阶段，即在任何一个分析阶段，在任何一个相对独立完整的结构体中，都应有一个明确的原点或初始起点。

　　本书的分析将强调,在一个多项式结构体中确立一个类似于家庭中的户主或坐标系中的原点这样的核心,对于结构关系分析的简化和明确有关键性的作用。核心作为关系推导的初始点决定了整个推导过程的步骤。整个句法结构的分析,即可从这个核心一步步推出去,首先是那些靠近核心的内层成分,然后是那些离核心较远的外层成分。越内层的成分越稳定,外层成分的性质取决于内层成分。在这方面,人类对空间关系的认知方式,在语言结构中也得到了直接的反映。本书将具体显示,人类感知空间位置和事物位移时区分背景和物象、相对静止点和移动物的基本策略,在理解句法成分的定位和移位时,也是必不可少并行之有效的。

　　仅仅指出"客人"移动了还不够,还要进一步明确移动的方式、方向,即"客人"在这个变动过程中到底是前移了还是后移了? 或者说"客人来了"和"来了客人"这两个句子中,到底哪个应看作变化的起点? 这里分析的就不仅是句子内各成分间的关系,而且还牵涉各个相关句式间的关系。对成分移动的具体方式、方向作深入的分析,是转换语法的一个显著特点。我们的讨论将表明,这方面的选择标准也同我们基本认知方式有直接联系。

　　建立一个明确的推导程序,是使描写减少因人而异的任意性和增加必然性所不可缺少的。

1.2　形式主义和功能主义

1.2.1　描写和解释

　　以上我们强调了人类基本的认知能力和方式在语法结构和语法分析中的作用。现在我们可以进一步问: 是否所有的语法单位、语法规则都必须有心理现实性或交际功能上的动因? 这是一个很有争议的问题。对这个问题的不同看法,形成了语法研究中的两大基本流派: 形式主义和功能主义。形式学派强调从形式上解释语法现象,而功能学派强调从功能上解释语法现象。这种分歧,往往又跟如何理解"描写"和"解释"有关。

让我们先来看看描写和解释的关系。为了更好地说明这点，可加上"观察（记录、罗列）"一起考虑。科学研究的起点是观察现象，起码目标是描写现象，而高标准目标是解释现象。但这三者的界限并不是绝对的，而是有相当程度的交叉重叠。特别是"描写"，同两头都有难分难解的重叠关系：

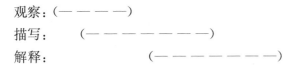

将观察、记录的结果稍加整理，就有了描写的色彩。描写可分为对现象的描写和对原因的描写，后者也就是解释了。解释也可分为体系内的解释和体系外的解释，前者有更多描写的成分。例如将某种疾病的病理症状记录下来，可说是观察也可说是描写。如果分析的结果显示这种疾病由某种细菌引起的，这可说是描写也可以说是解释。如果再进一步用一般的物理、化学规律说明这种细菌所产生的某种化学物质如何干扰、破坏了人体新陈代谢中正常的物理、化学过程，这又是进一步的解释。这样的解释从生物学上看大概已经是最终的解释。但是，这些所谓一般的物理、化学规律，从物理学、化学的角度来看，可能也只是某种描写，还可有深一层的解释。如果说解释就是找原因，那么，任何原因背后总还有深一层的原因，所以解释本身是个无限连续发展的过程。而任何深一层的解释都可把前面浅一层的解释看作是描写。

虽然观察、描写、解释三者间的区别，特别是后两者间的关系，是很相对的，但大致上可以说，观察是就事论事，描写主要是从自身内部寻找规律，而解释是对规律的说明：往往也就是用已有的或一般的规律，去说明新发现或较特殊的规律；或用某学科之外的现象解释某学科的现象，即建立规律间的联系。关键的问题是如何理解一门学科的"自身"的范围。

如中国古代记录了极其丰富的天文现象，基本属于观察的性质。哥白尼的日心说太阳系模型，可以说是一种正确的描写。从常识的角度看，哥白尼的日心地动理论，也未尝不能说是对某些天文现象，如昼夜交替和日食、月食等的初步解释。不过,既然日心说本身是对所积累下来的包括昼夜交替和日食在内的具体天文现象的概括、总结,那么,再回过来用它来说明这些现象,就是一种循环,说不上是真正的解释[2]。后来牛顿的运动定律、万有引力定律等,把天体的宏观运动和我们日常所见的常规运动如苹果落地以及分子、原子结构成分的微观运动结合起来,那才是严格意义上的解释。

又如把北京话的所有音节罗列出来,这是观察。观察只能告诉我们北京话中没有/tʰiou、mia、mist/这些音节。描写可进一步告诉我们北京话中没有/tʰiou/是很偶然的,因为同部位的声母/t、n、l/都能同韵母/iou/相结合;没有/mia/则有一定的必然性,因为北京话中除/tɕ、tɕʰ、ɕ/和/l/外,其他声母都不可同/ia/结合;没有/mist/则是十足必然的,因为它完全不合北京话音节结构的基本模式。还有其他的音不是人类所能发出的,当然北京话中也不可能有。换言之,/tʰiou/是北京话中可能有的音节,/mist/则是北京话中不可能有的音节。解释则需要进一步从北京音系发展的历史乃至人类发音器官的生理特点说明为什么北京话中必然有什么音和没有什么音。所以,从某种程度上可说,<u>观察是要解决现实性问题,描写是要解决可能性问题,而解释是要解决必然性问题</u>。

如果说,描写就是"知其然",是提出问题,那么,解释就是"知其所以然",是解答问题。一方面,虽然从目标上说,解释的层次比描写要高。但另一方面,只有"知其然"才能"知其所以然"。俗话说"(把问题)讲清了就已解决了一大半",所以描写的作用往往是更关键的,正如"提出正确的问题比解决问题更重要"这一学术界的行话所提示的。总之,正确的描写是深刻解释的前提,描写的作用是不能低估的。

1.2.2　形式描写和功能解释

语法学中的"形式",主要有两个意思。一是指描写的形式化,含有简明化、精确化、公式化的意思,主要是个方法论的概念;二是指同"意义、内容"相对的形式,这个角度的形式主义主要是个本体论的概念。

从本体论来看，语法学不是语义学或语用学，它的基础是语言形式，因而，"凡是得不到形式上验证的语义分析对语法研究来说都是没有价值的"（朱德熙 1985：81）。语法分析必须以形式为纲，只有通过形式这条主线才能把整个语法研究串成一个具有内在一致性的系统。可以说，形式分析是语法之所以作为一门独立学科的基础。

如果我们从方法论角度对形式取广义的理解，把分析、描写所用的手段、工具（元语言）也看作形式（主观化的、想象性的、人造的形式）的话，则甚至可以说形式化几乎是一切现代学科（尤其是自然科学）的基础。科学研究的对象千百年来变化并不大（当然在深度和精确度上变化很大），科学的发展主要体现在研究手段、描述手段的进步。古语"工欲善其事，必先利其器"，就充分表达了工具的重要性。

形式化之所以重要，是因为只有形式化的概念才能在思维中得到明确有效的操作。想一下将化学元素形式化为字母代号，将化学变化形式化为化学方程式，这对于简化"化学思维"有何等巨大的效果，就可知科学形式化的认知意义了。数学之所以被称为"科学的科学"，其典型的形式化恐怕也是个原因。形式化的程度和具体方式对于学科的发展进程有着巨大影响，例如，中国古代数学将未知数表达为"天元、地元"，其效果就很不同于西方数学的将未知数表达为 X、Y 等字母形式[3]。

总之，无论从本体论上还是方法论上看，语法这门学科的基础都应该是形式的。但是，既然语法学的本体的基础是形式，停留在形式上的分析就基本上是描写性的。而用表达功能去说明语法现象，用语法以外的因素去说明语法形式，这才是严格意义上的解释。如果把形式描写和功能解释看作语法研究中提出问题和解答问题这前、后两个阶段的话，那么，形式学派和功能学派就非但不矛盾，而且是互相补充的。

中国古言曰"工夫在诗外"（文学巨著产生的根本原因还要从文学之外的社会、历史背景中去找），一位大物理学家也说"许多物理现象的解决其实在物理学之外"，可见，世界在本质上是统一的。关于宇宙统一性的信念，是我们得以把各门学科整合成统一的人类科学的前提，也是引导人类科学前进的根本动力。从这个角度说，完全孤立、自主自足的事物是没有的。强调某一系统的自主性,毋宁说主要是一种出于方法论的考虑。用语法以外的因素,如语义、表达和处理的功能去解释语法形式,虽是语法学的边缘、外围内容,但其重要性也是不可忽视的。一门学科因其作为核心内容的本体基础而维持稳定,保持自身特点,获得内部系统性;又通过边缘而同外界其他事物发生联系,推动自身的发展、突破。

1.2.3 形式和功能的一致性

"形式和功能的一致性",也常常理解成"形式和意义一致性",这是因为表义功能是语言的主要功能。广义的功能,即交际功能,还包括表义之外的因素,如语言形式的处理难易程度,等等。

同语法形式相关的外在因素有多种多样,但其中关系最密切、最直接的是语法形式的表达、交际功能。能否系统地从功能上解释语法现象,取决于语法形式和功能之间有没有全面的对应关系。

根据形式学派中最重要的一支——转换生成语法的"先天性"和"自主性"观点,基本和共性的语法由人类的遗传基因决定,并且语法有独立于其他认知机制的自主性,语法规则似乎并非一定要有功能性的基础。

不过,先天性和自主性虽然密切相关,但并不是一个问题的两个方面。大体上可说,自主性蕴涵着先天性,即自主性的语言现象都是先天性的,但反过来先天性的现象就不都是自主性的。当代心理语言学家一般都充分肯定语言能力的先天性,但对自主性的看法大不相同。事实上,当代心理语言学主要分歧就是强调自主性的"自主论"和主张尽量用人类一般的认知能力去解释语言能力、把语言自主性限制在最低限度的"最低限度论"之间的分歧(Tanenhaus,1988:1—3)。本书取最低限度论的立场,我们承认先天性,也承认语言机制有某些自主性,但我们的目标是尽量缩小自主性现象的范围。

语言机制当然有先天性,但先天性同功能性并不矛盾。好比人手,功能上并不能解释为什么非要有五个手指,除拇指外每个手指有三节,似乎只能从先天的遗传基因去解释。不过从自然选择、淘汰的角度看,功能不好的基因会慢慢被淘汰,能够长期稳定保存下来的基因总是功能上比较好(虽然不一定是最好)的。功能分析可以告诉我们：1. 一只手至少要有三个手指才够用，因为三点就可构成一个稳定的支撑面。2. 不能超过三个太多，因为那不是操纵不便，就是过于累赘冗余。事实上机械手通常也是三个手指。因此可说功能给人手结构规定了一个极小的范围，排除了从十个手指一直到一千、一万个手指的无限可能性。在至少三个并且接近三个这个极小的范围内，为什么恰恰是五个而不是四个、三个，这才是需要并且只能用先天的基因去解释的地方。根据"够用且尽量简单(以便操作)"的功能原则，一个指头分三节也能得到解释，因为三节已足够作充分的弯曲。

当然，人类四肢端部的五分叉，一直可追溯到爬行类祖先，最初的五分叉肯定同手的把握功能无关，但很可能有其他的功能原因。足的五脚趾，同步行功能似无关系，因此马的脚趾就演变为外形上只剩一个。人的脚趾数没有退化到马蹄的程度，是因为人的步行方式和对行走速度的要求都同马不一样，或者说，足分五趾，至少还没有严重妨碍人的行走和生存。这也是一种功能的解释，不过是从"至少无大害"出发的消极角度的解释，同上面从有效性出发的积极角度的功能解释有所不同。

此外还有一种"自身适应""物尽其用"的功能解释：生物体即使不能主动改变自身的基因，但至少能在较大程度上主动地有效利用已有的基因。同样一根尾巴，各种动物对它的利用方式真是千姿百态。动物的呼吸器官和口腔原本没有说话的功能，但等到人类有了语言交际的需要时，功能上最便于改进、利用的器官就是呼吸器官和口腔。生物体后来发展起来的机体，功能大多数都来源于对原有机体、功能的延伸、改造、利用，完全从无到有的突变并不多。这是生物体对自身基因的适应。由于语言在生物进化史上产生得很晚，可以想象它必然会尽量地利用类人猿原有的器官和认知能力、认知方式。一种语法形式，即使最初的产生没有功能上的理由，但若要保存下来至少不应严重阻碍交际的进行。并且在长期使用过程中，也总会发展起某些最初没有的功能，使自身的存在合理化。

因此，语言机制的自主性现象，虽然也是存在的，但在整个语言机制中大概不会占很大的比例。根据淘汰论、无害论、物尽其用论，我们相信：虽然不是所有,但至少是绝大多数的语法现象都最终能在不同程度上得到功能的解释。从这个角度看,自主性的解释可看作没有找到合适解释前的不得已的或权宜的解释。我们认为就人类语言的本质而言,形式同功能之间所存在的规律性一致、对应是必然的常态,而不对应可看作是偶然性的例外,是受其他外界偶然因素干扰的结果。

其实,无论形式还是功能,都不是单纯的,可以从不同的角度和深度去看,选择范围是广阔的。关键是在语法研究中我们如何找到适当的形式和功能取向,即发现哪种形式跟哪种功能之间有一致性。具体地说,就是要寻找相互间有着最大相关性、一致性的形式和功能。例如可以根据句子所含词数或语素数给句子分类,这当然也算是一种形式分类,这种形式标准也同表义功能有某种关系(词数越多内容越丰富,意义越复杂),但这种分类不能反映语言结构的作用,同语法根本无关。又如,同是动补结构,"(把衣服)穿坏、穿旧、穿脏、穿皱"都能说,"穿新"就不能说。但从描写主要解决可能性的角度来看,语法的形式描写应该承认"穿新"是个可能的格式(缪锦安 1990:20)。无论说"穿新"是错是对,都可得到意义的解释:说它对,是指符合"动作-结果"这一抽象的意义关系。说它错,是因为现实生活中不存在越穿越新的衣服。要把这两个层面的意义解释分开来,不妨说它在语法上是对而在语用上是错的。这就是说,两个层面的意义分开后就分别同语法上的合格和语用上的不合格完全对应起来了。

又例如,"写了那封信"和"写了三次"都可以说,但"写了三次那封信"不说,"写了那封信三次"也很别扭。形式的描写不妨说"写"这类动词后面只能有一个从属成分。功能的解释可说"写了"后面的成分在信息量上是有一定限制的(Ernst 1988),如"骂了他三次"可说,是因为人称代词的信息量很低。但为什么汉语中主要动词后面的成分信息量受严格限制呢？我们在本书的讨论中将把它同"A、B、C 和 D"中的并列连词"和"后面通常只出现一个并列项这个现象联系起来,认为都受到某种人类信息加工基本策略的限制。这又是另一层面的功能解释了。本书中将强调的形式,主要是反映结构块之间从属关系和结合紧密度之距离差别的向心轨层结构;而我们将强调的功能,除语义、语用表达之外，还包括信息加工处理的效率，即对大小和复杂度不同的成分作不同的位置安排的处理策略，也就是如何调整语序而使得句子更清通的消极修辞手段。

许多所谓的形式、功能间的无关性和不对应性，实际上是尚未找到对语法学真正适用的关于形式和功能的标准、取向而已。我们深信，对形式和功能两方面研究得越深入，就越能显示出两者的对应性、一致性。正如物理现象和化学现象的考察，深入到了一定程度后，就显示出两者间极大的一致，都受到物质-能量不灭定律等基本自然定律的制约。深入到了微观的层次，两者就合而为一了。分析得越深刻，各种领域的现象就表现出越大的一致性。语言的形式和功能之间的关系看上去还不很一致，那主要是因为我们对这双方的了解都不够的缘故。只要我们不囿成见，解放思想，总可以找到具有最大一致性、对应性的形式和功能的，而这必然是反映语法本质的形式和功能。

总之，在形式分析和功能分析的关系方面，我们赞同先形式再功能，在精确的形式描写的基础上作最大可能的功能解释。我国语法学始终十分强调的形式和功能互相结合、彼此印证的原则，作为一个根本性的、战略性的方向仍是正确的。复杂的是结合的具体方式、步骤究竟如何的问题。

1.3　语言的共性和个性

同肯定先天性并强调功能角度的解释相对应的是，我们也强调人类语言所具有的普遍的共性，因为各种语言的遗传生理基础、认知基础和交际功能是基本相同的。这正如东方人和西方人，在外表上或许有较多的区别，但人体内部的构造及各器官、组织的工作原理和功能是一样的。在抽象的理论层次上更是如此。又好比东方建筑和西方建筑，具体形态和风格当然迥异，这是不难发现的，但其所必须遵循的力学原理和某些基本的美学原理，也当是一致或极相似的。

事物的千差万别，主要体现于表面现象。隐藏在事物深处的本质，则表现出相当的稳定性。因此寻求人类语言的共性，也就是向着语言深层的本质接近。所谓"共性"，主要是指隐藏在表象背后的"万变不离其宗"的规律(陆丙甫 1990b)。强调事物的共性,从来就是一切理论科学的基础动力(应用科学则比较强调个性、特殊性)。

共性规律不仅是科学研究追求的目标,也是科学研究的初始起点。科学研究的基本程序,是个从简单到复杂的推导过程,因此总需要一些作为初始起点的最简单的起点,即大前提(公理或公设)。如欧几里得几何学中的几条公理和牛顿力学中的第一定律(惯性定律)。最简单的公理往往也就是最普遍的,这就代表了基本共性。

当然,科学研究就总体上看,强调共性的"异中求同"和强调事物个性的"同中求异"是相辅相成的两方面。牛顿说过,"把简单的事情看得很复杂,可以发现新领域;把复杂的事情看得很简单,可以发现新定律"。所谓把简单的事情看得很复杂,主要就是"同中见异";所谓把复杂的事情看得很简单,主要就是"异中见同"。但这里的异、同,不是那种明摆在表面上的异、同,那仅是等待我们去记录,而不需要我们去发现的。这种异、同应该是指藏在表面之同的深处之异和藏在表面之异的深处之同。所以,无论求同求异,关键的问题是都需要深化(朱晓农 1988)。

对事物认识的深化,主要是通过分化获得的。"异中求同"和"同中求异",都是要在整体的"异"或"同"中,找到相同或相异的组成部分。例如,任何运动总可以看成若干个分力的合力的结果,若干个简单直线运动的总和。这些分力,如引力,向心力和离心力,动力和阻力,都是无所不在的:一种力可能被另一种力抵消、压倒而在表面上看不出,但不可能根本上消失。语法的根本规律,应该也是极为有限、单纯而普遍的,问题是它们互相作用的具体方式在各种语言中表现不同。

形式学派在这共性探索方面曾作过很大的努力,例如,转换语法将传统语法中大而化之的宏观的句式转换,分化成更细致、具体的一个个移位步骤,和各种不同的移位类型。这种深入的分化极大地开拓了语法研究的领域。转换语法近年来的"元件理论"(modular theory),又强调用七个相对独立的基本原理(X′理论、格理论、论元理论、管辖理论、约束理论、控制理论、界限理论)及其相互作用,去描述人类语言的共性,这是更抽象的分化。

功能语法这方面的基本成果是，发现了象似性（iconicity）是人类语言的普遍现象。本书探讨较多的，是"语义靠近"这条象似性（意义上越接近的成分，在结构上也越靠近）。

此外，本书强调的一个初始起点是，人类语言结构受到人类短时记忆的限制这一普遍现象。这点体现在"核心"所决定的"有限多项式"上，这也是本书强调"核心"的重要原因之一。

1.4　背景和基本内容

在介绍了本书所反映的基本精神后，下面把本书的具体内容作一简述。

汉语语法学界曾为传统的"句子成分分析法"（中心词分析法）和引自西方结构主义描写语法学的"直接成分分析法"之间的何去何从进行过相当规模的讨论。讨论中对句子成分分析法的缺陷批评得比较详尽，而对直接成分分析法的批评不免有点草草了事。原因之一可能是句子成分分析法因长期使用而缺点暴露较充分。但实际教学经验也表明句子成分分析法虽然理论上有这样那样的问题，可大致上还是比较实用的。这场讨论总的结果是给人这样的印象：句子成分分析法虽不科学但还实用，而直接成分分析法虽然理论上严密但不实用。这是很奇怪的。按理说，理论和实用最终应该是统一的。实用的东西，必有其道理，不过我们一时还讲不清而已。而理论若不实用，往往也是因为有所偏失，缺少了某些环节。因而吕叔湘先生（1979：60）在讨论句子成分分析法时，比较公允地指出，"这种分析法有提纲挈领的好处，不仅对于语言教学有用，对于科学地理解一种语言也是不可少的。"

我们讨论的起点和主要内容之一就是发掘句子成分分析法的合理因素和寻找直接成分分析法的偏失，尝试把两种分析法从原则上有机地结合起来。句子成分分析法是强调找核心而忽视层次，而直接成分分析法是强调层次但完全无视核心的作用，因此我们提出了一种向着结构核心部分逐层深入下去切分的"向心切分"分析法，这种切分所得到的是一种新的层次——"向心轨层"。这样，既弥补了直接成分分析法无视核心作用的失误,又改进了句子成分分析法中不自觉、不明确地找中心手续。以此为基点,在本书的前半部,也对汉语语法中的一些基本理论问题,如词和短语的区分(实际上也就是核心和从属语的性质区别)问题,词本位、短语本位和句本位问题,结构中的核心判别和结构的内向、外向问题,形式和意义相结合的问题,词类划分问题等,在向心轨层的统一基础上进行了系统的分析。

戴浩一在"以认知为基础的汉语功能语法刍议"一文的结束中提到(Tai 1989:219):

> 最后谈谈短语结构的性质。由于本文提出的语法理论并未一开头就假定一套短语结构,所以除了语序之外,关于语法中层级结构的来源的许多问题需要将来去研究。如何说明层级结构,目前我们没有具体方案。层级结构在多大程度上归因于抽象的数学原则,多大程度上归因于感知手法,还是个没有解决的问题。

本书上半部对核心概念和向心轨层的分析,表明了层级结构同人类认知手段有着密切的、直接的联系。对核心概念的这些功能角度的阐述,也可以看作是对当代语法学中最重要的基础组成部分之一——X′理论的功能解释。

本书后半部从§5至§8,则进一步将向心轨层的理论加以应用和发挥。由核心所定义的整体性和内、外层,为语序转换提供了基本的制约;转换以具有相对整体性的"板块"为单位,短语块通常是从内层移向外层而词级单位是从外层移向内层。板块同转换语法中的"孤岛"和"语障"密切相关,而内、外层又同深层、表层具有某种程度的密切对应关系。本书从人类认知的特点和人类信息处理的一般原理出发,对这些形式学派所重点研究的内容作了功能上的分析、解释。

本书尝试把汉语语法学所关注的一些课题同转换语法的一些基本观念联系起来,在两者之间作点沟通工作。这些讨论显示,传统语法、结构主义语法和转换语法的根本目标是相通的。对以往一些传统语法难题的深究,往往会自然而然地引向转换语法的方法、观念。"条条大路通罗马",将汉语语法学界所关注的课题用转换语法的眼光去分析,也许能为人们理解转换语法的基本方法多提供一个角度和途径。

如把"核心"概念视为本书讨论的基点和主要线索,本书的安排可说明如下。

§2：核心在切分分析中的"定向""定界"作用。

§3：讨论核心的起源和本质。这两章的内容直接联系了我国语法学界广泛讨论过的内、外向结构问题。

§4：从意义和形式相结合的角度看核心在结构关系分析中的定位作用。

§5：从结构块的定义进一步阐述核心的定界作用,由核心引出"块"(语序单位)的概念,并从"块"在语序变换时表现出的整体性,转入对移位现象的讨论。

§6：从成分移位的角度进一步阐述核心在描写成分动态移位过程中的定位作用。

§7、§8：分析汉语句法中的一些具体的问题,可看作是对前面讨论结果的进一步的具体运用。

§9：对向心切分和有限多项式作进一步延伸的运用,也是从相反的过程——组合过程,去检验有限多项式切分的心理基础在自然语言理解研究中加以运用的可能性。

附　注

[1] 在格语法中,也把语义格,即"论元(argument)"分成七个左右,如：施事、受事、历事、工具、结果、终点、源点等。各家分法很不相同,但分出的类型大多为七个左右。

教学中强调的重要词类,通常也为七个上下,如：名词、数量词、动词、形容词、副词、介词、连词、语气助词等,这是词类划分的基本层次。再上位可归成实词、虚词两大类,或再往下的小类划分,可说是以这个基础层次为中心向两头的延伸。

结构类通常强调的也是主谓、状动、定名、动补、动宾、并列等七个左右的类,更粗的大类划分和更细的小类划分也往往以此为基础去归并或分化。

又如李升召(1985：122—127)根据分布把汉语语素的自由度分成七个等级(见§2附注[10])。

位值制的进位记数法中,日常通用的是十进制,计算机程序用的是二进制,中美洲玛雅人曾用二十进制,古代巴比伦人则用六十进制。其中十进制的进位单位最接近七这个认知常数,因而最便于日常计算。二进制虽然表达最简单,只用两个基数加上进位规则,就能表达所有有理实数,但因为没有充分利用人的认知运作广度,所以并不便于日常计数、运算。例如,十进位的 65 在二进位中就要写为 1000001,结果是使不太大的数的运算就超过人的认知运作广度,反而因简得繁。二十进制和六十进制中的基数词的数量都直接超越了人的认知运作广度,当然也不便日常使用。

由此可见"七左右"对于人类认知来说确是一个方便的数。所谓语言手段的有限性,主要可归结为基本单位和基本结构的类型的有限。而且这个有限还不是一般意义的"数学上的有限",而是非常有限,或"认知上的有限",明确地说就是短时记忆所能把握的、可列举的、封闭性的有限。例如,一种语言的语素(morpheme,汉语中基本上每个汉字相当于一个 morpheme)虽也可说是有限的,但这个有限是指可以穷尽,数目可以是非常非常大。一国之人口总数也属此种可穷尽的有限和感觉上的无限。如果将一国人口根据性别分成男、女两个范畴,或根据年龄层次分为婴儿、儿童、少年、青年、中年、老年有限的六个范畴,那就成了感知上的有限。只可穷尽的有限,是抽象意义的有限,因此在感觉上可说是无限的。在实践应用甚至理论研究中,也可看成无限的。而感知上可把握的有限,一般不应超过数十个,甚至十来个。语法分析中的所谓有限,应该是指可列举的、感知上的有限。

[2] 当然,如根据过去的日食预测现在或将来的日食,那不是简单的循环推论,而是类推。类推有直接、间接的区分。根据苹果落地推想到梨子也会落地,这是相当直接的类推。根据苹果落地推想到月亮也有潜在的落到地球的因素(受到地球引力),那是很远的类推了。说到底,人类知识的进步都是不同程度类推的产物。我们总是以近推远,以今推古,只能根据已有的知识去解释新遇到的现象。差别仅在于类推的抽象程度不同而已。越抽象的类推,在表面上显得越不同的现象间找到共同性,对人类认识的推动越大。所谓抽象的类推,也就是对原有的知识进行分解,然后抽象出其中的若干部分运用到其他整体上同原来分析过的现象很不同,但在若干方面有相似之处的现象上。从一切知识都是类推这一点来看,描写、解释等不同的认识阶段之间并不存在绝对的区分界限。

[3] 形式表达对于简化思维的影响,最明显的莫过于数目表达的改进对运算

的简化了。12 世纪前欧洲所流行的"非位值制"计数法，如 3888 要写作 MMMDCCCLXXXVIII（M 为一千，D 为五百，C 为一百，L 为五十，X 为十，V 为五，I 为一）。这种记数法，使四则运算异常繁难，当时的欧洲人视四则运算为高深的学问，为了掌握它，往往要特地去希腊留学。

又如将圆周率念成"三点一四一五九二六……"显然比念成"三点十分之一、百分之四、千分之一、万分之五、十万分之九、百万分之二、千万分之六……"容易记忆和计算得多。在数目表达不如汉语简明的语言中，中学生要记住圆周率这个常数，往往要借助于各种顺口溜、诙谐诗等。

在数学史上，常常是由于缺乏方便的符号，数学的某个领域就得不到发展。代数就是一个典型的例子。为了写出一般性的方程式 $a_0x^n + a_1x^{n-1} + a_2x^{n-2} + \cdots + a_n = 0$，从丢番图到维耶特和莱布尼兹用了整整十三个世纪。中国古代的"四元术"把"天、地、人、物"四个字写在"太"的左、右、上、下方，分别表示"天元、地元、人元、物元"四个未知数，遇到第五个未知数就难以安排，推广到 n 就更不可能了（范岱年等 1983：247—255）。许多复杂的数学、物理、化学公式，用自然口语根本无法表达。

在语法研究方面，我们都知道句子中有些可理解成"省略"和"隐含"的成分，转换语法将它们表达为字母 e（empty category，称为"空语类"）并写进句子的结构式，当作一个有形的成分同 NP、VP 等有形范畴同样看待，这就很自然地导致和促进了对虚范畴的分析的具体化、深入化（见§7.4）。

2 有 限 切 分

2.1 直接成分分析法

可以把任何一种复杂的现象看作有限的若干基本因素的集合。理论上的要求是,这些基本因素应该是必要而充分的,即对于描写这种现象是恰到好处,既无多余又无遗漏。

如何从无限的对象中找出必要而充分的因素呢?试以亲属关系为例,这种关系显然是无穷的,甲、乙两人的关系,甲可能是乙的父亲,也可能是祖父,或曾祖父、曾曾祖父……十代祖父……二十代祖父,可以无限推导开去。但"祖父"是"父亲的父亲",只是"父亲"这一基本关系的重复,可以从"父亲"这一基本关系推导出来,从纯形式的理论角度来看,就不是必要的,完全可由两个"父亲"的重叠去表示。按照这个原则推导下去,最后必须保留的只有"父、母、子、女、兄、弟、姐、妹、夫、妻"这十个基本的"直接关系"。任何其他间接的亲属关系,都可以用这十个直接关系去表达。如"丈人"就是"妻之父"。这十个直接关系,就组成了表达一切亲属关系的必要而充分的基本范畴的集合。

"直接成分分析法"(immediate constituent analysis 或 ICA)(Wells, R.1947),是把语法结构用直接关系的组合去表达的一种语法结构分析方法,以下例(1)是一个运用直接成分分析法的例子。

(1)

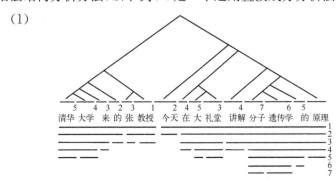

图中数字表示切分的层次,共有七个层次。句子上方的树形图和下方的线条图,是层次分析的两种形象表示法。第一层把全句分成主语、谓语两部分:"清华大学来的张教授"和"今天在大礼堂讲解分子遗传学的原理",也就是两个直接成分。第二层再把主语部分切成两个下一层的直接成分"清华大学来的"和"张教授",把谓语部分切成"今天"和"在大礼堂讲解分子遗传学的原理"。这样一层层切分下去,切到词为止,共得到七个层次,十五个终极成分——词。

直接成分分析法的基本原则可以说只有三条:

1. 切分以具有整体性的结构体,即句子、词组、短语等语言单位为对象。若干单位的不成结构体的排列,如"张教授今天",在"张教授"和"今天"之间并无任何直接的语法联系,整个序列不是个语言结构体,所以就不是直接成分分析的对象。

2. 每次切出来的几部分(通常是两部分,但并非总是如此),也必须各是一个完整的结构整体。如把例(1)切分成"清华大学来的张教授今天"和"在大礼堂讲解分子遗传学的原理"两部分,则前一部分不能成为一个完整的语言单位,所以这一切分就不成立。

3. 每次切出来的几部分之间构成一定的模式化的语法关系。如例(1)第一刀切成"清华大学来的张教授"和"今天在大礼堂讲解分子遗传学的原理"两部分,反映了"主·谓"结构关系的模式。要是第一刀切成"清华大学来的"和"张教授今天在大礼堂讲解分子遗传学的原理"两部分,则虽然前、后两部分都各是一个结构体,但这两部分之间没有直接的语法关系:"清华大学来的"只同"张教授"发生直接联系,因而只是通过"张教授"而间接地同整个"张教授今天在大礼堂讲解分子遗传学的原理"发生联系。所以这一切分也不成立。

以上三个条件,简单地说,分别是对整体、成分和关系三方面的要求。其中第一条和第二条都是第三条的必要条件,因为不成整体的糅合物之间当然不会有内在的结构关系,而各自不成整体的部分当然更构不成整体。但第一条和第二条加在一起仍不足以构成第三条的充分条件。相反,满足第三条的切分则必然也同时满足了第一条和第二条。所以归根结底说,只有这第三条才是最关键的,是正确切分的根本条件。由于直接成分分析法的基本要求是如此简单,所以可以说它是一种比较容易掌握的分析技术。

利用直接成分分析法,任何复杂的结构体,都可通过简单切分(基本上都是两分)的连续运用去详尽地切分到底。经验表明,种种简单的直接切分所得到简单结构模式的类型是非常有限的。撇开复句结构不论,汉语中的句法结构可归结成并列结构、主谓结构、定(语)名(词)结构、状(语)动(词)结构、动(词)宾(语)结构、动(词)补(语)结构以及介(词)宾(语)结构、"的"字结构等。

2.2 直接成分分析法的不足

2.2.1 两可、两难和应用价值问题

直接成分分析法是一项简单、平凡而意义极其深远的发明,可以说现代的语言结构分析即发源于此。它似乎为从无限的语言材料中发现有限的简单模式找到了一条捷径。它着重于"切分",而切分是结构分析的第一步,人们期望这成功的第一步能有效地推动后面步骤的分析。然而,应用的结果并非总是如此。

首先,具体切分有时会遇到一些疑难(范继淹 1983,巴南 1984)。例如,"认真研究语言学"这个词组,运用直接成分分析法,第一层切分似乎有下面例(2a)和例(2b)两种切分可选择,因为这两种切分都能满足刚才所说的正确切分的基本条件。

(2) a. 认真　研究语言学
　　 b. 认真研究　语言学
　　 c. 认真　研究　语言学

a 是先把整个词组切成"认真"和"研究语言学"这两部分,然后可把"研究语言学"再切成下一层的两部分。b 的程序则不同。程序不同意味着相应的树形图和线条层次图不同,即结构不同。考虑到在 a 切分和 b 切分间难作选择,于是有人提出折中的处理 c 切分,即在同一层次直接把整个结构一分为三。那么,三种允许的分析中,哪一种是较好或最好的呢?直接成分分析法没有提供明确的回答。不过,这基本上还

是一个如何具体应用的问题,一个两可而不是两难的问题。这类矛盾可通过直接成分分析法体系内的改进获得解决,不是根本性的矛盾。

除上述两可的情况外,还存在一些两难的问题,如:

(3) 看不起

(4) 乱七八糟

(5) 生我的气

"看不起"切分成"看│不起""看不│起"甚至"看……起│不"(比照"想得开""想不开"切成"想……开│得""想……开│不")都不理想。不得已直接三分成"看│不│起",但也说不清属于什么普遍性的结构模式。"乱七八糟"情况相似。好在这两例都能看作构词结构,可排除出狭义的句法范围。但例(5)不能从句法中排除出去。例(5)分析成"生│我的气"和"生我的│气"以及"生│我的│气"都有些麻烦。这类情况在句法中并不很多。对直接成分分析这些短缺的批评,是转换生成语法的一个来源[1]。

从理论上看,直接成分分析法主要反映语言结构的层次(因此在我国一般也称为"层次分析法"),而语言结构有层次性是个无法否认的基本事实,所以直接成分分析法的基本原则是不能放弃的。上述例(2)—例(5)中所表现出的两可和两难矛盾也仅表明有些结构的层次构造比较难确定而已,并不能据此否定层次分析的基本原则。朱德熙(1984:205—207,1985a:63)指出,既然任何语法结构分析都必须作层次分析,那么,层次分析就不是什么可用可不用的某种"方法",把层次分析称为"层次分析法"是不妥的。从这个角度看,直接成分分析法只是层次分析中的一种,当然是最典型、最具代表性的一种,其特点是尽量两分(因此也俗称"两分法")。

对直接成分分析法的另一个批评,来自语文和语法教学方面的考虑。一般认为直接成分分析法分析的过程是主、次不分,分析的结果则句型不明。具体地说,基本上凡是能切分的地方都切分,胡子眉毛一把抓地一竿子捅到底,这就无从突出句子的基本格局粗线条,即句型格局。因此,它对学生掌握句子结构,运用语言帮助不大。围绕着直接成分分析法的得失,中国语法学界曾进行过一场集中的讨论(见《中国语文》1981年第2期至1982年第3期,有关文章部分收入《汉语析句方法讨论集》,上海教育出版社1984年出版)。这个问题同前一个问题不一样,它是随时都会遇到的,而不仅仅是在少数结构中才偶尔发生的;因此非要有个彻底的原则性的解决办法才行。

关于主、次不分的矛盾,同上述两可和两难问题相比,性质有所不同。它不是关于层次如何切分的问题,而是"切分之后干什么"的问题;如果为切分而切分,那就毫无问题,但若想在切分后再派其他用处,如用于句型分析,那就会觉得它不管用。所以第三个矛盾可说是直接成分分析本身体系之外的问题。这也可以说是个价值或功能的问题。例如,我们可根据句子所含词数来给句子分类,那就有"单词句""双词句""三词句"一直到"n词句""(n+1)词句"乃至无穷。这种分类就其本身来说相当完美,很少矛盾;个别因词界不明造成的困难,那也仅是体系内的问题,可通过进一步明确词界去解决,也可以通过把以词为单位改成以"字"或"语素"为单位去解决。但这种句子分类法有什么用呢? 所以使用价值对于理论体系,虽然可能是个体系外的问题,但往往是个更重要的问题。

当然,从另一方面看,切分以后干什么用的问题,是层次切分这个分析部门同其他分析部门之间如何取得协调、一致的问题。从整个语法分析作为一个大系统来看,这仍然是个系统内问题。因此,这个问题的解决,应视作对层次分析的一种改进。

为什么直接成分分析法作为一种原理和规则极其简明的方法,其应用的结果却恰恰显得烦琐而不得要领呢? 而语文教育工作者批评它对学生帮助、启发不大,也正反映了它在反映语言结构的本质方面也是不充分的。诚然,直接成分分析法基本上只是一种切分分析,而切分分析只是语言结构分析的一部分或者说第一步,我们本来就不应对它期望过高,求全责备。问题是从切分的要求来看,它也是有根本缺陷的。

2.2.2　对语法结构内在关系的反映不充分

说直接成分分析法的结果是烦琐不得要领,那似乎也不很确切;因为我们也可以规定只切分一次,那就是把所有结构模式都看成是单

层次的。这种最大限制的结果,是最小限度的切分,即绝大部分结构将是最简的两项式。这样的话,一个句子就只能分析成两部分:

(6) a.［认真］［考虑这件事］。

　　　　状语——动宾结构

　　b.［我们两人］［现在正在认真考虑这件事］。

　　　　主语——谓语

　　c.［这件事］［我们两人现在正在认真考虑它］。

　　　　话题——评论

　　d.［也许］［这件事他们两人正在认真考虑］。

　　全句修饰语性质的状语——句子[2]

　　这样的分析显然过于简略。如要再分析得详细些,以例(6b)为例,可以把主语和谓语内部各自再一分为二。但"进一步分析"这扇门一开,若无严格条件限制,就会没完没了,结果就导致例(1)那样胡子眉毛一把抓的分析。

　　从这个角度说,最大的限制,在效果上和实质上同无限制是一回事,都是"无区分""一刀切";对下一层分析,或者一个不放,或者统统放进。这正像用汉字书写,可以说是一种无限制的最大限度的切分(每个汉字基本上表示一个语素,即将文字切分到了最小的语法单位)。但另一方面也可说是最大限制、最小限度的切分,因为整段文章(如无标点的古文)就是一块,或整句句子(如现代书面汉语)就是一块。

　　无区分、一刀切的根本缺点是没有反映出各种最简两项式模式间的不同关系。试看下例:

(7) a.

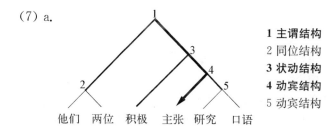

1 主谓结构
2 同位结构
3 状动结构
4 动宾结构
5 动宾结构

他们　两位　积极　主张　研究　口语

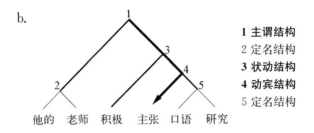

b.

1 主谓结构
2 定名结构
3 状动结构
4 动宾结构
5 定名结构

他的　老师　积极　主张　口语　研究

从例(7a)得到 5 个两项式：1. 主谓结构"他们两位 ｜ 积极主张研究口语"；2. 同位结构"他们 ｜ 两位"；3. 状动结构"积极 ｜ 主张研究口语"；4. 动宾结构"主张 ｜ 研究口语"；5. 动宾结构"研究 ｜ 口语"。从例(7b)也可得到 5 个两项式。比较这两组两项式，可以看出每组中第 1、第 3 和第 4 三个结构间有一种密切的稳定的内在联系，彼此的顺序是基本固定的，其内容和类型一般是互相排斥、不可重复的。至于例(7a)中第 2(同位)、第 5(动宾)两个模式和例(7b)中第 2(定名)、第 5(定名)两个模式，它们出现在哪些位置上有极大的偶然性。像第 5 个位置上除了可以出现动宾结构、定名结构外，还可以出现状动结构，如"好好 ｜ 研究口语"，或主谓结构，如"全组人员 ｜ 一起研究口语"等。也就是说，像第 3、第 4 这两个两项式那样动词前出现状语，或动词后出现宾语，有相当的必然性，实际上是同一个动词本身内在性质的具体表现。相反，像第 2、第 5 个位置出现什么结构模式，有相当的偶然性。更关键的是，它们必须通过主语、宾语和状语这样的中间站范畴才能跟动词产生联系。从这一点上说，它们同动词的关系是非常间接而遥远的。同样，动词前出现的成分，只有状语、主语等是有必然性的，同动词性质有直接的内在联系。至于状语、主语内部的成分范畴，如例(7a)中的数量词同位语，例(7b)中的名词中心语，以及"新上任的 ｜ 主张研究口语"中的"的"字结构和"根据某种理论 ｜ 主张研究口语"中的介宾结构，都跟动词没有必然的、直接的关系，而必须通过主语、状语这两个中间范畴才能跟动词挂上钩。

显然，严格区分有内在联系的各个两项式中的成分和彼此无直接、内在联系的各个两项式内的成分是极为重要的，<u>像直接成分分析法那样仅仅提供一批彼此孤立的两项式，而不指明各种两项式之间的</u>

关系,这对于充分反映语言结构规律是远远不够的。因此,我们必须在直接成分分析法的基础上,再补充以某种手段,在用直接成分分析法所分析得到的两项式中,把那些有内在密切联系的最简(两项)式有机地联系起来。

由于直接成分分析法能得到非常有限的一些最简结构模式,确实可说它相当程度上反映了语言"有限手段"的一面。但另一方面,由于它没有提供对切分深度的明确限制,它切分所得的结构可能具有无限多的层次,因为语句是可以无限扩展的。即使说无限扩展在实际话语中并不存在而排除的话,可分成十多层的句子确是到处可见的,这就是一般人感到直接成分分析法太烦琐而不得要领的原因。从这个角度可以说,直接成分分析法对语言结构的有限性也是反映不够的。

如何使直接成分分析法能反映出各种最简结构模式之间的关系,更充分地反映出语言结构的有限性?下面一节的讨论将显示,一种简单的方法就能把这两个问题一起解决。

2.3 无限扩展的条件和有限切分

2.3.1 无限扩展的条件

人类语言最大的特点是它的无限创造性,而这种创造性又主要体现于句法。音系学的单位是极其有限的,词汇学的单位毕竟还是有限的,只有句法学的单位——短语、句子是无限的,而且可以随时创造。因此句法学成为语言学的核心部门是可以理解的。

句法单位的无限创造性,主要体现在句法结构是可以无限递归的,这意味着句法结构可以无限地扩展。不过,语句的无限扩展是有条件的。无限扩展的条件是什么呢?我们可从最典型的无限扩展的例子入手分析。最明显、典型的无限递归的例子是可以重复相同词语的结构。让我们比较一下例(8)那样可重复相同词语的扩展和例(9)那样不可重复相同词语的扩展。

(8) 老师$_1$ 的 老师$_2$ 的 老师$_3$ 的 老师$_4$ 的 老师$_5$

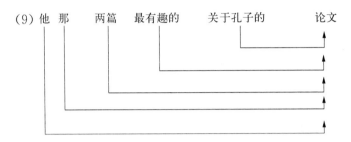

(9) 他 那 两篇 最有趣的 关于孔子的 论文

例(8)和例(9)的这种区分并不在于前者是左分枝结构而后者是右分枝结构,因为例(8)的英语对译例(10)那样的右分枝结构也同样可以无限地重复同样的词语而扩展。

(10) the teacher of the teacher of the teacher of the teacher of the teacher

例(8)和例(9)的本质区别在于前者是作为从属语的定语里面套定语的结构,而后者是核心(语法学界通常也称为"中心语")里套核心的结构。

在例(9)里,根据通常的层次结构来看,"最有趣的"修饰整个核心"关于孔子的论文","两篇"又修饰整个核心"最有趣的关于孔子的论文",即每个定语修饰的核心成分的大小是不同的。但这些不同大小的核心是递相包含的,并且有着一个共有的公共成分"论文"。这个所有核心共享的成分,我们称为"终极核心"或"核心词"。与此对应地,我们把先于核心词而切分出来的、过渡性的核心称为"核心语",以示区分。

"最有趣的",虽然表面上是整个核心语"关于孔子的论文"的定语,但它之所以能成为后者的定语,背后的原因,正是因为后者中的核心名词"论文"的存在,而跟后者内部核心名词以外的成分没有直接关系。当然,跟"最有趣的"相比较,"关于孔子的"跟核心词"论文"意义更紧密,因此形成一个相对的整体。但这种紧密度的区分不足以否定两个定语的平等地位,它们都在语义上跟"论文"直接相关。过分强调"关于孔子的论文"的整体性,犹如"狐假虎威"现象中把动物的逃避看作是因为狐狸的存在。导致这种因果关系误判的动因,可以称为"狐假虎威效应"。这是我们思维中经常容易发生的失误[3]。

这种失误,又好比是认为地球绕着由太阳和水星、金星一起组成的整个天体运行一样。其实,地球主要是围绕太阳转,水星、金星跟地球的地位是一样的,都是太阳的卫星,不过距离近远有别而已。水星、金星跟太阳并不构成一个实质性的稳定天体。

用如今流行的 X'(X 标杆)理论(见§2.3、§2.4)的话来说,各个从属语的出现都是同一个核心名词"论文"性质的"投影"的结果,即从属语是核心词潜在性质的具体落实。那么,我们也不妨直截了当地就说"最有趣的"是核心名词"论文"的定语,这种说法也许更能反映问题的本质。

从语义上看,所有这些个定语都跟同一个核心词"论文"密切联系,彼此间存在着一种潜在的语义上的直接关系,相似于朱德熙(1980:182—183)所指的"重要的隐性语法关系"。在理论上,隐性的现象往往比显性的更为重要,因为理论分析的目的就是要通过显性现象把握隐性现象,而隐性现象往往跟隐性的规律有更密切的关系。因为如此,可以将"论文"抽出来同各个定语直接挂上钩而将原句省略成"他(的)论文""那论文""两篇论文"等,从而将这种潜在的直接关系落实为表面的直接关系。也因为如此,重复同样的定语,如"关于孔子的、关于孔子的论文"是不允许的。相反,在例(8)里,"老师₁的"修饰"老师₂"而"老师₂的"又转而修饰"老师₃",即每个定语修饰的中心语完全不同。因为如此,若抽去一些中间成分说"老师₁的老师₅",句子的意义就完全改变了,正如"老师的朋友的爸爸"不能省略成"老师的爸爸"一样。也正是因为每个定语各自修饰完全不同的核心,所以可以重复同一词语作定语。

例(8)这样的结构里,扩展的过程中核心在不断地更换、迁移。而在例(9)这样的结构里,虽然各个定语修饰的核心语大、小不同,但这些核心语有一个共同的核心词"论文",可以说它们是互相包含的,其中存在着一种同心圆的关系。由公共核心"论文"不断添加定语的扩展过程也就是对"论文"的所指不断丰富内涵和限制外延的过程[4]。而例(8)中各个定语跟其核心的关系是连环套式的。

除了定语里面套定语的情况外,核心不断转移的明显的例子还有例(11)那样的宾语里套宾语的结构,例(12)那样补语里套补语的结构,例(13)那样目的语里套目的语的结构[5]。

(11) 张三告诉我 李四认为 赵五不相信 王六会说……

(12) 我把他批评得 伤心得 眼泪流得 手帕都湿得……

(13) I bought this book (in order) to acquire the relevant knowledge (in order) to pass the interview (in order) to get the position (in order) to ...

(我买了这本书,以便获得有关的知识,以便通过面试,以便得到那个职务……)

这三例的扩展中,虽然不是重复同样的词语,但仍是重复同样类型的成分。这些例子也直觉地反映了无限扩展同核心转移的密切关系。核心转移的扩展也就是不断在从属语部分添加新的从属语的扩展,即把原从属语(或其中一部分)当核心,并在这新核心上再添加从属语的扩展。只有核心词不断更换的扩展才可能是无限递归的,而核心词不更换的扩展实际上是不能无限递归的(陆丙甫 1983a)。这就好比同一个母亲生的女儿总是有限的,而如果女儿成为新的母亲再生女儿,即母亲这一身份不断地更换,则女儿生女儿一直可以传至无穷。

2.3.2 向心切分的有限性

从交际功能的角度来看,能否无限扩展之所以取决于核心的是否迁移,有如下两个原因。

1. 从属语的范畴类型总是非常有限的。在同一核心上不断添加从属语,很快就会穷尽从属语的类型。此后添加的从属语,就会跟已有的某个同类从属语合并成一个并列结构的从属语;此种情况,虽然从属语的长度增长了,但个数并无增加。这一点同人类思维运作的限度密切相关,我们将在§2.5中进一步讨论。

2. 由于核心驻定不动,就会使新添加的从属语离该核心越来越远,这显然会造成理解和处理的不方便。向心切分所得到的是一个轨层结构(见§2.4),而不是直接成分分析法所得到的树形图。在轨层图中,各个从属语跟核心词的距离差别是非常直观的。在树形图中,这种距离差别无法直接表达出来。事实上,直接成分分析法中的"直接成分(immediate constituent)",更确切的翻译应该是"直邻成分"或"直联成分"。其中每对直接成分都是直接相联的。因为没有明确的核心作为原点,就无法表达距离远近。

既然无限递归的根源是核心的转移,那么,规定一个切分过程只用一个固定的核心,就足以保证得到有限项目的结构成分了。既然核心不转移的扩展是不可能无限延续的,那么,向着一个固定核心推进的连续切分也必然是有限的。这种仅仅为了消除无限性所采取的针对性的限制,可说是最小的、起码的和针对性的限制。与此相比较,前面讨论过的那种规定只切一刀的最大限制是一种"因噎废食"的、极端化和简单化的限制,其结果却因"法不罚众"而因简得繁。

在例(7)中,如果我们选择主要动词为固定核心,切分向着这个核心深入下去,并且以切出这个核心为终点,那么例(7a)和例(7b)都将得到相同的多项式[主·状·动·宾](上标数字表示切分顺序)。

（14）	主语[1]	状语[2]	动词[3]	宾语
a.	他们两位	积极	主张	研究口语
b.	他的老师	积极	主张	口语研究

这也正是把例(7a)和例(7b)中具有内在联系的那些两项式综合在一起所构成的复合多项式模式。这个多项式可看作是句型的粗轮廓。这个多项式中,所排除的是那些同全局结构和核心并无直接联系的局部成分的内部分析。这正像分析句子结构时不必分析构词法和音节构造一样,或者说分析太阳系的构造时不应连同分析其中某个具体分子或原子的构造一样。

（15）	a.	他的弟弟	昨天	看完了	张三借来的这本书
	b.	昨天	他的弟弟	看完了	张三借来的这本书

c. 张三借来的这本书　他的弟弟　昨天　看完了

根据直接成分分析法,很难看出这三个句子结构上的基本相似处。从整体上看,例(15a)是个主谓结构;例(15b)是个"状语＋主谓结构"的结构,例(15c)是个"话题＋评论"的结构,彼此大不一样。但实际上这三个句子有极大的相似处,它们有着相同的底层和稳定的基本语义格局,即相同的逻辑真值,而彼此的不同只是表面的。直接成分分析法只能反映直接的结构关系,无法反映间接而稳定的隐性语义关系。以"看完了"为终极的核心词作向心切分,则上述三个相关的句子都可以切出内容相同的四大块,这四大块尽管在例(15a)、例(15b)、例(15c)三个句子中切出顺序不同,但都是以切出"看完了"为终点的切分流程的结果。这样,就明确地凸显出了这四大块之间所存在的重要而稳定的语义关系,也就是反映了三个句子"大同小异"的关系。

陆致极(1987,1990:342—354)认为上述对例(15a)、例(15b)、例(15c)第一步切分所得的主谓短语、"状语＋主谓结构"短语、"话题＋评论"短语都是"不完全短语",而向着核心动词"看完了"深入切分下去所得到的四项式,才是充分反映了整个结构中主要结构信息的"完全短语"。建立"完全短语"这个概念,有利于汉语句法的计算机处理。

从树形图的角度去理解,如果我们把密切相关的那些两项式的成分都用粗线条表示,或者说将凡是同切出终极核心直接有关的切分都用粗线条表示,如同例(7)中的树形图那样,那么,得到的这个粗线条树形也就是句型基本轮廓。同全局结构和核心结构并无直接联系的局部模式的内部树形,可看作同主干结构无关的旁系枝权而暂不分析。所以,形象地说,这种分析法可称为"主干成分分析法"(陆丙甫1981)。已往的语法树形图,是不区分枝干的粗细的。如果要区分,也至多根据高低决定粗细。但事实上如同自然之树,其枝干的粗细并不直接、完全取决于高度,语法之树也是如此,根本不分粗细或完全根据高度定粗细,都无法反映语法单位的内在结构。

用程序化的方式来表达,就是每一次切分所得到的(通常是两个)直接成分中,选择其中的核心成分,在其内部再进一步切分找核心。这样下去,直到分析出核心词为止[6]。即每一层次的深入都是选择性的,切分单向地向着核心部分延伸。因此这种分析是"向心"的切分(centripetal segmentation)。这种切分的关键是确认一个终极核心,由它规定切分的全过程。我们把一个终极核心所控制的有限连续切分的全过程看作一个"流程",所以,这种切分又可称作"流程切分法"(陆丙甫 1985)。流程切分的目的是把那些密切相关的,容易定型化、模式化因而容易预测的连续切分保留、合并在同一流程内,而把偶然在一起的,难以定型化、模式化并难以预测的切分排除到其他流程中去。从这一角度来说,例(9)中的扩展是一个多项式不同程度的展开。而例(8)中的扩展仅是同一个两项式的重复使用。这种重复有很大的偶然性,应划归不同的流程。从全局来看,第一流程只可把整个结构体切分成"老师$_1$的 老师$_2$的 老师$_3$的 老师$_4$的"和"老师$_5$"两部分。

例(9)中的"他"和"论文",无论从线性距离来看,还是从间隔的树形图"节点"(node)数来看,相互间的关系都是很疏远的,比例(8)中"老师$_3$"跟"老师$_5$"的关系远得多。这是同实际的语义关系紧密度不相符合的。根据核心划分流程,从表层看来虽然结构距离疏远,但实际上语义关系很紧密;而"老师$_3$"跟"老师$_5$"则属于不同的流程,虽然表面上结构距离很近,但实际语义关系疏远。区分流程才能正确反映成分之间本质上的不同亲疏关系。

由此可见,以核心控制切分,不仅能有效地排除无限性,而且能把具有内在直接联系的一系列两项式综合在一起,从而有效、简明、直截了当地反映出那些两项式之间的联系。

前面我们说过用核心限制切分是最起码的限制,因为这种限制最初可说仅仅是为了消除切分的无限性。其实,所谓起码的限制还可以从另一个角度去理解。核心和非核心的区别无疑是一种最普遍、最初始、最基本、最单纯的结构性区别。可以把所有语言结构分成平衡、对称的"并列结构"和不平衡、不对称的"非并列结构"。"非并列结构"中总有一方成分是较重要的,可看作核心。因此,所有有结构的语言实体都是有核心的,因此可说核心和非核心的区分是最初始的结构性差异,用核心限制切分确实是种<u>最起码的结构性限制</u>。

2.4 向心层次、轨层结构

根据向心切分法切分出的句法结构,我们可以把例(1)简化成例(16a)那样的粗线条分析,并进一步表达成例(16b)那样的轨层结构,以突出核心词的特殊地位。

(16) a.

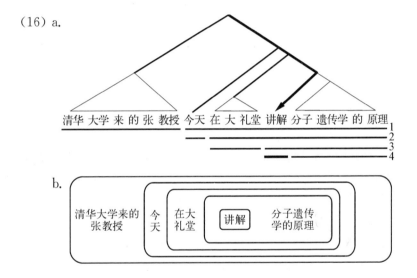

其他结构,只要不是并列结构,都能作同样的分析,如可把例(9)的名词短语图解如下:

(17)

这种层次结构,我们称为"<u>向心层次</u>"或"<u>轨层结构</u>"(更通俗而形象地说,就是"洋葱头层次"或"旅行杯层次")。向心层次中,终极核心

（即核心词）的重要地位是直观、明确的。至于过渡性的核心，即核心语，在向心层次中并不是独立、自足的单位，它们是派生的，可由向心层次中推导出来。实际上，可以说核心语仅是为了完善切分程序而在操作过程中暂时设立的操作性单位，其作用类似于解几何题时所添加的辅助线。取消核心语的独立地位，可以极大地简化短语结构。

例（17）本身又可作为一个单位充当另一个核心的从属语：

(18)

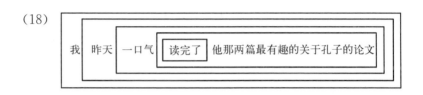

因此这种轨层结构，类似于从宏观到微观的物质结构的层次：行星带着自己的卫星一起，处于相对恒星的某一轨层；电子也必处于原子核所提供的一定轨层中。

对核心词的强调，在某些语法理论中早已有不同程度的反映。例如，转换生成语法中的 X′ 理论（Jackendoff 1977）认为，短语是核心词的"投影（projection）"，即意味着核心词的性质渗透到整个短语的各个层次，整个短语实为核心词本身性质的具体体现。这已经极大地强调了核心词的特殊地位。X′ 理论又认为核心词每次投影所扩展出的从属语，本身一定是个短语。近年来的转换理论又提出只有核心词 X^0 和短语 X^{max}（即 XP）才是可移动的单位。事实上转换理论中谈到"核心"一词，绝大多数情况下仅指"核心词"而已，如跟"短语移动（XP movements）"相对立的所谓"核心移动（head movements）"，只是指核心词的移动，并不包括核心语的移动（见 §6.6）。

在轨层结构中，我们强调的是同核心距离有近远之别的内、外层关系，而不是直接成分分析法所反映的上、下层关系。内、外层的区别，除了能将直接成分分析法和传统的句子成分分析法结合起来，将表层切分和底层稳定的语义关系相结合外，在语法分析的其他一些方面也有广泛的应用。例如，成分的移动，可根据内、外层的观念分成具有系统性区别的短语的外移（见 §6.2、§6.4）和词的内移（见 §6.6）。

内、外层的概念,也可同浅层、深层的概念直接挂上钩:外层成分往往也就是在表层活跃的语用性成分,如话题、语气助词等;它们或者是从内层移动出来的,或者是在外表层后来添加上去的。内、外层还可以把层次性同线性语序直接挂上钩:在核心偏后的汉语中,除语助词外,总是后置成分比前置成分处于更内层。

层次是个复杂的概念,诚如吕叔湘(1983:391)所言:

> 什么叫"层次"? 层次跟同一性又有什么关系? 2H+O→H_2O 这个式子里两处的 H 不同,两处的 O 也不同,因为所处层次不同,在前一场合是氢原子和氧原子,在后一场合则为水的分子的组成部分,处于不同的化学状态。另一方面,在 3X(3X—1) 这个式子里也有两个层次,可是括弧里面的 3 和 X 跟括弧外面的 3 和 X 似乎没有什么不同,括弧里面 3 和 X 的关系跟括弧外面的 3 和 X 的关系也没有什么不同。语言里的层次是哪一种层次呢? 还是两种层次都有呢? 或者跟这两种层次都不一样呢?

看来,语言里这两种层次都有。前者如"他洗脸"和"洗脸盆",两处的"洗脸"因为所处层次不同而性质不同:前一个是个句法结构,可以自由扩展;后一个是个构词结构,不能自由扩展。后者如"老师的老师的老师",其中每对相邻两个"老师"间的关系并无不同。此外,语言中还有跟这两种层次都不同的"轨层"和"深层结构、表层结构"中的层次。为了方便、明确起见,下面行文中我们把层次分析中的上、下层次仍称为"层次",而把内、外之分的层次称为"轨层",把深、浅之分的层次称为"层面",把上述两个"洗脸"所处的不同层次称为"级层"或(单位大、小的)"等级"。

2.5 限度为"七左右的有限多项式"和 "直属成分分析法"

现在我们要问,最小的限制是否就是最佳的限制呢? 或者说根据它去操作所得到的最大(多项式)模式,是否一定是理想、方便的结构模式呢？这就直接牵涉人的主观认知机制了。我们对物质世界的描述，当然包含了人类的主观创造性。纯客观地、孤立地看，说太阳绕着地球转和地球绕着太阳转是等价的。但从描述整个太阳系的全局来看，后一种说法就方便得多。因为前一种说法意味着地球是相对静止点，以此为坐标原点去描写其他行星的运动就很麻烦。而以太阳为相对静止点，则其他行星的运动都可以以它为参照直接加以描写。而所谓描述的是否方便，显然是同人类主观认知机制的特点直接相关的。下面让我们从各种角度来讨论最小限制切分的合理性。

语料分析的事实显示，运用流程切分，不仅能够保证切分成为有限，而且是非常有限，即任何语言结构体都可以切分为成分数不超过七左右(7±2)的"有限多项式"，构成多项式中的每项成分是组成这个结构体的"直属成分(Direct Constituents)"或"直系成分(Directly-related Constituents)"。因此"轨层"分析法也就是"直属成分分析法"。以下是两个切分例子。

(19)［张三¹［昨天²［在学校³［郑重其事地⁴［［［给了］⁶我］⁵他这两篇最有趣的关于孔子的论文 ］］］］］

(20)［他¹［这²［两篇³［最有趣的⁴［关于孔子的⁵［论文 ］］］］］］

例(19)切 6 刀，得到 7 个直属成分。例(20)切 5 刀，得到 6 个直属成分。例(20)是例(19)的直接宾语，但在对例(19)作全局的切分时，不应带进宾语内部的局部切分。宾语内部的局部切分应作为另一个"流程"单独拿出去进行。不过此时既然离开了结构环境，它也无所谓是不是宾语了，它的内部分析就仅仅是个名词短语的分析。同样的短语也可能是从主语位置上提出来的，或定语里提出来的，这种来源的不同显然不应影响其内部结构的分析。

根据核心"给了"和"论文"去观察，例(19)和例(20)都是相当饱和的结构：我们很难给"给了"和"论文"再添加上新的从属语，尽管多数从属语的长度可以很自由地增加，如把"在学校"和"两篇"分别扩展成"在那个十年前我和他一起念过书、逃过学的学校里"和"三万三千五百十二篇"。当然，从属语里的从属语还可以进一步扩展。也就是说，对于一个具体的、确定的核心来说,它的<u>从属语的个数是有限的,虽然</u><u>多数从属语的长度可以无限地扩张</u>[7]。句子结构的复杂化,本质上都是从属语内部的发达化,或者说是枝叶的繁茂,但主干仍是简单明确的,通常不超过七个左右的成分。

我们在第一节中讲过无限扩展的前提是核心不断转移,即以从属语里套从属语的形式扩展。这种扩展最明显的例子就是如例(8)和例(11)—例(13)那样添加同一类从属语的情况。但是这类极端的用例在实际语料里极少存在,实际语料中那些复杂的长句子往往是交替扩展不同类型的从属语的结果,如宾语里有定语,定语如果是动词短语,里面又带状语,状语如果是介词短语,其中又可带个长宾语。正是这种间接的循环,模糊了无限扩展是不断迁移核心并在新核心上添加从属语的本质。这好比由 A 证明 B 再由 B 证明 A 那样直接的循环论证是容易发觉的;但由 A 到 B,由 B 到 C,由 C 到 D……再由 M 到 N,最后才由 N 又到 A,这样间接的大圈子式的循环论证就较难觉察了。

"七左右"(7±2),这恰恰也就是人类思维运作的限度。我们相信向心层次中项目饱和的限度同思维运作限度之间的一致并非偶然。

这反映了由向心切分所得到的有限多项式,是对人类基本思维运作的限度极为敏感的结构模式。除了无限的创造性(即生成新句子的无限能力)之外,人类语言结构的另一重要性质是人们理解句子的速度非常之快,这表明语言结构必定具有某种适应人类思维运作方式的特征。这种适应可分为两个方面:1) <u>语言结构应受制于思维运作的限度</u>。这意味着语言结构模式的复杂度必然在人类思维运作的限度之内,即结构成分应该不超过七项左右。2) <u>语言结构应该充分利用思维运作的限度</u>。这意味着语言结构模式复杂度又不能总是限于两项式。两项式虽然在思维运作限度内,但是却没有充分发挥思维运作广度的潜力。

直接成分分析法显然无法反映语言结构的上述两个特征。最大限制地只切一层,几乎只能得到两项式。无限制地切分到底,不很长的句子就会有十多个成分。并且,从理论上说,由于句子可以无限地扩展,切分也可以无限地进行下去。如果说直接成分分析法的本来目的是简化分析,寻找有限结构模式的话,那么,我们可以认为它并没有完全达到它的本来目的。基本两分的切分有点像二进位计数制,虽然对计算机是必须的,但用于日常计算并不方便,也是因简得繁。

现在一般把短时记忆和注意力对语言运用的限制看作是有关具体的"语言运用(performance)"的现象,而不是有关抽象的"语言能力(competence)"的现象(Chomsky 1965:10—15)。但我们认为短时记忆和注意力限度对具体运用和抽象能力这两个层面都有影响。任何句法结构都能切分成限度为七左右的有限多项式,可以说是人类信息处理能力的限度在语言运用中的语法化、形式化,是人类思维运作限度打在抽象的句法结构即语言能力上的烙印(见§10.2)。

当然这不等于说语言的具体运用和抽象能力是一回事。因为即使一个因超出思维运作而听不懂(但写出来可慢慢看懂)的句子,只要它语法合格,那么根据向心切分,其组成项目必然也不会超过七块左右。实际理解和背诵语句的停顿划分,也同理论上的结构分块不尽一致,可能会把两个太小的块合并,或把太大的块当作若干小块。如例(11),从结构上说,第一流程的切分应分主语、动词、间接宾语、直接宾语四块,"李四认为赵五不相信王六会说……"整个地做动词"告诉"的直接宾语,但实际的音段划分和人们记忆这个句子时,会采用另外的组块方式(见§9.3.3)。这可认为是表层的进一步加工,是受具体运用影响的更直接的、更不稳定的表层现象。而结构分块是更稳定的深层现象,虽然来源于思维运作限度的限制这一心理现实,但又高于现实。

2.6　词法结构和句法结构的区别

2.6.1　词法结构和句法结构分属不同的切分流程

下面的这个短语向心流程切分的结果似乎超过了"七"许多:

(21) 他^1　去年^2　那^3　两本^4　科学出版社出版的^5　装帧精美的^6
　　［大型$^7_1$　英汉$^8_2$　图解$^9_3$　动物学$^{10}_4$　词典］

以"词典"为核心词,则如上标数字所示,可切 10 次,得到 11 个成分。不过其中的 10 个定语可分成两大类：前面 6 个是"组合式"定语，后面 4 个是"黏合式"定语(朱德熙 1981：148—149)。朱德熙认为"黏合式偏正结构的功能相当于一个单一的名词，凡是单个的名词能出现的地方，它也能出现"。这就是说，从分布上说，黏合式定名结构同词级单位完全一样，应看作复合词。以"大型英汉图解动物学词典"为核心词，则可把全部切分划分为两个流程。句法层面得到 7 个成分。作为核心词的"大型英汉图解动物学词典"这个复合词内部又可以切 4 次(如下标数字所示)，分成 5 个成分。复合词内部的切分应看作另一个性质不同的另一个流程。可以指出，复合词内部的向心切分所得的结果也不会超过七项左右。

组合定语的切分和黏合式定语的切分应划分成两个相对独立的流程，这可从下例看出。

(22) 一匹 体格高大的 雪白雪白的 ［大白马］

(23) 一朵 真的 ［假(*的)花］

(24) 比较低的/最高的/相当高的 ［高层 建筑］

前面说过，同一个流程所切分出的从属语，内容上不能互相重复。但例(22)中，"体格高大的""雪白雪白的"分别同"大""白"在内容上是重复的，这显示它们不属于同一层面。从语义上说，带"的"的定语限制具体"个体"，而不带"的"的黏合式定语限制"类别"，属"分类性"的(陆丙甫 1989：46—47)。它们同后面的核心名词一起构成"类名"。如"假花"意为"人造花"，相对天然花而成一类；"高层建筑"作为一类建筑物，是相对一般的"非高层建筑"而言。此外，就同一流程来说，表形状的修饰语总比表颜色的修饰语离核心词更远，如把例(22)中四个修饰语混在同一流程处理，则这种修饰语的顺序规则就无从描述了。

同一向心流程的成分不仅不能重复，也不能互相矛盾。如例(23)所示，如果在"假"后多个"的"字，"真的""假的"都成了句法成分，就导致句子不合格[8]。没有这个"的"，它们分属句法成分和词法成分，句子就合格了。例(24)也说明不在一个流程中切分出的定语彼此的相对独立性。

关于黏合式偏正结构的本质是词，吕叔湘先生有过很好的说明。语法学界曾流行一种看法："大车"（中国北方地区一种牲口拉的、通常有两个轮子的载重车）、"驼毛"和"鸭毛"因为不能"扩展"成"大的车""驼的毛"和"鸭的毛"（标准普通话只说"鸭子的毛"），所以，"大车""驼毛"和"鸭毛"是词；而"大树""鸡毛"可扩展成"大的树""鸡的毛"，所以是短语。吕叔湘（1979：21—25）不同意这种处理：

> 有人说，大树可以换成大的树，大车不能换成大的车，这是语法上的差别。不对，这仍是大车的词汇意义所加的限制。并且大树和大的树也不是一回事，在语法上是很有分别的。把大的树和大树等同起来，好像有没有一个的字没有什么关系，这就小看了这个的字了。的字虽小，它的作用可不小。没有的字，前边的形容词和后边的名词都不能随便扩展，有了的字就行了，例如挺大的一棵百年老树（大树至多能换成大松树，大柳树）。可见有的和没有的是很不相同的两种结构，即使都叫短语，也应该有所区别。事实上碰巧大和树中间可加个的，有很多单音形容词和名词的组合是不能在中间加的的，例如大雪，小雨，清水，闲人，怪事，胖娃娃。不用单音形容词而用双音形容词做例子，也是不加的字则形容词和名词都不能扩展：老实人：非常老实的老人｜整齐房子：很整齐的新房子｜干净衣服：干干净净的一套衣服。又例如，我们说历史研究和历史教学，也说历史的研究和教学，但是历史研究和教学就不是真正的口语形式，只能作为标题或者书刊的名称。

吕先生把"干净衣服"这类组合自由但扩展不自由的复合词看作一种"语法的词"，以区分于一般观念中的，正词法中所用的"词汇的词"。由于这种语法词可能很长，如"同步稳相回旋加速器""多弹头分导重入大气层运载工具"等，吕先生认为不妨称为"短语词"（1979：25）。"短语词"的特点可说是组成成分都是"能够独立成词的单位"，甚至不妨说就是由词组成的。词中有词，就如短语中有短语，有何不可？好比超级大国，或邦联国家，国中有国，国内各小国内政上具有国家的一切功能、建制,而整个邦联国家对外是一个统一的单位,在联合国内占一票之席。一个短语词不论多长,在句法分析中也只占一个词的位置,最明显的就是数词[9]。

承认构词成分包括词,对于拼音文字的正词法有实际的意义。所谓"按词连写"中的"词",不必是最大的词,而可以是最小的词,如"自动机枪"是个复合词,内部的"自动"和"机枪"也是词,按词分写时可把它们分开写,而不必把整个复合词一起连写。

2.6.2 可能的自由扩展是句法结构的特征

不难觉察到,复合词内部的词法扩展和短语的句法扩展是极不相同的。一般认为句法结构(主要指短语结构)的一个重要特征是可以无限递归扩展。但其实从理论上说,并不能排斥词法结构,尤其是词中有词的复合词、语法词,也具有无限递归扩展的可能。数词之外,还有如下例子:

(25) ... great-great-great-grandfather
        ……曾-曾-曾祖父
(26) money-maker-maker-maker ...
        钱币制造器-制造器-制造器……

因此我们只好另找标准去区分词法结构和句法结构。

但数词和上面两例,虽然可以无限扩展,扩展的模式是重复单一的,远不如句法结构的扩展灵活、自由。我们不妨沿用传统的说法:句法结构的扩展是"自由的",而词法结构的扩展是"不自由的"。不过,还要对"自由"作进一步的说明。

作为区分词和短语的标准"自由",不是和"黏着"对应的"自由"。其实用"黏着-自由"来区分词和比词更大的单位显然是无效的。例如,介词(以及多数虚词),是不自由的黏着形式,但仍应看作词。这里的"自由",主要是指"独立"的意思。

我们现在所强调的"自由",主要是指扩展中所添加成分(包括直接成分和间接成分)的"语类(词类)范畴的选择自由"。如介宾结构,宾语所包含的范畴是自由的：虽然宾语本身限于名词短语和动词短语（至于英语中的介词宾语，一般认为限于名词短语，其实也不尽如此，见§3、§8.2），但宾语内部的成分却可以是任何范畴，因为这个名词短语内部可以带定语，而定语可以是任何范畴。因此，介宾结构是句法结构。数词和例(25)—例(26)中的扩展，尽管数量上是无限的，范畴类型却是严格限制的，因此应看作是词法结构。

黏合式定名结构中的定语，范畴选择上稍有点自由，可以是名词性的（如"木头房子"）、形容词性的（如"优秀学生"）、动词性的（如"冰冻豆腐"），但黏合定语本身不能是，内部也不能包含副词、介词、语气词等，仍不算真正的自由。可见这种自由主要是反映于间接的组成成分的选择上。

从直属成分来看，句法成分通常也有某种限制。如英语中主语必须是名词短语，若为动词短语也至少是部分名词化了的形式；但主语内部的间接成分就"无法无天"地无限制了。

黏合定语只能是词，不能充分扩展为短语。所以，能否充分扩展，也可作为判别词法结构和句法结构的辅助标准。所谓"充分"，就是扩展到最高的单位等级，即"最大投影"。

在转换语法的 X' 理论中，核心 X 是个稳定的词级单位，而从属语都是可以作充分扩展的短语——最大投影 XP，强调的是这两极两个单位。强调"可以充分扩展"这一点很重要。在这里，似乎也体现了一种"最大或最小"的两极分化。在"词"和"短语"之间有条无形的重要界限。扩展一旦超出构词的范围，就失去了限制，允许一扩到底。好比"鸡"一旦冲出蛋壳，不管大小，好歹就算一只鸡了，具有了一直发育成长为大鸡并再生蛋繁殖的全部可能。

所谓"自由扩展""充分扩展"，当然是指潜在的最大可能，是"极而言之"。总起来说，也就是对扩展成分在语类范畴和结构等级上的选择自由。

这种根据最大的可能性来分类的原则，在科学分析中是常用的[10]。例如，划分动物智力，光看行走、吃食等基本行为，人和其他较低等动物就比不出高低。只有在人向高处发挥出自己的潜在能力，做出其他动物做不来的行为时，才能显出人类智力的高一等。又如划分人的跳高能力,当然要看每个人最高能跳多高。拿语言结构分析来说,例如,仅仅比较"开始商量"和"主张商量",两者看不出差别,都是动词作宾语。但"开始"的宾语,其最大扩展形式是动词短语,只能带方式状语和宾语,如"开始｜认真地商量这个问题";而"主张"的宾语,其最大扩展形式是小句,可带时间状语和主语,如"主张｜大家明天认真地商量一下这个问题"。因此,可说"开始"的宾语都是动词短语,"主张"的宾语都是小句。"商量"在"开始商量"中看作是起码的动词短语,在"主张商量"中则应看作起码的小句。

根据上述标准,像"打败、饿死"等黏合式动补结构(朱德熙1981:125)以及"好极、坏透、大得多、大得很"一类"形补"结构,应该处理成构词结构。下面把它们所在的例(27)—例(29)中的 a 句与 b 句中相应的句法结构作一比较,可看出 a 句都是不能自由扩展的构词结构,而例(27)—例(29)的 b 句中的动补、形补结构都是可以自由扩展的句法结构。

(27) a. 他 饿死了
     b. 他 饿得 瘦得只剩下一把骨头
(28) a. 这个人 坏透了
     b. 这个人 坏得 什么事情都干得出来
(29) a. 比我 大得多/*多不多
     b. 饭   吃得多/多不多/肚子都鼓了起来

根据能否自由扩展这一标准来看,"造船"在"造船技术"中为黏合结构(朱德熙 1981:112—113),是构词成分,而在"我们造(过/了)船"中是句法结构。"洗脸"在"我洗脸"中是句法结构,而在"洗脸盆"中则是构词结构。这种区别,主要是由核心的级别决定的。"我洗脸"中的核心"洗"是个词,而"洗脸盆"中的核心"盆",在普通话中只是个不成词语素(成词的说法是"盆子")。即使"盆"如某些方言中那样可单用,也不影响这类结构的本质:关键的是,在上述与"盆"同类的位置上,可以出现不成词语素,如"洗脸皂"中的"皂"。

朱德熙先生所提出的"黏合结构"和"组合结构"的区别,显然是极为重要的语法性质的区别。在我们看来,这种区别反映了词法结构和句法结构的区别。或者换一个说法,这种区别的重要性、稳定性超过了传统上所认为的"复合词"和短语的区别。在传统意义的复合词、黏合结构和组合结构三者中,如果要划一条最粗的界限的话,这条线应把复合词和黏合结构划在一起,这两者间的界限是不明确、不显著、不稳定的,它们一起构成广义的、包括"短语词"在内的复合词。而这广义的复合词同组合结构,即句法结构间的界限,也许说不上绝对明确,但至少是相当明确的。

2.6.3　词法成分和句法成分的等级归类的不同归靠方向

从单位的等级来看,构词单位有不成词语素和词(成词的语素和语素组合体),而句法单位包括词和短语。前面我们说过,句法单位的核心必须是词,从属语以短语为主,但也可以是词,这意味着核心的级别不能高于从属语。这个规律在构词结构中也同样存在。例如,比较"双峰驼"和"*驼尾巴"(但"驼尾"是可说的),可知"驼"不能出现在1+2节奏(单音节+双音节)的偏正式名词中的从属语位置。假设不成词的"驼"的级别低于成词语素,那么,这个现象就可解释成是因为"*驼尾巴"中的从属语级别低于核心的级别。在"驼尾"中,从属语和核心都是不成词语素,仍没有违反核心的级别不能高于从属语的限制,所以合格。至于"驼毛",其中的"毛"虽然是成词语素,但应比照"驼尾"看作是不成词语素,正如"主张 | 商量"中的"商量"应比照"主张 | 明天大家认真地商量这个问题"中的宾语而看作是小句一样。

这里可看出句法结构和词法结构的一个极重要的区别:<u>句法结构中成分的等级归类是往高处靠</u>,即成分的等级取决于能落实的最高单位,能出现高级别成分的位置通常也容许同范畴的低级别成分,如容许出现动词短语或名词短语的位置也容许出现单个的动词或名词;但反过来能出现低级别短语成分的位置不一定能出现高级别短语成分。而词法结构中的成分等级归类是往低处靠,即成分的性质取决于能落实的最低构词单位,容许出现不成词语素的位置也容许出现词;但反过来能出现词的位置不一定能出现不成词语素。

因此,在句法结构中,一个可以扩展成短语的词应处理成尚未扩展的短语;而在词法结构中,一个可以用不成词语素替换的词应看作是尚未成词的语素。换言之：一个结构体中的某个直属成分如果可以在不改变结构体性质的基础上替换为不成词语素，这个结构体就不是短语，而是词或者词内成分。一个结构体中的某个直属成分如果可以在不改变结构体性质的基础上替换为短语，这整个结构体就是短语。

当然，这种替换离不开具体语境。如"洗脸盆"中的"洗脸"，无法扩展成短语，但是其中的成词语素"脸"可以替换为不成词语素"发"，构成"洗发盆"。因此这个"洗脸"不是短语，是词内成分。而在"我洗脸"中，直属成分"脸"可以扩展为短语"自己的脸"，因此，此时的"洗脸"是个动宾短语。

这样分析似乎包含着某种循环论证：用某个成分是否能替换为短语来鉴定短语。其实，我们是首先用"可能的自由扩展"来鉴定是否是短语，然后再推理整个结构体是短语还是比短语小的单位。

2.6.4　语法结构分类的三维取向

严格地说，上述对一个成分是不成词语素、词还是短语的判断，不是语言单位本身的分类，而是对"结构位置"的分类。为了说清两种分类的关系，让我们先对语法单位的分类作些分析。

语法单位的分类本身不是个单纯的概念。关于语法单位的分类，自索绪尔开始，强调横向"组合类"（主语、宾语等关系性的"成分类""关系类"）和纵向"聚合类"（动词、名词等本体性的"词类""语类"）的区分。以转换语法为代表的当代形式学派则还强调"词""短语"这样的"等级类"。这三个分类取向，可拿人物分类作比喻：成分类好比职务、角色分类；词类好比性别或能力分类；级别类好比年龄、资历分类。三者间有错综复杂的依存关系。不过相对说来，职务是最关键的一维，可拿它作为描写三者关系的起点和联系中心。担任何种职务当然同能力和年龄有关，但这种关系就不是简单的一一对应。语法单位分类三维间的关系，比之人物分类，自然还有更为抽象、复杂的一面。

鉴于"词类"之分在短语中也同样存在，有人用"语类"去取代它。但"语类"这个名目容易误会成仅指"短语"的分类，对不熟悉语法学的人，也很容易同"主语、宾语"等成分类混淆，并且有时又用于"词"和

"短语"的等级分类,仍不够理想。"组合类""聚合类"等也略显累赘和学究气一些。不妨考虑用"职类""性类"(或"能类")和"级类"去作为"组合类""聚合类"和"等级类"三种取向的分类的别名。

同这三种分类密切相关的,还有上一节所说的结构位置的分类。同样一个"大",在"大车"和"大的车子"里,性类、职类都相同,性类是形容词性的,职类是定语;但级类可以说相同,都是词,也可以说不同:在"大车"中是语素,在"大的车子"中是短语。又如"大"在"长大"和"长得(很)大"中性类、职类相同,级类可说都是词,但又可说分别是语素和短语。这种差别是由所处结构位置决定的,反映了结构位置的等级之差。"车子"在"买了车子"中是短语,而在"大的车子"中是(核心)词,也是由位置决定的,当然还伴随着职类的不同。

为了把两种意义的等级明确区分开来,在必要的场合,可把单位本身的级别称为"落实的等级",而把位置所决定的级别称为"潜在的等级"。两者间可能一致,也可能不一致。

2.7　各种句子分析法和句子观之比较

2.7.1　句子成分分析法、直接成分分析法和直属成分分析法

现在让我们小结一下本章的要点。传统的句子成分分析法是非常重视核心的作用的,因此,成分分析法往往又称为"中心词分析法"。它分析句子时,先摘出两个核心词,说它们是主语和谓语,然后再指出主语和谓语的附加成分、连带成分,它们也往往是相应的局部的核心词。这种分析方法,可以说是"摘心"方式的。重视核心是完全必要、正确的,问题是这种分析法没有严格的手续程序:这些核心词是如何摘出来的?这样一步步摘中心词,要摘到哪一步为止?成分分析法都不曾给予回答。关于成分分析法的缺乏程序,吕叔湘(1979:63)作过一个极好的说明:

> 传统语法以词为句法单位,因此才不得不把宾、补、定、状都作为句子成分。但是一个句子成分常常是,甚至可以说是更多的是短语,这个事实也没法儿视而不见。结果是一种"双轨制"。比

> 如各级干部都必须参加集体生产劳动这个句子,有时候说主语是
> 干部,谓语是参加,有时候又说主语是各级干部,谓语是都必须要
> 参加集体生产劳动,或者说前者是简单主语、简单谓语,后者是完
> 全主语、完全谓语。要是这"简单"和"完全"并行的话,宾、补、定、
> 状也都可以这样分,例如上面这个句子里,劳动是参加的简单宾
> 语,集体生产劳动是参加的完全宾语。(介乎"简单"和"完全"的
> 生产劳动又怎么说?)这样不免有点混乱,最好还是守住层次的原
> 则,只有那"完全"的才算数,然后再在它的内部划分次一级的
> 成分。

　　吕叔湘这段话,也指出了改进成分分析法的根本途径是引进层次
原则,以及用"完全"这一观念控制切分的可能性。这曾极大地启发了
我们将成分分析法和层次分析法结合起来的思考。当然,这引进的工
作并不是那么简单的,迄今为止的引进工作也并不顺利。这同以往的
层次观念本身的不完善有极大的关系;这种不完善主要表现在缺乏区
分主次和找中心的观念。
　　完全从层次原则出发的直接成分分析法,虽说是比较重视分析程
序,但是它在这方面也只强调了分析的起步一头,即如何从最单纯的
"直接"关系出发,却没有管住分析的终结那一头,即一个句子或结构
应该分析到什么程度为止的问题。因此也可以说,直接成分分析法本
质上为一种无限制、无区别的切分:凡是在句法平面可切分的地方都
加以切分。事实上由于语言结构的无限递归性,从理论上说,直接成
分分析法的结果在层次和成分的数量上都可以是无限的。因此,为了
获得句型格局,或者说有限的结构模式,我们必须对切分加以选择性
的限制。向心切分就是用核心对层次分析所作的一种限制。当然,直
接成分分析法只是层次分析中的一种,就一般的层次观念来说,并不
一定排斥找中心,正如朱德熙先生所指出的(1985a:62—63):

> 层次分析本身不要求找中心词,可是它也不排斥找中心词。
> 所谓不排斥,是说层次分析跟提取中心词两件事之间没有矛盾。
> 其实这个话还说得不够。事实是不但没有矛盾,而且从理论上

说,提取中心词还只能在层次分析的基础上进行[……]很明显,
在层次构造没有确定之前,提取中心词是不可能的。

　　问题是,层次分析虽不排斥找中心,而且实际上还是找中心的前
提,但它并没有使"找中心"必要化。此外,它也没有提供如何找中心
的明确方法,没有"全局核心"或"终级核心"的观念。不妨说,直接成
分分析法失误的根本和唯一的原因是完全无视核心的作用。这一点
是人们通常所忽视的。

　　而成分分析法虽然是强调核心的,可惜强调得有点不得法。一是
不讲程序:不是通过分析一步步找核心,而是先拿出了核心再把一个
个从属语添上去,或者也可说它的程序是颠倒的。这个问题就其本身
来说也许还不是主要的,因为也不妨说这种分析反映的是组合性的
"造句"过程,而不是分析性的"析句"过程(虽然这样一来势必又要另
去建立另一种"析"句法)。传统成分分析法的另一个失误,也是主要
的失误,则是它的核心观念,即区分主、次的原则,仍是不彻底的,这反
映在它不分主次地认为主语和谓语都同样是句子的核心,即所谓"两
心相照"的说法上。而直接成分分析法似乎是走另一极端,在它那里,
核心概念不起任何的作用。不过也正因为它没有用核心来限制切分,
导致了切分没有下限的致命伤。

　　句子成分分析法和层次分析法的分歧,典型地体现在"这个学生
看完了那部电影"这样的句子,究竟是两分成"NP＋VP"(即"主语＋
谓语"两分)还是三分成"NP₁＋V＋NP₂"(即"主语＋动词＋宾语"三
分),也就是承认不承认"V＋NP"可构成一个语类 VP。徐烈炯(1989)
用许多事实证明了汉语、英语中这个过渡语类的存在。不过,考虑到
人类语言中也存在以 VSO 为基本语序的语言,[V＋O],即"动词＋宾
语"构成的 VP 在人类语言中是否普遍存在就成问题了。此外,如果
把三分同"这个 | 学生 | 看完了 | 那部电影"这样的"D＋N＋V＋
NP"四分结构相比(D 表示指别词),则三分又表现出某种优点。换言
之,尽管主语、宾语同动词间的结合有松、紧之别,但这种差别不足以
把它们完全割裂地放到两个不同的分析流程;或者说,不能据此把
NP₁内部和 VP 内部的切分置于同样的地位。三分法则间接地隐含了

把 NP$_1$ 和 NP$_2$ 的内部切分置于同样的地位，都看成是同一个分析过程的事，而这是有合理之处的。一些心理学的测试，也表明主语、宾语具有某种意义上的平等地位（陆致极 1984）。

成分分析法的精华在于区分主、次，当然它在这方面还不能算是自觉的，同时也是不彻底的。找出隐藏在成分分析法含糊表达背后的某些合理的认知基础，也找出直接成分分析法明确表达背后所忽略、抹杀了的结构关系上的某种重要差别，这正是把两者结合起来的关键所在。

不妨比较朱德熙和吕叔湘在这个问题上的相关看法。朱氏关于层次分析和找中心并不矛盾这一说法，只是指出结合的可能性，但对如何结合并没有提供任何具体途径。相对而言，吕氏所说守住层次的原则，只有那"完全"的才算数这一看法，更接近解决问题的途径。但问题是：如果"谓语"也这样处理，宾、补、定、状这四个成分在句子层面根本就切分不出来了。事实上，介乎"简单谓语"和"完全谓语"之间的中间成分，是最多最复杂的，也是传统析句法最难处理的。

吕叔湘实际上已经找到了"保持整体性"的原则。但他最终没有能突破传统"谓语"观念的限制，没有看到打破谓语完整性的必要性，因此无法具体落实这个原则。

事实上吕叔湘（1979：82—83）也曾表达过对"主谓谓语句"中的"谓语"概念的怀疑。他在承认"主谓谓语句"的同时，认为必须有严格控制：

> 比如这事儿我现在脑子里一点印象也没有了这么一句话，先是这事儿，然后是我，然后是现在，然后是脑子里，然后是一点印象，前前后后一共五个，挨个儿当主语，而谓语则是从我现在脑子里一点印象也没有了逐步缩小，缩到最后一个是也没有了。这就大大扩大了主谓谓语句的范围，会不会把一些有用的分别弄模糊了？

这段话实际上也反映了对所有"大谓语""完整谓语"这个概念的质疑。接下去，他认为只有符合以下两个条件的才适合分析成"主谓

谓语句":

1) 主谓谓语句里的小谓语不是动词谓语。他所举的例子有："这一次分配来的知识青年,上海的最多""无线电我是门外汉"等。

2) 小谓语是动词谓语,但主语不能跟这个动词挂钩。所举例子有"这个问题他心里已经有底""什么事情她都抢在前头""这个地方我认为比杭州还好"。

凡不合以上两个条件的,他认为都不是主谓谓语句,如"我们一个会也没开""他这一回代表没选上"等。言下之意,其中主语后的那个名词性成分还是应该分析成提前的宾语。

吕叔湘以上分析,实际上也就是认为凡是跟核心动词有直接联系的成分,都应该独立分析出来,不宜合并进"主谓谓语句"中的"完整谓语"。这说明他对谓语中核心动词的重视,间接地反映了他多少已经觉察到打破谓语完整性的需要[11]。

在"直属成分分析法"中,主、宾、补、状的完整性都守住了,但是谓语的完整性却彻底抛弃了。谓语不但不能守住"完全"的整体性,而且必须打破到底,一直分析到最简单的谓语,即"谓词"。这可以说是牺牲一个保全多数。这实际上也是"动词中心说"的精髓所在。

这种析句法,用明确的程序决定了什么样的词组是可以当作一个整体的"某些词组":所有不包含全局核心词的词组都必须守住完整性而不加分析。

在生成语法 X 杠杆理论中,强调的是 X 的最小投射 X^0 和最大投射 X^{max},即"词"和"完整短语" XP,认为只有这两极的单位才是可以作为整体移位的实体单位,介于两者之间的中间层次并没有独立的地位。轨层结构中间层次不重要这一观点,跟生成语法早期的 X 杠杆理论颇为相似。

2.7.2 词本位、短语本位、块本位?

构成句子的是什么? 传统语法认为语法就是"用词造句"的规律,强调的是词和句子这两头。从造句角度考虑,可说它反映的是"词本位"观念。词本位的失误是明显的:一个句子可以有几十个词,如果每个词都算"句子成分"的话,那句子结构就会变得无限复杂,根本无法整理出有限的句子结构模式——句型,并且句子成分的项目会远远超过人类思维运作的限度。"用词造句"的说法,类似于"细胞构成人体"的说法,忽略了从细胞到人体之间诸如组织、器官、系统等中介单位。

为纠正词本位的失误,"短语本位"应运而生。吕叔湘在指出"一个句子成分常常是,甚至可以说是更多的是短语"这一现象后,又进一步指出(1979:64—65):

> 把短语定为词(或者语素)和句子之间的中间站,对于汉语好像特别合适。西方古代语言有发达的形态变化,借以表达各种语法范畴,形态变化附丽于词,词在句子里的位置比较自由。这样,词就是天然的句法单位。以词为界,把语法分成两部分,讲词的内部情况的是词法,讲词和句之间的情况的是句法。这样划分,对于近代的西方语言已经不大合适,对于汉语就更不合适了。汉语里语法范畴主要依靠大小语言单位互相结合的次序和层次来表达。从语素到句子,如果说有一个中间站,那绝不是一般所说的词,而是一般所说的短语。

朱德熙(1985:2—9,68—79)则在指出词组能够充当句法成分时,进一步强调了汉语动词没有限定形式和非限定形式的区分,因而句子和短语没本质区别的现象。因此他认为句子不过是独立的词组(短语)而已。在此基础上,他明确提出了"词组本位",即"短语本位"的旗号。

两位先生虽然都从汉语的特点出发强调了短语的地位,但具体着眼点是不完全相同的。在吕叔湘看来,短语是句子的基本组成部分,句子本身还不等于就是短语。朱德熙则强调,句子作为整体就是一种短语。

两位先生的结论都是从汉语的特点出发的,但事实上短语本位可说是普遍适用的。而当代语法理论一般都承认短语是构成句子的单位。如大部分句子可说由一个作主语的名词短语 NP 和一个作谓语的动词短语 VP 构成。近年来的转换语法则进一步认为句子本身就是一个"标句短语"CP(complementizer phrase)(见§3.4)。凡此种种,对短语的强调似乎比汉语语法学界有过之而无不及。不妨说,将两位先生强调短语的角度加起来,正相当于国外短语结构理论对短语的强调程度。

短语本位比词本位有很大进步。但是,短语的一个特点是可以层层相套,即短语里面还有短语,较大的短语可由较小的短语构成。构成句子的是哪一层短语呢?短语本位在这一点上并不是很明确的。若说仅限于第一层分析得到的两个短语,那太粗略,所获得的结构远远没有充分利用思维运作广度的潜力。若再分下去,又会发生收不住的问题,所得到的结构很容易超过人类思维运作的限度。

另一方面,虽说短语可充当句法成分是没问题的,但这是不是就意味着只有短语才能,而词就不能充当句法成分呢?短语本位在这一点上也并不明确。若说词不能直接充当,而只能通过短语这一中间站,去充当句法成分(一个词可看作短语的最小形式),并且较大的短语也是由若干较小的短语构成的,那么,词在句法分析中就完全失去了存在的价值,成为近乎语素的单位,那也是很难接受的。句法成分都由短语充当,那么最初的句法成分,即最小的短语,又是由什么充当的? 总要有个起点吧。但是我们又不能说短语的起点是语素,因为语素是词法成分,不是句法成分。如果说最小的短语是由词构成的,而较大的短语都是由较小的短语构成的,那么,势必就要分化出两类性质根本不同的短语。问题是如果真去分化的话能不能分清呢? 所以我们就采取另一个路子,不分化短语,而是分化短语内部的成分:承认短语中的某些特定成分可以或只能由词充当。

总之,有必要给"词"在句法结构中留一席之地。具体地说,我们认为作为短语起点的核心必须是词,把由一个切分流程所决定的成分——核心词及其各层从属语,都看作句法成分,称为这个结构体的"直系成分"或"直属成分"。直属成分是比直接成分外延上宽一步的成分,后者通常只有两个,而前者通常不止两个。直接构成一个结构体(包括句子这一级单位)的是"直属成分",包括一个核心词以及若干围绕核心词的"功能块"——短语。另外,句子中有些虚词成分也不能扩展,只能以词的身份充当句法成分(见本章附注[6])。句子的直属成分不会超过七个左右。直属成分大致上也就相当于认知心理学中的"板块"或"模块"。因此这种句子结构观念可说是"块本位"的。

"语序"这个术语也同单位问题密切相关。"语序",一般也称为"词序(word order)"。咬文嚼字地看,这显然不是个确切的名称,因为实际上词序所指的主要是"短语序(phrase order)",另一方面短语可大可小,层层相套,若说"短语序",又究竟以哪一层短语为准? 有人称为"成分序(constituent order)",这个术语的问题同短语序一样,层次不明,若是指直接成分(immediate constituent),那就非常不妥:直接成分通常是两项式的,而一般的语序研究,实际上讨论的都是由一个核心带出的多项式(见§4、§5)中各项之间的顺序关系。有鉴于语序单位的纠缠,当代语序共性研究的主要奠基者 Greenberg(1966)不得已用一个非常含糊的"意义成分顺序(the order of meaningful elements)"去称呼语序。其实,不妨说语序就是"块序"(胡裕树、陆丙甫 1987,钱乃荣等 1990:233—250)。

我们前面说过,对于一个核心来说,它的从属语的个数是有限的,而从属语的长度可无限地扩张。这也就是说,构成一个句子的板块是非常有限的,但是板块的体积可以无限扩大。用更一般化的话来说,也就是组成一个语言单位的(直属)成分是非常有限的,但直属成分的内部可无限复杂化。

Dryer(1992:112—115)提出了类似的"主要成分(major constituents)"分析法:

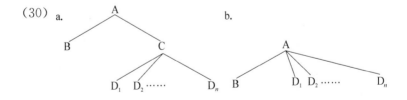

(30) a. b.

他对"主要成分"的定义是:"如果 A 和 C 语类相同并且 C 是 A 的核心,不要考虑 C 这个成分。换言之,像处理例(30b)那样处理例(30a),例(30b)中 C 这个节点被取消了,其女儿成分被当作 A 的女儿"。如果 B 是主语,那么 C 就是整个谓语部分。可见,这种处理实际上也是主张淡化谓语的完整性、独立性的。这样的处理,结果跟"直系成分分析法"相同。Dryer 似乎是把 C 直接当作一个多分结构的,其原因和程序都没有详细说明。事实上,C 是否能当作一个多分结构,以及多分到什么程序,都需要根据结构体 A 的核心词来决定。

不管程序如何,例(30b)实际上已经是个扁平结构(flat structure)。类似主张以扁平结构代替层次过多的树形图的理论还很多,如 Gil (1987)也提出过名词短语在许多语言中应该是扁平结构。

扁平结构跟"直系成分分析法"的相同点是:结果是数目相同的多项式,每个结构项可看作语序类型学中的"语序"单位。不同点是:扁平结构完全没有了层次,而直系成分结构是把传统层次分析法中的层次转化为了"轨层"。

2.7.3　句本位

"用词造句"的观念,如果强调其"句子"这一头,又可派生出一种"句本位"的分析法(史存直 1981,1986)[12]。句本位主张构成句子的是"句子成分",即主语、谓语、宾语、定语、状语、补语这传统的六大成分。如下例(史存直 1981):

(31) 我‖买到了 │(最近非常流行的)一本语法书。
　　 主　谓　　　　　定　　　　　　　宾

句本位把句子成分分成三个等级:主要成分主语、谓语,连带成分宾语、补语,附加成分状语、定语。由于"最近非常流行的"已是第三级成分定语,这就算分到了底,内部不管如何复杂和包含些什么成分,都不必再分下去了。实际上,通常的句子成分分析法,都是分到适可而止。而上述句本位分析法,是句子成分分析法中把"适可而止"的标准说得最明确的一种。它已在相当程度上照顾到了层次,实际上也是教学中最常用的。

句本位的局限,顾名思义,表现于它只限于句子的分析,不适合不成句的短语,因此缺乏概括力。

这种句本位分析法同向心切分的分歧明显地表现在定语上。按照向心切分,定语附加于核心名词,它同全句的核心动词之间连潜在的直接联系都不存在,是不应该在以核心动词为终点的切分流程中切出来的。

即使从教学的实用角度来看,句本位也仍存在某些不便之处。首先,一个作主语或宾语的名词能带五六个定语,加上其他成分,句子成分仍很容易达十多个,这样的话,要归纳句型仍是非常困难,也无法将句子成分数控制在思维运作限度内。

定语算作句子成分还会引起另一些矛盾,例如:

(32) a. 我　看完了(这本)(最近非常流行的) 语法书。
　　　 主　谓　定　　　定　　　　宾
　　 b. 我　看完了　这本。
　　　 主　谓　　 ?

例(32b)中的"这本"究竟应看作宾语呢? 还是比照例(32a)而仍看作定语呢?

规定主语、宾语所带的定语要分出来,那么,主语、宾语中所带的状语要不要分出来呢?

(33) a. 详细的描写 是 必要的第一步。
　　 b. 详细地描写 是 必要的第一步。
　　 c. 详细描写 是 必要的第一步。
　　 d. 详细地描写这种现象 是 必要的第一步。

如例(33a)中"详细的"作为定语要分出,而例(33b)中的"详细地"作为状语就不分出,未免有点不对称、不公允。例(33c)中的"详细"因身份不明而更不好办。如果例(33b)中的状语"详细地"分了出来,那么例(33d)中主语内部的宾语"这种现象"就没有理由不分出来。总之,句本位仍没做到有效地控制切分。问题主要是控制切分不彻底,仍留了定语这条尾巴,这条尾巴一拖,门就关不上了。

事实上,用六大成分的传统成分分析法,问题并不如人们所想的那么严重。它在句子这级单位的分析方面,毛病主要就出在定语上。主、谓并重的"两心相照",削弱了核心的地位,模糊了核心和非核心的对立。而这一点在教学实践中的负面作用,主要表现在分析句子时放进了定语这一属于名词短语内部的成分。

附 注

[1] 例(2)现在一般采用 a 式"认真│研究语言学"这样的切分。即认为动宾间的结合比状动间的结合更紧密。这种处理有语义的基础:宾语是动词的次范畴分类标准,同动词的联系自然相当密切,许多动词离开了宾语,意义就不完整。另外,跨语言的比较也能为切分的选择提供参考。如上述语句英语译文的主要语序是 study linguistics seriously,若要将宾语、状语先后切出,则只能取"study linguistics │ seriously",即先把状语切出。

音渡的大小也是切分的重要标准。动宾间允许的停顿通常比状动间允许的停顿小,这也证明"认真│研究语言学"这样的切分比较更可取。但音渡大小还受语法之外其他因素的影响,有时反而增加切分选择的复杂性。如单音节状语往往同后边的动词结合很紧,尤其是动词也为单音形式或宾语较长时。这就使语音标准的切分同语法、语义标准的切分会不一致。如"买本书",根据语音,会切分成"买本│书",不合语义上的"买│本书"切分。这种情况,就应该把语法的切分同语音的切分区别开来,把语音的切分理解成表层根据某些语音规则再处理的结果(见§6.6)。

例(5)从语法上说,第一层可切分成"生│我│气",即"动词│间接宾语│直接宾语"的模式。其中"的"字可当作在较浅的层次后来强加进的表层成分。至于"想不开"的切成"不│想……开",可认为是一种深层的切分,表层也许只好切成"想│不│开"或"想│不开"。

上述例子说明,区分深层的切分和表层的切分,有助于解决表层分析中的一些疑难问题。又如:

(i) 仔细分析、深入解释│这些现象。
(ii) 深入地│分析结果,解释原因。

就事论事,(i)是先把宾语切出来,(ii)是先把状语切出来。其实也不妨认为(i)中是"仔细分析"后省略了一个"这些现象",(ii)中"解释原因"前省略了一个"深入地”,在表层按一定的删除规则删去了重复的成分(见 Wang, S.-Y. 1967)。这样的话,就可根据未省略前的深层结构把两者作统一的处理。

　　事实上,对结构主义描写方法局限性的批评,正是转换语法产生的一个重要原因。Chomsky(1957:34—45)鉴于结构主义的机械分析法的不足,才提出了有必要在短语结构语法(直接成分分析法的另一种表达形式)之外,在语法中增加“转换”这一部分。他举的一个例子是英语的助动词序列:

　　　　a. The man S have-en be-ing read the book.

　　　　b. The man has been reading the book.
　　　　‘那个男人一直在读这本书。’

其中,a 是深层的形式,S 表示第三人称单数形态,have 和-en,be 和-ing 在深层是两个连续结构体,通过一种称之为“词缀跳跃(affix hopping)”的转换,在表层变为 b 中那样的非连续成分。非连续成分的切分在直接成分析中是个无法完美解决的难题。Chomsky 认为它们在深层本是连续成分,把这个现象用深层切分加上转换两部分去解决。转换概念在处理英语助动词方面的成功,曾极大地吸引了人们对转换语法的兴趣。

　　[2]“全句修饰语”即句首的修饰语。但这个术语是有毛病的:全句修饰语到底是不是全句的一部分? 如果是,那么它后面的部分就不是“全句”或句子,那么又是什么呢? 说是“中心语”,那近乎同语反复,一点没告诉我们什么,因为修饰语这一术语本身已经隐含了它的对方是中心语。中心语总要有点独立于从属语之外的内容才好。这里也反映了两分法的一个问题:中心语因种类太多在命名上会很麻烦(见§4.1、§4.2)。

　　[3] 有个笑话也说明了这种误判因果关系的本质。一个学生做了这样一个实验:他切掉了一个跳蚤的两条腿,大叫一声:“跳!”跳蚤就跳了起来。然后他又切掉跳蚤的另外两条腿,又大叫一声:“跳!”跳蚤又跳了起来。他又切掉跳蚤最后剩下的两条腿,大叫一声:“跳!”这一次跳蚤不再跳动。于是,这个学生在实验报告中写道:实验结果证明,跳蚤被切去了六条腿后,就会变聋。

　　[4] 定语不同的相对位置往往造成意义上的细微差别,如“我把[新买来的两本书]给了他”隐含着我还有其他的书,但“我把[两本新买来的书]给了他”就不一定有这层意思。这可以作为否认各个定语分别直接同核心词有联系的证据。但这种意义差别很相对,并且不稳定,只能说表达的倾向和附加意义不同而已,不足

以否认上面两个语句的基本认知意义的同一性。好比在"我｜看完了这本书"和"这本书｜我看完了"中,"这本书"因不同位置而产生的意义差别,只是表层附加意义的不同,而深层的基本的"隐性语法关系"并没变化。

[5] 黄正德(Huang 1988)曾用转换语法详细地论证了这类结构中的核心是前面的动词。

[6] 终极核心词通常是一个词,但并不排除是词组的情况。如"这些｜新买来的｜杂志和小说",应以"杂志和小说"为核心,切分成三块;"杂志和小说"虽是词组,但仍是词级单位。"我家那些自己订的杂志和人家送的小说"比较复杂,也许应该朝两个核心"杂志"和"小说"分头切下去,最后是两个核心。也可以认为这语句的底层是"我家那些自己订的杂志和我家那些人家送的小说",在表层按一定的删除规则删去了重复的成分(见本章附注[1])。

[7] 转换生成语法认为所有从属语都是短语级的"最大投影(maximal projection)",这意味着所有从属语都应该是能扩展的。至于某些通常认为是从属语但又不能扩展的成分,如指别词、助动词等,在近期的转换生成语法中,被处理成"功能范畴(functional categories)"的核心(见§3.4)。

[8] 内容冲突的若干修饰语,作为选择性的并列结构,是可以"一起"修饰核心的,如"那些红的、黄的、白的,真的,假的花朵",这同文中所讨论的"分别"修饰一个核心的结构是不同的。此外,"很大很大的｜房间"中,"很大很大"应视作一个定语,是"很大"的一种程度变式,类似于"最最大"。

[9] 数词可作无限扩展,但这种扩展高度规律化、专门化。内部的结构关系只有相乘和相加两种。如 123412341234 的内部结构为$(1×千＋2×百＋3×十＋4)×亿＋(1×千＋2×百＋3×十＋4)×万＋(1×千＋2×百＋3×十＋4)$。至于相乘和相加到底算什么结构? 很少有专门的讨论。也许可算并列结构,但那是很特殊的并列结构,内部顺序不能像一般并列结构那样较自由地交换,而这也可说这类数量表达是词的根据之一。

[10] "根据潜在的最大可能"这种推向极端的分析方法,是科学理论抽象化的一个表现。不妨说,理论的主要出发点是可能性,而应用的主要出发点是现实性。中国古代应用数学发展程度极高,但理论成就相对而言远远落后于应用技术,一个重要原因是缺乏推向极端的抽象精神。如朱世杰在《四元玉鉴》已解出了五次方程 $X-9X^4-81X^3+729X^2-3\,888=0$ 的一个解是 3,但却至此为止,没有追问最多能有多少解。中国古代数学主要是由许多具体用例和解法构成的,这样就难以发展起一般性的、抽象、严格的理论。

语法学中,这种根据最大可能性的分析法也是最基本的分析原则,有着广泛的应用。如宾语的分类,可根据宾语最大的可能分成名词短语宾语、动词短语宾语、小句宾语和大句宾语(见§8.3)。

李升召(1985)根据分布把汉语语素的自由度分成七个等级,其中自由度最小的第七级语素"蒂、秸、秆、帕、涕、圃、湾"等只能出现于偏正式名词中的核心成分位置,如"烟蒂"中的"蒂"。而自由度最大的语素能出现在所有的名词性位置,如"笔",可作句子的主语("笔坏了"),自然也可占据第七级语素所能占据的位置("钢笔")。这也是一种对潜在可能性的等级划分。

早期的语文研究,建立在收集实际语料的基础上。实际语料当然是最基本的,因此丝毫不能忽视。但从理论要解决最大可能性的角度看,它又是不充分的。现代语法研究充分发掘研究者的语感,研究者往往根据自己的语感把语句七颠八倒地拆散重组,看看究竟能转换、移位到什么程度,也就是要发现语法上最大的潜在可能性。当然这样改造或生造出来的语句很多是平时根本不会使用,甚至很可笑的,为某些习惯于传统语文学书证方法的人所诟病。但其实这种方法却是必要的。这就好像数学家求方程之解时,要求出一切解,其中有些是负数、无理数、复数,在日常生活中毫无意义,但那却是数学发展成科学所必需的。甚至不仅要找出一切可能的解,还要论证必然不可能存在的解。

语法研究中根据语感重组、编造语句的方法类似于自然科学中的实验。有些现象,有些条件,等待在自然界中发生,简直是不可能的。况且语法不仅要研究正确的语句,也必须比较错误的语句(陆丙甫 1987a),即不仅要正面的可能性,还必须研究反面的可能性,这样才能对语句结构规律获得全面的了解,而错误的语句除了作文老师能收集到一些外,一般情况下是很难遇到的,于是只好主要靠语感自己编造。当然凭语感编造句子的方法也要加以控制,人们很容易犯的一种失误就是不自觉地为自己所相信的理论误导,在判断语句的合格度时带有倾向性。语法学者因卷入太深,其语感稍稍偏离一般人的语感的情况也不是没有。

[11] 吕叔湘也谈到了……难以完全放弃谓语完整性的原因(吕叔湘1979:82—83),"比较难于决定的是受事作主语而施事补语在动词之前的句子,例如这些书他全看过。按说这也可以归入'主-补-动'句式,但是从两点考虑又似乎归入主谓谓语句较好。一,主谓谓语句的作用,说明性多于叙述性,这个例句也是说明性多于叙述性。二,主谓谓语句往往在大主语之后出现停顿,这个例句也是这样。"不过,他接着又承认保留谓语完整性的麻烦:"但是这两点都是相对的,不是绝对的,难以作为划分句式的标准。另一方面,如果把这一句归入主谓谓语句,有一系列句子不好决定,因为其中动词前边的名词可以解释为施事补语,也可以解释为工具补语,例如: 战士们头淋着雨,脚踩着烂泥|这种人手不能提篮,肩不能

<u>担担</u>|他一只手牵着一个孩子,等等。这倒是有点两头儿为难"。〔引者注:吕先的"补语",基本上就是主语之外的"论元成分"。〕

　　〔12〕另有一种"句本位",那是黎锦熙提出的"凡词,依句辨品,离句无品"的词类划分观念。两种"句本位",名同而实异,不应把它们混同起来。

3 语法学中的"核心"概念

3.1 Bloomfield 的等同性标准及其矛盾

在向心切分中,对核心的判断是至关重要的。然而何为核心,这是一个很有争议的问题。本章我们就专门讨论这个问题。

类似核心的观念在句法学中由来悠久,但 Bloomfield 首先对它下了比较明确的定义,并在语法研究中加以强调,使之受到了广泛的重视。Bloomfield(1933)把语言结构分成内向(endocentric)和外向(exocentric)两大类:至少有一个直接成分同整体在语法功能上相同的结构体是内向结构,否则就是外向结构。内向结构中同整体在语法功能上相同的成分就是核心(head)。内向、外向和核心,都是组合性的结构方面的概念。但 Bloomfield 在定义它们时,所依据的却是聚合性的功能方面的"等同性",可以说 Bloomfield 的这些定义,把聚合性功能类同组合性结构类有机地结合了起来。此外还需要注意的是,其中核心的概念依存于内向的概念。

Bloomfield 之后,核心概念在句法理论中一直占有重要的地位,得到广泛的应用。但各种理论中对它的理解和利用不尽相同。本章就我国语法学界和转换生成语法中对核心概念的不同处理,联系具体的应用背景作一比较、讨论。

纯把 Bloomfield 的核心定义看作规定性(stipulative)定义,就其本身而言,不会有任何矛盾。但衡量规定性定义的标准不仅是视其本身是否明确,更重要的是看这样定义出来的概念的使用情况,即使用是否方便及价值大小。并且核心概念实际上恐怕是先于定义的自然范畴,即一般人认为结构体中语法上较重要的那个成分。要给这个原先就有的范畴一个定义,那就具有某种描写性(reportive)定义的性质。而衡量描写性定义就要看它是否反映概念的本质及一般人的直觉。

我国语言学界基本上继承了 Bloomfield 对结构的外向、内向两分法。虽然有关的讨论主要集中于内向结构中核心的判断上，但也有一部分讨论牵涉某些结构到底是内向的还是外向的分析上。具体说来，我国语法学界注意到关于核心的等同性标准会导致以下三种在中心词分析法中运用不便而且也同一般人的语感直觉甚为不合的情况。

1. "他的死（很悲惨）""这种谦虚（是假的）"中，由于整体是名词性的，"他的"和"这种"也都是名词性的，而"死"和"谦虚"都不是名词性的，按 Bloomfield 的等同性标准，上述两个结构体中的核心分别是"他的"和"这种"。

2. "木头房间""喜欢玩""明显错误（的理论）"中，"木头""玩""明显"分别为名词性、动词性和形容词性的，都同其所在的整体结构功能相同，是否也要看作核心呢？

3. "出没"和"开关"，就内部结构关系而言，完全是同一类型的。但按 Bloomfield 的等同性标准，前者是内向结构，而后者只好算外向结构，因为"开""关"都是动词性的，而整个"开关"却是名词性的[1]。又如，"知己"的内部结构是动宾关系，这同其他动宾结构一样是以其中动词性成分为核心的向心结构。但按等同性标准，宾语"己"倒应该是核心，因为它是名词性的，同整个结构体功能相同。

此外，等同性标准显然不能直接解释"兼类"现象。如"研究""健康"，若严格按等同性标准处理，作动词和形容词时是内向结构，作名词时就只好当作外向结构，但就其内部结构关系而言，显然又应该是统一的。

上述第一种情况，反映了汉语不同于印欧语的特点，似乎是 Bloomfield 所不曾考虑过的现象。而上述情况的后面两种，在印欧语中也存在，Bloomfield 及后来的语法学家对它们的处理也是不明确的，或颇为矛盾的。同"知己"相似的例子有 longnose（雀鳝，字面意思是"长鼻子"）和 turnkey（狱卒，字面意思是"转钥匙"）。虽然 longnose 同 nose 一样是名词性的，turnkey 同 key 一样是名词性的，但 Bloomfield 并不认为 longnose 是内向结构，因为它并不是指一种鼻子,这里就用到了语义标准,可见 Bloomfield 在具体划分内向、外向的时候,也并没完全遵循他的形式标准。又如,Bloomfield 认为介宾结构是外向结构,但他在谈到汉语例子"在中国"时,又认为其中的介词"在"是核心。伍铁平(1984)指出了 Bloomfield 有关论著中不少前后不一致的地方及理论上存在的失误。

Bloomfield 的等同性标准,是从分布分析的"可替换性"或"不可省略性"中抽象和概括出来的。但从"替代性"和"不可省略性"推广到"等同性",一方面似乎是抽象和概括,另一方面这种抽象和概括却有点简单化,反而导致不少新矛盾,如"木头房子",本来用"替代性"和"不可省略性"去分析,"房子"该是核心,并无问题。但用"等同性"去分析,可得出"木头"也是核心,因而整个结构体是并列结构的尴尬结论。后来的语法研究,似乎对等同性并不十分重视,有回到比较初始的"可替换性(substitutability)"或"不可省略性"去的倾向,核心的概念也不再依存于内向概念。但这并不是说只要维持"替代性"和"不可省略性"就万事大吉。

3.2　语义标准

为了解决上述三种情况的前两种矛盾,朱德熙(1984)提出补充以语义选择限制的标准。他指出,"实际上'核心'这个概念跟语义密切联系",并将核心的定义修正为:

> 向心结构(引者按:此处与"内向结构"同义)指的是至少有一个直接成分与整体在语法上功能相同、在语义上受到相同的语义选择限制的句法结构。向心结构中与整体功能相同并且受到相同的语义选择限制的直接成分是它的核心。

按这一定义,朱德熙把"木头(的)房子、新的房子、刚盖好的房子、那所房子"都看作两个核心的"同位性向心结构"。"这种谦虚、他的死"也看作广义的有两个核心的向心结构。

不难看出,就理论背景而言,朱氏的这一处理基本上是一种体系内改进,分析的基础仍然着眼于分布、扩展和替代。所谓"在语义上受到相同的语义选择限制",实际上是更具体的分布等同性和替换可能性。改进后的定义,对于解决"木头房子"这样的情况是明快方便的;关于"那所房子"中的"那所"也是核心的结论同近年来转换生成语法中管辖制约(government and binding)理论对体词短语的处理(见§3.4有关讨论)有某些不谋而合之处。这样引进语义标准,对于我们理解核心的本质,是很有启示的。

施关淦(1988)对朱文的处理提出批评。施氏是主张 Bloomfield 的定义的,认为这定义是同作为其背景的整个理论体系相协调一致的。针对"木头房子",施文认为可用进一步划分小类的办法去解决。对"这种谦虚、他的死"这类结构,施文认为还是用传统的"名物化"去解决比较好,施文认为这样处理至少不至于得不偿失。施文还指出,同时使用形式功能标准和语义选择标准,如果两个标准的结果一致,那么就是不经济;如果两个标准的结果不一致,那么就会发生到底是择一而从还是双方兼顾的问题。

运用两个标准的结果一致而显得不经济,这其实并不成问题,因为这正好说明了两个标准可以互相印证,达到形式和意义相统一的目标。具体运用中根据具体需要择一即可。问题正是因为 Bloomfield 的单一形式标准不够用,所以才要补充以语义标准。根据朱氏的具体处理,特别是对"这种谦虚、他的死"的分析,他是兼顾两个标准的:满足其中一个就可算核心,因此才有较多的双核心结构。我们在上一章的讨论中指出,寻找核心主要是为了简化语法分析,因为可以从核心去把握整个结构体的性质。但双核心结构一多,就难以达到简化的效果。

要解决这个矛盾,可能的解决方法之一是规定以语义标准为主,或者干脆放弃功能标准而完全根据语义标准。一旦开放语义标准这个门,又何妨扩大使用。纯以语义选择为判断核心的标准,"他的死"也就没有必要看作广义的有两个核心的向心结构,而可看作是以"死"为核心的内向结构。这同我们的语感更一致。

纯从语义上看,不妨说核心是代表某类事物的"属概念",而从属语表示的是"属种之差"(非限制性的从属语,如"由三条边构成的

三角形"中的定语,其属种之差为零),其作用是"种化"、某种广义的
"次范畴化(subcategorization)",或者说缩小核心所指事物的外延,
"从属语+核心"则表示"种概念"。动词的强制性从属语(宾语等论
元成分),本来就已经被认为是动词的次范畴化成分。将这个观念
加以推广,不妨说所有从属语都有某种类次范畴化功能。例如"向
南方"这个介词结构,是表示某个方向,是方向的次范畴化,因此介
词"向"应为核心。助动词加动词的结构,"可能去"和"应该去",表
示某种可能和道义,而不是某种去向,当然也应以其中的助动词为
核心。

3.3　规定性、稳定性标准

鉴于"开关、知己"这类内部结构同整体功能没直接关系的情况,
可考虑将结构分类同整体的功能类分开来,用"规定性"标准去替代
"等同性"标准来定义核心：结构体中决定结构类型的那个成分就是
结构核心(陆丙甫 1985b)。

根据规定性得出的核心,是个独立于内向性的概念。因此在传
统的外向结构中,也可以有核心。如"木头的"和"他买的"之所以属
于同类结构,完全取决于"的"的存在,所以这两个结构体中的核心
都是"的"。又如介词结构,之所以成为一个结构类,取决于其中介
词的存在,所以也应把介词看作其中的核心。由于这样的核心观念
同功能的等同性无直接的关系,说"知"是"知己"中的核心就不会有
问题。又由于这样的核心观念同结构的内向性无直接的关系,因此
就内部结构关系来说,可以把外向的"开关"同内向的"奔跑"看作同
类结构(关系)。

在实际操作中,规定性标准有时不易掌握,因为"规定性"形式上
不够直观,本身需要进一步定义,可以说它还不够"初始"。因此我们
可提出一条更形式化的操作性定义——"稳定性"标准作为补充,即成
分中性质和来源较为稳定的那个就是核心。如下面例(1)所示,动宾
结构中动词总是动词,相当稳定,而宾语的词性较灵活,虽然通常为名
词,但也可能是动词、形容词,以及复句形式,等等,甚至是非语言单位

的符号,等等,因此动词一方应为核心(并且,因此称为"动宾"即 V—O 结构比称为"动名"即 V—NP 结构合理)。

(1) a. 喜欢……语言学

b. 喜欢……研究语言学

c. 喜欢……漂亮

d. 喜欢……天气一好就出去散步

e. 喜欢……♣(这个符号)

又如在"定名"结构中,定语可能是名词、代词、形容词、动词结构,等等,来源极不稳定,所以是非核心。在介词结构中,介词的宾语可为名词性("把语言研究看作大事"),也可为动词性("把研究语言看作大事"),甚至是句子或非语言单位的符号("把♣当作绿化区"),等等。因此应把其中的介词看成核心。

根据稳定性标准,"木头房间"中的"木头"虽然也是名词性的,但在结构关系不变的情况下可以用形容词"干净"、动词"睡觉"等范畴去替代。而"房间"一方几乎只能限于名词。显然"房间"一方比"木头"一方来源上要稳定得多,因此"房间"应为其中核心。

所谓"稳定性",也可以进一步引申到扩展的可能性大小方面。例如,动宾结构中,宾语几乎有无限扩展的可能性,但动词几乎不能再扩展("非常喜欢语言学"中的"非常",并不是直接从"喜欢"扩展出来,而是整个"喜欢语言学"的扩展成分)。

鉴于这种核心已同原先 Bloomfield 的核心概念有较大差别,可把具有这种核心的结构称为"向心(centripetal)结构",与此对立的是"并列(coordinative)结构",而不再是 Bloomfield 的"内向、外向"两分法。其实,也不妨给这种核心另取一个名称,例如"轴心(axle、center)"。不过,从另一方面看,这两种核心都同作为自然范畴的、人们语感中的"核心"概念密切相关,合用一个名目还是可以的。下面我们会看到,生成语法中的核心概念离 Bloomfield 的核心概念就更远了。

3.4　转换生成语法中的核心

不同于 Bloomfield 的核心观念,在西方语言学中也有不少。例如 Tesniére 的"从属语法(dependency grammar)"(Tesniére 1959, Hays 1964,Gaifman 1965)认为,在一个结构体中:

1. 有一个并且必有一个是完全独立的;
2. 其余成分直接从属于这个成分;
3. 任何一个成分不能直接从属于一个以上的成分。

其中的独立成分和从属成分即分别相当于核心和从属语。可以说这种核心观念使用的是"独立性"标准。不过"独立性"标准如同"规定性"标准,不够初始,需进一步定义。而对独立性最重要的鉴别就是看是否能省略:不能省略的成分即为核心。

Robinson(1970)在分析直接基于和对应于直接成分分析法的"短语结构语法"(Phrase Structure Grammar,PSG,实际上是直接成分分析的另一种形式[2])的不足时,主张用从属语法的从属关系去加以补充。他详细地分析了"不可省略性"和"可替代性(substitutability)"的失误,认为"替代性"的核心观念是接受从属语法及其他不能用短语结构语法来表达的句法系统的主要障碍。在此基础上,他进一步提出了"特征性(characterizing)"的标准,即赋予整个结构体以(聚合类)范畴的成分是核心。不难看出,替代性跟等同性极为相似,不过替代性比等同性更具操作性,因而也更容易暴露出问题。而"特征性"标准类似于"规定性"标准。并且,Robinson 也认为内向结构和外向结构都可有核心(Robinson 1970:267),所以应以特征性、非特征性的区别来代替跟整体功能的是否一致(Robinson 1970:271)。

这种特征性观念的进一步引申,就走向了 X′(X 标杆)的核心。X′(Chomsky 1970)理论认为,所有结构体都是由结构核心 X(X 是词级单位)扩展成的"X 杠",X 充分的扩展就构成一个"X 最高杠",即短语级的单位。名词短语 NP 是由一个核心名词 N 扩展而成,动词短语 VP、形容词短语 AP、介词短语 PP 分别是由动词 V、形容词 A、介词 P 扩展而成。但转换语法不用"扩展"一词而说"投影(project)",这意味着一个结构体(扩展形式)是核心投射的结果(projection),其性质是由核心的特征决定的。"短语"也就是"最大投影"(maximal projection 或 X^{max},XP)。

X′理论的提出,主要目的之一是在不同范畴的短语间建立联系,作统一化处理的同时又限制转换的滥用。例如:

(2) a. [The barbarian [[destroyed] Rome]]
　　　'蛮族摧毁了罗马城'

　　b. [The barbarian's [[destruction] of Rome]]
　　　'蛮族对罗马城的摧毁'

(3) a. [Rome was [[destroyed] by the barbarian]]
　　　'罗马城被蛮族摧毁了'

　　b. [Rome's [[destruction] by the barbarian]]
　　　'罗马城的被蛮族摧毁'

其中名词短语 NP 和句子(看作充分扩展的、最大的动词短语 VP)的内部成分的顺序表现出一系列的对应[3]。一度有人认为这两个 NP 分别是相对应的主动句和被动句通过所谓"名词化"(nominalization)转换来的。Chomsky(1970)不同意这样过分使用转换,认为带有行为意义的 NP 和句子间的形式对应是由其中的核心名词和核心动词通过普遍的词项扩展程序决定的。这种普遍的词项扩展方式就是"X 标杆常规"(X′convention):所有短语都是 XP,各种短语的"杠次"(范畴性的基本层次)是基本一致的,所不同的仅是 X 这个变项可代入 N、V、P、A 等不同范畴的词项及由此引起的一系列附加成分的不同。X′ 理论判断核心的标准,也主要是特征性。

随着 X′理论发展到"扩展的 X′理论(extended X′theory)"在 NP、VP、AP、PP 这些词汇语类(lexical category)的投射之外,又建立了 IP 和 CP 这样的"功能语类"(functional category,大体上相当于虚词语类,但范围更广一些,实际上把 NP、VP、AP、PP 之外的所有语类都算了进去)的投影。例如"He will write a novel(他将写一本小说)"。具有如例(4)那样的结构:

(4)

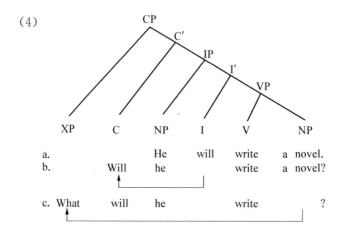

其中,动词短语 VP 的核心当然是动词 V。屈折短语 IP(inflection phrase)的核心是 will 一类的助动词。没有助动词出现的句子,可以认为这个位置上有个抽象的动词形态变化成分(inflection)。由于 inflection 不能离开动词孤立存在,就必须向后边动词的位置移动,在表层结构中一起构成一个反映了人称变化的限定动词(finite verb),如:

(5) He   现在时单数第三人称形态   read books.→He reads books.

例(4)的 IP 中,除了核心 I 和作为补足成分(complement 指宾语、补语一类的成分)的 VP 外,还有个作为专化成分(specifier)的主语 NP。此外,如例(4b)和例(4c)所示,标句短语 CP(complementizer phrase)中的核心 C 和 specifier 位置还为助动词和疑问词语的移位提供了可能的降落点(landing site)。

上述分析,从核心反映整体特征的角度看都是可以理解的。以句子而言,如果不考虑超语段的句调,英语句子的(语段)特征可以说其中包含限定动词,而不是一般的动词。限定动词就是动词加上 inflection,所以反映句子特征的成分应该是 inflection。不过这核心在表层没有独立性,不是依附于助动词就是依附于动词。英语中若

will、can、be 等助动词和其他动词一起使用,inflection 总是落实在助动词上。根据这一点,其中助动词应为核心。汉语语法学界也早就有主张把"助动词＋动词短语"中的助动词看成核心,把后面的动词短语看作宾语的,如赵元任(Chao 1968),朱德熙(1982)。

而 CP 所提供的两个位置 C 和 XP,即使在表层没有具体词语移入,也不妨认为在底层是客观存在的。犹如在"我们的-校园"和"美丽的-校园"中,虽然表面上看来,"我们的"和"美丽的"都直接同"校园"结合。但"我们的"同"校园"间的结合显然比"美丽的"同"校园"间的结合松得多,因为可以插入"我们的＋校园"间的成分比可以插入"美丽的＋校园"间的成分多得多:最方便的例子就是"美丽的"可以插入"我们的＋校园"间,而"我们的"不能插入"美丽的＋校园"间;又如"那两个"可以插入"我们的＋校园"间而不能插入"美丽的＋校园"间。这样,就应该承认前者内部的潜在空间比后者大,或者说前者内部有更多的潜在位置。生成语法的一个基本内容就是底层形式通过怎样的规则转变成表层形式,而这又可以分两个方面:什么样的单位可以或必须移动? 以及可以移动到哪里去?"可以移动到哪里"的前提就是底层必须有潜在的"虚位以待"的降落点。此外还同所移出的单位的性质(主要规定可移动多远)以及所移动单位的性质(如 X^0 单位只能移向位置 X^0,XP 只能移向 XP 位置)有关。

名词短语也可作相似的处理。前面说过朱德熙就把"那所房子"中的"那所"也看成核心,这个核心中就包括了量词。即使根据 Bloomfield 的等同性标准,也没有理由否认名词短语中的指别词和数量词可能是核心,因为指别词和数量词基本上也都是名词性的,同整个[指别词＋数量词＋名词]结构等同。按照稳定性标准,在[指别词＋数量词＋名词]组合中,指别词和数量词比后面的名词显示出更大的稳定性:都不能用其他的词类去替代,指别词还是一个成员极少的封闭类。赵元任(Chao 1948)曾把量词看作"助名词"(auxiliary noun),已经看到了量词同助动词(auxiliary verb)间的对应处。这样,[指别词＋数量词＋名词]结构就可以分析成例(6):

（6）

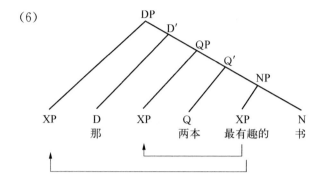

其中DP表示"指别短语"，QP是"数量短语"，D和Q分别是指别
词和数量词。三个XP位置分别可以被各种作定语的成分占据。关
于DP和QP，近年来在生成学派关于汉语的分析中，有不少的论
证(例如Tang 1990)[4]。既然X′理论认为，各种短语的内部构造是基
本一致的，差别仅仅在于X的值不同而已，那么，例(4)和例(6)中，VP
对应于NP，IP对应于QP，则CP(句子)和DP(体词性短语)的构造就
完全对应了。

生成语法的核心概念实际上比较强调的也是"终极核心"——核
心词。事实上，生成语法最重视的两级单位是"词"和"短语"，即X⁰和
Xᵐᵃˣ(XP)。而X⁰正是终极核心。与此相应，X′理论又认为所有从属
语必须是短语一级的单位[5]。这样，在例(4)中IP的三个成分NP、I、
VP里，由于只有I是词级单位，当然应被视为核心了。同理，CP中的
词级单位C应视作核心。

生成语法重视词级单位和短语级单位，是有多方面原因的。其中
很重要的一点是通常只有这两级单位可以在转换中移动。如在例(4)
中，will这个词可从I位置移到C位置，所移动的是一个词级单位；这
种移动称作"核心移动"或X⁰移动。what从动词的宾语这个位置移到
句首位置，所移动的是个短语级单位，是XP移动。转换语法认为，核
心只能向另一个核心位置移动(head-to-head movement)，而短语只能
向短语位置移动。例(4)的句首XP位置，可以移入其中的是各种各
样的短语：除NP之外，还可以是PP(in what place，at what time，等
等)、AP(how clever等)。注意，what虽然形式上是一个词，但它在功

能上相当于一个短语,因为它能够出现的位置,也必然容许短语(如 "what kind of persons")出现。判断某个位置的成分是不是短语,既要看它本身的结构,但更重要的是看它在这个位置上(即在功能不变的情况下)有没有扩展成短语的可能。而这种特定的位置是相对某一核心而言的。也就是说,短语身份主要取决于外在的参照标准。

X^0 只能向潜在的 X^0 位置移动,短语只能向潜在的短语位置移动,而在经移动后腾空出来的位置上又必须留下一个"语迹(trace)",从而使结构保持一种抽象的稳定。这样地"以不变应万变",是转换生成语法中的一个重要原则——"结构维持(structure preserving)"原则的体现。这条原则有点像物理学中的"物质不灭定律"或"能量守恒定律"。根据结构维持原则,既然结构体是由核心投影、扩展而产生的,那么结构体必须体现其核心的基本功能范畴,这也就是为什么把一切结构都处理成内向的原因之一。

虽然生成语法在核心概念的运用方面大有创新,但遗憾的是它对核心概念本身并不多作直接的深究,在生成语法中,所有结构都是某个核心词的投影这一原则,基本上是作为一个假设存在的。

3.5　作为原型概念的"核心"

从上面的讨论中可看出,结构主义的核心定义同分布、替换等概念密切相关;而转换生成语法中的核心概念是同短语结构的共性分析和结构转换等基本概念密切相连的。除了反映事物的本质外,在整个体系中的应用价值,始终是科学概念重要的属性。

给核心下形式性定义的困难也表明,核心具有一般自然概念的特点。所谓自然概念,即认知心理学中所谓的"原型(prototype)"概念,它不同于集合论中的"是或不是"两者取一的绝对化明确概念,往往无法用一个唯一的、必要而充分的本质特征去定义,而是若干个密切相关的性质的集合体。这些性质通常一起出现,但并非一直如此;兼备这些性质的全部或大多数的实例是这个概念的原型成员,反之则为有关概念的边缘成员。语言学的许多概念如"词""主语"等,都有原型概念的特点,例如典型的主语同时具备施事兼话题这两种性质(文炼

1991)。分析语言离不开人的语言直觉，因为说到底，人们根据直觉造
句和判断句子正误，而直觉的概念往往是原型概念。抽出这些性质中
的某一部分，作为唯一的特征去定义一个概念，在多数情况下畅通无
阻，一遇到边缘成员的例子就搁浅了。

核心的语义本质在语法形式上有多种表现，等同性、规定性、稳定
性、独立性等都是，但其中没有一项普遍适用，并且这些表现往往又不
都是取决于核心的语义。这种关系可由下图表示。

(7)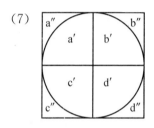

假如扇形 a′、b′、c′、d′表示核心语义所表现出的四种形式 a、b、c、d，但
同样的形式 a、b、c、d 也可能是核心语义之外的原因引起的，可用 a″、
b″、c″、d″表示。也就是说，形式和语义之间没有简单的一一对应关系。
没有一项形式可作为判断核心的必要而充分的依据。Bloomfield 的
核心定义的失误之一就在于把形式、意义间的对应性作了简单化的处
理，没有将跟核心身份无关的、导致功能异同的偶然因素排除掉。例
如"知己"的名词性，显然不是来源于名词性的"己"，而是另有原因的。
形式和意义间没有简单的一一对应关系，这是各种各样的形式定义所
面临的根本困难。或许这正是生成语法聪明的地方：虽然它是极端
重形式的一个学派，但对核心这样重要的基本概念，却不轻率下个形
式化的定义。

在一般情况下，这些标准是等价的。发生冲突的主要是指别词、
数量词和助动词。从等同性、稳定性看，指别词和数量词可算名词短
语的核心，助动词可算"助动词＋动词"结构中的核心；但从独立性看，
名词比指别词、数量词，动词比助动词，更具独立性(后者较少单用，即
使单用也往往后边隐含了一个名词或一个动词)，应该是核心(当然，

如把"不能省略"也看作稳定性的一种表现，则在稳定性内部就有了冲突）。从语义上看，指别词和数量词也很特殊，它们并不表示属种之差，而是从集合中确定个体。英语中跟助动词关系密切的动词inflection，其作用相似，也是对动作、行为的个体化。但从都能缩小外延的角度看，它们同其他从属语有相同之处，因此一般的语感和传统上也倾向于把它们看作从属语。

统筹兼顾，我们不妨承认有两种核心：词汇核心和功能核心（仅是借用转换语法中的术语，不能误会为词汇核心没有功能基础，或功能核心就没有语义基础）。我们以下的讨论中，在一般情况下，若不专加说明，"核心"一词仅指词汇核心。名词短语中以主要名词或"名物化"的动词、形容词为核心，这满足了独立性标准和语义标准；动词短语（包括句子）中以主要动词为核心，所满足的是独立性标准。这样处理，有利于对语句作出接近我们认知心理的切分。若名词短语和句子分别以指别词、数量词和助动词为核心作向心切分，就只能切出两三块，这就掩盖了许多重要的结构关系。此外，相对不成句单位，反映句子特征的是inflection，但从句型系统内部来看，每个句型的特征显然是由主要动词决定的。最后，通常认为助动词是"高一层"的谓语，所谓高一层也可以说是浅一层或向外一层，根据浅层成分、外层成分附着于深层成分、内层成分的原则（见§7.3），也应把主要动词视为句子的核心。总之，权衡得失，似以主要动词为核心更有利于句子的各方面分析。

助动词是否是句子核心是个很有争议的问题。李临定（1983，1986：180）对这个问题作了很周详的分析，他最后的结论还是肯定"前动（引者按：指助动词）是辅助谓语，后动（引者按：指主要动词）是中心谓语"。不过，传统所指的助动词很庞杂，需要分化，其中有一部分（愿意、敢、开始等）本来就宜看作带动词性宾语的普遍动词（见§8.3）。

我们也承认指别词、数量词和助动词是另一种"功能性"核心，这可以解释某些位移转换现象（见§6.6）。由于两种核心的性质不同，因此含有这两种核心的结构，如"指别词＋名词"，并不是并列结构。我们也不能满足于笼统地说这是双核心结构，重要的是分清这两种核心的不同应用范围：分析某些现象是用这种核心，分析另一些现象是用那种核心。这正像兼类词在具体使用环境中并不兼类，而是只表现出其中一种词性一样。

　　介词结构以介词为核心，则是根据特征性、稳定性标准，而不能用独立性标准。其实这也符合语义标准。"把语言研究(当作大事)"当然不是"语言研究"的下属概念，而是由"把"表达的某种"处置性"行为。此外，还可以把介词作为关系"标记(marker)"，如"把语言研究(当作大事)"中的"把"，是"语言研究"作为宾语的标记，实际上反映了"语言研究"跟动词"当作"之间的关系，一旦把"把语言研究"单独拿出来，这种关系也就不复存在，标记"把"也就应自行消去。不过，消去之前必定先要把此短语两分成介词和介宾两部分，而按照向心切分的手续，唯有把介词当作核心才能确保达到这样的两分。所以把介词当作标记同把它当作核心是并不矛盾的。最后，汉语介词来源于动词，至今仍有两者界限难分的情况，所以把介词处理成核心，也有语源历史的根据。

　　如果不算标记，则可说词汇核心在形式上大致都可用"独立性"去定义。

3.6　内向性的理据性分析

　　功能学派中对核心概念作广泛应用的是语序研究(Greenberg 1966，Hawkins 1983，1990)。语序研究中的序位概念，完全是以核心为定位标准的。全部语序研究中，介词或后置词结构中以介词或后置词为核心，名词短语或句子以名词或主要动词为核心。Hawkins用相当丰富的材料证明，核心和从属语的相对位置越一致的语言，数量越多，这就是所谓"跨范畴和谐律"(cross-category harmony)：如宾语在动词后的语言中，使用前置词(介词)的语言数量远超过使用后置词(如日语中的格助词或汉语的方位词)的语言，因为"动词—宾词"的语序同"前置词—宾语"语序相和谐，都是核心在前从属语在后。总之，核心和从属语的相对位置在各种词类范畴中越和谐的语言，数量越多。Hawkins还根据自然语言理解的处理方式，通过计算，说明了这种跨范畴和谐的功能上的原因。

虽然功能主义对核心也有广泛应用,但同转换语法一样,对核心定义的深入讨论也是出乎意料地少。其实,核心概念除了前面说过的语义基础外,还有结构方面深刻的认知功能基础。

为什么所有,或者至少可说绝大多数的结构都是内向的,即结构体中至少有一个成分的功能同整体的功能相同或至少相似?除了转换语法的"结构维持原则"的解释以外,这也可以从语言是有限手段的无限运用这一根本前提推出。假设有从 C_1、C_2……到 C_{10} 有限的 10 个词类范畴,如果 C_1、C_2 结合在一起就会产生一个新范畴 C_{11},而 C_{11} 同另一个范畴,比如说 C_5 相结合后又会产生一个新范畴 C_{12},如此一来,词类范畴就必然会成为无限的了。相反,如果 C_1、C_2 结合在一起,整体的功能至少同 C_1、C_2 中的一个相同,即结构关系是内向的,那么,结构体的功能范畴必然可保持有限。

但是,这却不是使词类保持有限的唯一途径。事实上,假设有从 C_1、C_2……到 C_{10} 有限的 10 个词类范畴,如果 C_1、C_2 结合在一起,尽管整体功能同 C_1 和 C_2 都不相同,但只要整体的功能等同于其余 C_3 到 C_{10} 8 个范畴中的任何一个,则范畴的数量仍能有效地保持有限。这正是"开关、思想"和"鱼肉(百姓)、眼红(别人)"中发生的情况。"鱼、肉、眼、红"虽然都不是动词性的,但"鱼肉、眼红"却可是动词性的。又如"彼此""一本书一本书(地)看个没完没了""你死我活(地)斗了几十年"中的"一本书一本书""你死我活",其组成成分中并无副词成分,但整个结构表现出副词性。英语中也有同类的例子,如 to fight tooth and nail(拼命战斗/全力以赴)中,tooth and nail (牙齿和爪子)是名词并列结构作状语。step by step(一步步地/逐渐地),side by side(并肩/互相支持地)也是相似的情况。最后,所谓动词性、形容词性单位的"名物化"用法,其实本质上也是如此。它们的共同特点都是整体功能同内部结构没联系,或者说整体功能发生了"替换"。这种情况下,把整体功能作为内部结构分类的主要依据之一,在逻辑上是不成立的。

内部结构同整体功能之间没有必然关系这一点,可进一步从下面的例子中看出。同样由两个动词性单位组成的并列结构,可以是像

"开关""思想""动静"那样的名词,也可能是像"奔跑""观看"那样的动词,以及"生动""嚣张"那样的形容词。同样的动宾结构,可能是像"管家""知己"那样的名词,也可能是像"吃饭""读书"那样的动词性单位,还可能是像"有趣、出色"那样的形容词。

既然内部结构同整体功能之间没有必然关系,那么应该把成分、整体间的功能异同跟结构关系的类型分开。所以我们主张纯从结构关系着眼,把结构分成不平衡的"向心(centripetal)结构"和平衡的"并列结构"两大基本类,并且两者都可以是内向的或外向的。这样,"核心"就是个独立于并先于内向性的概念。这是同 Bloomfield 和朱德熙很大的一点区别,后者关于这些概念的定义中,是核心概念后于内向性概念,即对核心的定义用到了内向性的概念。

3.7　内向性例外的各种情况

既然外向结构相对内向结构是不成比例地少,这在任何语言中都是如此,多数外向结构可看作构词结构或熟语性的。那么,也许干脆把内向、外向的对立看作常规和例外的区别更能反映问题的实质。而且,结构体的性质决定于其中一个成分,显然是一种最简单的情况。如上面Chomsky 所说的取决于双方的"交集"和"并集",因为牵涉两个成分,当然就比较复杂。根据理论是个从简单推导到复杂的推理体系这一点,应该以内向结构为常规或无标记形式,也就是比较和分析的初始起点。因此,我们不妨将外向结构都看作结构体的"非常规用法"。

人们说"用词造句",然而如何用,里面大有区别。一只杯子用来盛饮料喝,是常规用法。词的常规用法就是对个体词(关于"个体词"以及下面要提到的"概括词"这两个概念,见朱德熙 1980:213—215)的词汇意义和语法功能同时加以使用。下面来摆摆各种非常规用法。

符号的使用:杯子可以作为重物放在桌子上压住纸张,这只是对它基本物理性的使用。"'不'是个副词/字/符号"中的"不",其用法可说是一种"不足的使用",因为只用了最基本的符号性,是"符号的使用"。这跟"♣表示绿化区"中的♣是一样的情况。同类的例子还包括"*Modern Painters* is one of Ruskin's best known books(《现代画家们》是拉斯金最著名的著作之一)"以及"*Desks* is a plural noun",其中的 *Modern Painters* 和 Desks,它们的名词性其实并没有按常规充分用上,这表现于它们并不要求谓语动词同它们在数上保持一致。

词汇意义的使用:杯子如果只是装水而不喝的话,那也是种不足的使用,但同上面那种不足的使用在程度上不同,加上了对其特定形状的使用,多少同常规用法已比较接近。类似的语法例子是"谦虚永远是种美德吗?""这种谦虚是假的"中的"谦虚",以及"走是一种动作""走和跑不同"中的"走",这些仅是"词汇意义的使用"。如果说这里有名物化的话,被名物化的也只是这些词的词汇意义。英语的例子有"no more than about seven(不多于七个)",其中"about seven"形式上是个介词短语,但意义相当于数词,这里可说是用其意义而没有用其语法性,因为从语法上说,介词短语通常不能作另一介词的宾语。"among from A to Q(在 A 到 Q 之中)"等,也可归入这种情况。

上述两种用法,共同之处是都没有用到语言单位的语法功能,因此都是"不足的使用"。如果有关单位是词,大致上都是对概括词的使用。

功能替换:杯子可作凹、凸透镜用,这就更是反常规、超常规的创造性应用了。相似的语法例子是作名词的"研究、讨论"等以及"专制政权鱼肉人民"中的"鱼肉"。其中前者是约定俗成的词汇化用法,而后者是临时即兴的"活用"。可统称"偏离性使用",是典型的功能替换。

延伸的使用:最后,杯子可盛了美酒去灌迷魂汤行贿,或装了毒酒给人喝而当作杀人凶器用,这是在发挥了它的常规用法后的引申功能。语法上的对等例子就是典型的名物化用法,如"他的不去是有原因的",其中的"去"先经过动词的常规用法(所以能加上副词"不"),然后对整个"不去"加以"词汇意义的使用",指代一件事。这好比凶器应是杯子加上其中的毒酒,严格说来,杯子在这场凶杀案里实际上仅是发挥了饮具的功能而已。又好比一台马达,本是动力装置,但有时可当作制动装置来用,不过它的制动作用,显然是在实

现了它的正常动力功能的基础上才得以实现的。由此可见,直接被
名物化的并不是动词,而是整个的动词短语,或小句。所以,所谓
"动词、形容词的名物化"这一说法是极其容易引起误会的,较正确
的说法也许是"事件或陈述的名物化"。或者说,从动词性、形容词
性到名物化,中间还经过了一个中间站"常规陈述性用法"。真正称
得上"动词、形容词(直接)名物化"的例子是"走是一种动作"这类
"词汇意义的使用"。

　　需要强调的是,在"延伸的使用"中,被使用的单位并没有丧失
什么,而只是增加了点什么,因此原有的语法性质和结构类型也都
没有失去。"知己""开关"之成为名词,"鱼肉""眼红"之成为动词,
情况也是如此。"知己"语义上近似"知己者(的人)",所增加的东西
就是"者","知己"的名词性即来源于此,而不是直接来源于"知己"
本身或其中的名词性成分"己"。"开关"成为名词后所增加的内容
是"的工具"。"鱼肉"意为"把……当作鱼肉","眼红"意为"为……
眼睛变红",它们的动词性可说就是来自隐含其中的"当作"和"为"。
因此没有理由把增加的功能同它们的内部结构直接挂上钩。前面
说过 Bloomfield 本人也认为 longnose 一类情况宜看作外向结构,这
也反映了其名词性同 nose 无关,而同隐含的另一个成分有关的直
觉。事实上,"外向(exocentric)"字面上翻译是"外中心",即核心在
外,由一个可意会到的外在的成分决定了结构体的性质,这对于"知
己""鱼肉"一类情况倒是比较确切的。这些也反映了语义所起的根
本作用。

　　看来,"内向/向心(endocentric)""外向/离心"更确切的翻译应该
是"内中心"和"外中心",这样才能够更精确地反映两类结构的本质差
别。吕叔湘翻译的赵元任《汉语口语语法》(1979:135)就采取了这种
译法。此外,"内向""外向"这对术语跟心理学上描写人格特征的"内
向""外向"也容易混淆,其实意义完全不同。

　　根据以上分析,我们认为,所谓"外向结构",可当作特殊的使用去
处理。内向、外向这对术语也许并非真正需要,因为它们可用不同的
使用去说明和解释,并且内向、外向远不足以区分各种不同的非常规
使用。

3.8 词类分析

3.8.1 词类的语义基础

核心词在常规使用下应反映或决定整个结构体的语法性质,因此核心问题同词类(语类)、词性问题密切相关。如同核心有其深刻的语义基础一样,词的语法分类,从根本上说,也是取决于语义。自结构主义语法兴起后,这种词类以词义为基础的观念长期被否定和忽视。转换语法虽然恢复了传统语法的某些精神(如反映于普遍语法的理性主义),但在强调形式独立性方面,比结构主义有过之而无不及,不过它的形式主义是强调共性的形式主义,而不再像结构主义那样强调各种语言的个性。Langacker(1987)曾为词类划分的词义基础论作了篇"平反"文章。文中提到动词、名词是可能根据意义划分的,如"to like jumping(喜欢跳)"中的名动词 jumping(仍是动词的一种形式)和"to have a jump(跳了一跳)"中的名词 jump,前者是泛泛而指的,而后者是指具体的一次性跳跃。两者的差别如同"水"和"湖"(封闭性的一部分较具体的水),语义的区别是明显的。

虽然我们很难从语义上精确地定义词类,但还是可以,而且有可能、有必要给各类词以"原型性"的意义。如动词的原型意义,或核心意义是"动作"。兼有名词性的动词如"学习、劳动、讨论"等在语义上有一个共同点,都是表示由一系列动作构成的比较复杂、抽象的"行为"。相对"动作"来说,"行为"就是动词比较边缘的意义;因此有一些表示行为的词就可以兼名词,甚至可能只是名词,如"战争、手术、仪式、游击战、大扫除"等(都可作"进行"的宾语)。还可以把只能作名词用的"战争、手术"看作是表"事件"意义的。这样,在"动作""行为""事件"三个语义抽象级中,可说"动作"对应于动词;"事件"对应于名词,而表"行为"的词可兼跨两类。当然也有表行为的词只能作动词的,如"吃食堂、吃劳保"中的"吃"("吃面条"中的"吃"是表动作的。所以"吃"至少有两个义项)。或者可认为兼类词"学习、劳动、讨论"等有"动作""事件"两个义项,取"动作"义项时为动词,取"事件"义项时为名词。而名词的原型意义是具体"物体",抽象"事件"等是名词的边缘意义。

不妨再比较一下"商量"和"协商"。"协商"有名词性，表现在可作"进行"的宾语，可带黏合式光杆定语，如"政治协商、贸易协商、书面协商"等。"商量"没有这些情况，所以是纯粹的动词。这种语法上的差别，同语义也有关："商量"的动作性较强而"协商"的行为性（包括行为的目的性、内容性）较强。说到"商量"，我们较多地联想到外显的、具体、形象的动作方式；而说到"协商"，我们较多地联想到内含的、严肃、正经、抽象的目的或内容，尽管这种差别主要是联想意义的差别。

形容词的原型意义可说是"状态"，典型的形容词具有作定语、状语、谓语核心、补语和受程度副词修饰这些句法功能，但许多形容词并不具备所有这些功能，极端的情况是只能作定语、状语的"正式、高速"等，只能作定语的"大型、男式"等（这一类的意义是"属性"，那是形容词的边缘意义），和只能作状语的"快速、偷偷、忽然、公然、当众"等。把它们排除出形容词，特别是将最后一类只能作状语的处理成副词，同常人建立在语义基础上的语感相去太远。

例如我们观察到一个动物，不会说话、思维，也不会制造工具，即不具备人之区别于其他动物的本质属性。我们只观察到"它"会行走和吃食，而"它"行走、吃食时的具体方式同人一模一样，那么，当然只能说"它"是人了，不过不是典型的人，可能是个智障者或有因其他偶然原因造成的功能残缺。当然，随着科学的发展，我们知道人的生物学特征并非是其行为，而是遗传基因内的染色体构造。词类范畴的划分是否能找到像划分生物种系的染色体标准那样的严格标准，很难预料。语法范畴毕竟不同于生物种系，很大程度上是人类智力的产品，其中概念是具有"原型"特色的自然概念。

不妨比较一下"高速""快速"的异同。"高速"能作定语和状语（"高速公路""高速前进"），可是"快速"不能作定语而只能作状语（"快速前进"），但那只是偶然性的功能残缺。或者更精确地说，作定语的功能还没有发育出来。但根据它的语义特点（遗传基因），看来早晚能作定语的。假如有一天我们在市场上看到"快速咖啡（速溶咖啡）、快速银行（一种立即可取款的机器）"，大概是不会拒绝接受的。现代生活讲究速率、方便、快速的事物层出不穷,日新月异,如果分别根据具体的内容各自为政地分别称为"速溶、速泡（面条）、速取（银行）、速达（邮递服务）"等,那多麻烦。用"方便"代替有时会有"言不尽意"的情况;而"高速"表单位速度快,不同于"快速"的全过程快,许多场合下是不能互相替换的。看来"高速"在充当定语方面是先走了一步,也许"快速"也会快速地跟上去[6]。

总之,"快速"这类意义实在而只能作状语的词,其不能作定语似有很大的偶然性。理论主要解决潜在可能性和必然性,偶然因素至少应放到第二步去考虑。因此,可把"快速"这类偶然地不能作定语的形容性词语称为"唯状形容词"（陆丙甫 1983c）,同既能充当状语又能充当定语的"高速"类"定状形容词"以及只能充当定语的"大型"等一起构成一类"非谓形容词"。

3.8.2 分布原则的深化和词性的分化

将"快速、偷偷"处理成副词,所根据的是分布原则:因为它们同"也许、向来、已经、还、也、再"一样只能作状语。然而状语是个大杂烩,分布领域极广,从句首一直到紧靠动词前（甚至有人认为"走得很快"中的"很快"也是种后置于动词的状语）,是否应分化成不同的句子成分都是个值得考虑的问题。即使都算状语,也可分化成各种不同类型的状语。对状语内部稍加考察,就可看出"快速、偷偷"和"高速、大方地、轻轻地"这两类形容词状语表现相同（见§8.2.1）,而同"也许、向来、已经、还、也、再"这类虚词类状语不大相同[7]。也就是说,唯状形容词充当的状语和一般形容词充当的状语是同一类状语。这可作为把它们基本归入形容词的理由。这正如只会"和一般人一样走路、饮食",但不会思考、劳动的动物也极可能还是人。

分布肯定是一种最重要的语法形式,任何语法分析都不能忽视它。但是分布分析有粗有细,不必局限于六大成分这样的粗线条分析,并且分布的描写也可取不同的角度。

如形式学派中某些学者就根据分布把传统的英语副词如"clearly""carefully"等看作形容词（Radford 1988：137—142）。事实上由形容词加词尾-ly 构成的副词同不带-ly 的形容词形式在分布上正好互补,犹如名词的单数形式和复数形式互补一样。并且如同有些名词单、复数同形一样,也有某些副词同相应形容词同形的情况,如"fast,hard"等。再者,儿童语言和某些英语方言中形容词不必加"-ly"就能充当状语,如用"he talks real quick(他说话实在快)"表达标准英语中的"he talks really quickly"。因此,由形容词加后缀"-ly"构成的"副词",其实可看作形容词的一种变体。这个扩大了的形容词范畴,既能作定语又能作状语,同汉语形容词的功能是一样的,因此也更能反映人类语言的共性。

此外,又如英语中的介词"before(以前)""since(自从)"等,传统上把它们一分为三,以"before"为例:

(8) a. I met him before.

'我以前遇见过他。'　　:副词

b. I met him before the war.

'我战争以前遇见过他。'　　:介词

c. I met him before the war broke out.

'我战争爆发以前遇见过他。'　　:连接词

"before"在例(8a)中,因是光杆形式作状语,所以处理成副词;在例(8b)中,前置于名词短语,所以当作介词;在例(8c)中,因为前置于小句,所以当作连接词。其实也可把三种用法统一成介词(Emonds 1976:172—176),三个句子中都是介词短语作状语,所不同的只是介词宾语的语类而已。这种处理明确地反映了核心的决定作用和稳定性。其实,"before"的三个分布加起来正好跟汉语的"以前"一样,而汉语教学语法中就统一处理为"方位词"。这种统一处理比英语教学语法中分裂的处理高明。

上述两例,一方面是对结构主义分布分析法的进一步运用,另一方面也说明了词类的语义基础不可忽视,是对"意义-形式"相对应原则的返归。因为"clear"和"clearly"意义显然无别;而"before"不管后面跟不跟从属语,或跟的从属语是什么词性。"before"本身的意义并无变化。传统上将它们加以割裂,可以说是形式主义的,但又是不彻

底的形式主义。更彻底的、更深一层的形式主义,倒能跟意义更好地对应起来接上头。当然,反过来意义这一头的深化也必然会促进形式-意义的结合。正如物理学现象和化学现象,深入到微观世界就合二为一了。理论总是"相遇在深处"的。

词类研究要深化,有必要分清"词类"和"词性"这两个概念。"词性"类似于音位学中的"区别性特征",但一个区别性特征不能构成一个音位,而词性没有这个限制。所以更确切的比方是把"词性"比作"(三大)原色",这是个更单纯的概念。"词类"由"词性"构成,不过一种词性也可构成一个词类,那是"单色",由不止一个词性构成的词类就好比是"复色"了。换一个角度看,可认为词类是具体分类的结果,而词性是抽象分类的结果。严格地说,"兼类词"是没有的,所谓"兼类词"实际上应是"兼性词"。

转换语法列出两个基本词性:动词性和名词性。动词只有动词性;名词只有名词性;形容词兼有动词性和名词性;介词既无动词性又无名词性。这种处理似太简单了一些,不能概括更多的情况。如汉语中动词和介词显然有很大共同性(语源上看也有共同来源),这共同性是建立在哪一种词性基础上的呢?其实在英语中,根据动词、介词都可带宾语,也可说它们有共同性。

说没有动词性和名词性就是介词性,那好比说"没有新闻就是好新闻",从更高的层次来看有其道理,但在就事论事的初始层次上来说,是没有意义的,报社编辑不会同意记者的这种辩解的。介词既然自成一类,总得有些自己独立的性质、功能,以及自己的语义基础。介词是表种种"关系"的,问题是如何把它们与同样表"关系"的连接词区分开来。当然,把它们合并,或合并打乱后重新划分小类,这种可能也是存在的。如上述英语 before、since 等词各种用法的合并,我们在 §6.3 中将提及的"因为"的归并,说明了合并的可能性。但将介词和关联词全部合并也是不妥的,所以要考虑打乱再重分的可能。

附 注

[1] 在结构主义中,并不强调句法结构和构词结构的区分,如在 Bloomfield

的分析中,构词结构也同样可分内向、外向。我国语法学界比较重视句法结构和词法结构的区分,强调构词的约定俗成性,所以一部分学者并不认为"开关"是外向结构。这样似乎是把内向、外向的划分限于句法结构了。但问题是"开关"这样的构词方法在构词结构中也属比较特殊的情况,有专门分析的必要(见§3.7相关讨论)。

[2] 直接成分分析和短语结构语法的区别主要在于前者主要表示切分而后者是用 S→NP+VP 这样的"转写"规则和树形图所表示的生成过程。

[3] 汉语的名词短语和句子的内部语序也有极大的对应。如:

```
a. 他   去年   在学报上   侥幸   发表了   那   几篇   文章。
b. 他   去年   学报上                      那   几篇   文章。
c. 他   去年   学报上   (所侥幸发表的)   那   几篇   文章。
d. 他   去年   学报上   那   几篇   文章   的   侥幸   发表。
```

b 例中的指别词前的领属性、时间性、处所性定语其顺序对应于 a 例中的主语、时间状语、处所状语。它们之间的联系,通过 c 例可以看得更清楚,不妨说 b 例是由 c 例省略来的。当然,b 例不是同 a 例直接对应的名词形式。同 a 例直接对应的名词形式是 d 例,d 例和 c 例之间仍有很大程度的对应。

[4] Tang(1990)称 QP 为 CP(classifier phrase 量词短语),因为她认为数量结构中的核心是量词。从反映语言共性出发,本书把量词看作后缀或标记处理,而不采用较为通行的 QP 这一名称。

[5] 事实上还是有些从属语是不能扩展成短语的,如副词状语"又、再、还、也"等。此外,像"一双│艺术家的│手"中的"艺术家的",是"的"字短语作定语,这没问题,"的"字短语中的核心是"的",是个词,这也没问题。可这里的"艺术家"不能像一般"的"字结构中的名词那样扩展成一个名词短语。当然这个"艺术家"可变换成"(像)艺术家那样""艺术家似"等,但这不是以"艺术家"为核心的扩展。不妨说上述的"艺术家的"是"(像)艺术家那样的"的省略,整个结构相当于一个形容词。最后,汉语中复杂形式的形容词"雪白、雪雪白、亮晶晶"等也不能扩展。比照转换语法中把人称代词看作名词短语的等同物(虽然不能扩展,但确可替换成名词短语,即在分布上同名词短语相同)的处理法,不妨说"雪白、雪雪白、亮晶晶"类是形容词短语的等同物,分布上同形容词短语"像雪那么白、白得像雪一样"相同,也许可称为"词短语"——形式上是个词,但功能上和分布上跟短语相同。

上述三种情况中,对于 X′理论中关于所有从属语都是短语的说法最成问题的是副词状语。某些副词,如表时态的"已经、曾经"和表否定的"没有"(有"有没有"这样的疑问式),也许可看作所谓的"功能核心"。

[6]汉语语法中,另一个常引用的关于形式词类和意义没有必然联系的例子是"突然"和"忽然",一般认为"突然"可作谓语、补语、定语和状语,所以是形容词,而"忽然"只能作状语,所以是副词;并且,既然它们的词义基本相同,而语法功能相差如此之大,这就说明了语法功能同语义没有必然联系。

其实这两个词的意义差别并不小。比较起来,"忽然"的意义要单纯得多,只是表示"使说话者感到突如其来的意思"。而"突然"主要表示"动作发生得迅速"的意思。因为"忽然"没有这第二个意思,所以不能修饰受主观意志控制的动作、行为,如下例(i - iii)所示:

(i) 你要突然/*忽然向他提出这个问题,使他措手不及
(ii)(别人一阔脸就变,)他没有突然/*忽然变脸
(iii) 他从来不突然/*忽然作出决定
(iv) 他曾经突然/*忽然昏过去过一次
(v) 他常常会突然/*忽然昏过去
(vi) 天上忽然/*很忽然地/突然/很突然地响起一阵雷声

在例(iv)—例(v)中,由于说的是过去的或经常性的事件,这对于说话者来说已没有突如其来的感觉。因此也不能用"忽然"。可见这个词即使作状语时,也表现出相当的不同,而这种不同是由语义的差别所决定的。

因此可联想到,这两个词在其他方面的差别,也很可能是由语义所决定的,只是由于我们对语义的分析还不够深入,一时还讲不清这种联系罢了。一种可能的解释是,"忽然"和"突然"的差别,类似于"大概、也许"和"可能"间的细微差别。"忽然"之不能作谓语、补语、定语和不能受程度副词的修饰,正如"大概、也许"之不能作谓语、补语、定语和不能受程度副词的修饰。背后的共同原因是,那些表达说话者最直接的感受的语气性词语,只能作全句的状语,此外,直接语气的强烈程度,也使它们不必或不能受程度副词的修饰。

在例(vi)那样"忽然"和"突然"两者都可用的场合,可以说它们表达的意义偏向是不同的:"忽然"表示"听到"这一感受的突如其来,而"突然"还有雷声本身发生得突如其来的意思。前者更为强烈,因此不能再用"很"去加强程度。

这样的话,可比照有"情态词"性质的"大概、也许",可认为"突然响起了一阵

雷声"中的"突然"也有情态词的性质(见§8.2.1)。

[7]"快速、偷偷"这类唯状形容词同"也许、向来、已经、还、再"等虚词类的副词在分布上的巨大差别表现在:唯状形容词不能前置于情态助动词和"动得-补语"结构前,而副词可以。

(i) a. 他　可能　还　　在图书馆/ 他　还　　可能　在图书馆
    b. 他　应该　随手　关门　　 /＊他　随手　应该　关门
(ii) a. 他　气得　又　哭了起来/ 他　又　　气得　哭了起来
    b. 他　气得　大声　骂了起来/＊他　大声　气得　骂了起来
    c.　　　　　　　　　　　 /＊他　高声　笑得　站不起来

"随手""大声""高声"都是唯状形容词,表现显然不同于"还、又"等副词。例(iib)可解释成"大声"不能修饰"气",但例(iic)中的"高声"显然可修饰"笑",例(iic)的不通肯定有深一层的原因。

此外,从形态上看,非谓形容词往往可后加词尾"地"(尽管有的通常不加),而副词是绝对不能加"地"的。

4 作为坐标原点的核心词

4.1 作为描写结构关系之起点的核心

比较是一切知识的起源。被比较的事物可区分为两个范畴：比较基准和比较对象。根据人类认识空间位置和运动关系时必须选择一个比较基点（出发点、原点或相对静止点）来看，这两个基本范畴的区分，是人类认知的基本方式之一。

首先，分析两个运动中的物体，把其中之一处理成相对静止点，也就是把变化因素集中到了另一个上，这样处理有简化认知和分析的明显效果。其次，这种"集中变化因素"的处理显然还具有强化对比、凸显关系的作用。例如两物体按同一方向分别以 n 和 m 的速度作匀速直线运动，现在把其中之一的速度看作是零，而把另一方的速度看作 n−m，彼此的关系和区分当然更明显了。其三，这样可避免表达中的循环推断、冗余信息。例如说两人的关系是丈夫和妻子，就有点循环和冗余，因为既然丈夫相对妻子而言，妻子相对丈夫而言；不如以其中某人为出发点而说成"某人及其丈夫/妻子"，这种说法能提供更多信息。

因此，语言结构普遍具有核心，其原因，不仅是为了使聚合类（一般称为"词类、语类"）范畴保持有限，为了使结构成分保持非常有限（限度为七左右的有限多项式），还有一点很重要，就是因为任何分析需要有个出发点。

在描写一个结构体时，为了认知方便，也需要假设有个作为起点和比较基准的成分，这个起点成分应该采用独立于组合关系的本体性范畴名称。作为比较对象的另一方，则必须用关系性的范畴名称。例如"有趣的·故事"这个结构，两个成分分别从聚合类和组合类去命名，共有四种方式：

1. "形(容词)·名(词)"结构
2. "定(语)·中(心语)"结构(或"修饰语·被修饰语"结构)
3. "形·中"结构
4. "定·名"结构

第1种命名方式不能直接反映结构关系,无以区分语法歧义,如"学习·文件"光说是"动·名"结构就不知究竟是动宾关系还是定名关系。第2种多少是循环推断,因为定语和中心语本来就相对而言,实质上也是"同义反复",信息冗余,不经济。第3种中,形容词身份不必依赖于中心语,而中心语身份却有赖于对方定语,这实际上是把其中的形容词一方当作比较基准了。这种处理的不适当,在下面讨论多项式中的核心时,会看得很清楚。第4种中,名词身份不依存于定语,而定语身份则相对中心名词而言,这是把其中的名词当比较基准,同它的核心地位是相应的。这样不仅表述了结构关系,而且直接指明了整个结构体的词类范畴。这正如说"张三和其妻子""部长及其下属"比起"丈夫和其妻子""上级及其下属",既少了冗余,又多了点具体信息一样。所以第4种命名方式是最合理的描写法。

此外,像"修饰语-被修饰语"这样的命名,其中"修饰语"是无标记形式,核心反而用"被修饰语"这一较复杂的有标记形式表达,这也违背核心是结构起点的认知心理。

总之,作为起点的核心词用本体性名称,而从属语用关系性名称,从分析程序上为最简单、最合理的处理。事实上,本体性命名在句法分析中是无法避免的,如"火!"这个句子,说其中的"火"是主语和宾语都不妥,只好说就是名词,是"名词句",用"名词"这一本体性名称。

在英语中,句法成分(功能类)和词类的对应关系远较汉语单纯,如主语和宾语通常是名词,或至少是带有显性名物化标志的成分,因此可把结构关系用词类的排列 NP＋VP 或 NP＋IP 等表示[1]。可汉语中并不存在这种对应关系,动词性单位用作主、宾语而通常没有显性的名物化标志,似乎没有必要看作名物化。朱德熙(1985a:2—9)认为这是汉语的主要特点之一,并对此作了详尽的论证。既然句法成分和词类间没有全面对应关系,描写句法关系就更离不开关系类范畴。一方面,如果不能简捷地根据词类推导出句法关系,则表示句法关系的关系类范畴当然不能省掉;另一方面,如果若干词类都能充当同一功能类,则给这个功能类一个名称可起概括和提纲挈领的效果。尽管功能类范畴在句法分析中是必要的,但功能类名称的运用,确有根据"可推出"的原则加以控制的必要。

至于并列结构,从保持范畴有限的角度看核心,不妨说并列结构中各并列项都是核心。但从作为分析起点的角度看核心,并列结构宜处理成无核心结构。当然,具体场合分析并列结构时,可拿其中任一项作起点,说成是"某项单位及其并列项",但这个起点,完全是权宜的、临时的,没有任何结构性基础,因此不是真正的"结构核心"。

4.2 多项式中核心的作用

确立核心可简化认识和分析,这一功效在多项式中更为明显。

例如多种语言的互相对译,选择一种中介语有其好处:如果有 10 种语言,充分的翻译需要有 90 种双语词典。现在规定其中一种语言为中介语,比方说世界语,那么只要 18 种双语词典就足以胜任这 10 种语言间的任何翻译任务了。如汉语翻成英语,可以先用"汉-世词典"译成世界语,再用"世-英词典"译成英语,"汉-英词典"遂不再是必不可少的。多项式内设立一个核心,非核心项之间的关系表达就可以基本上省略。

核心对于分析多项式的内部关系不仅是方便的,而且是必须的。

试想分析或描写家庭结构,如果穷尽列举每两个成员间的关系,那多麻烦,五口之家就有 10 对关系,而七口之家就有 21 对关系,N 口之家有"N(N−1)/2"对关系。更重要的是,每个成员的身份将无法明确:如某人在家中对于不同的人有不同的身份,因此他就可能兼儿子、丈夫、父亲、哥哥等多重身份。所以,分析家庭结构必须先确定一个核心(户主或家长)。以此核心为坐标原点,每个家庭成员的身份都可以唯一地规定下来,并且各成员间的关系基本上都可通过各自同户主的关系推导出来。当然,要做到完全的可推导性,还必须对结构分析程序做点限制。如大家庭中户主父亲有两个儿子,那么知道某成员是户主的孙子,还无法推导出是哪个儿子的儿子。解决的办法就是家庭成员只分析到血系直系一代和直接姻亲(配偶)为止,每个成员如果有配偶和子女,作为一个从属小家庭单独分出去再分析。这就是本书的直属成分分析法区分不同分析流程的方法。从理论的简单性看,描写家属关系只需要保留"父、母、子、女、兄、弟、姐、妹、夫、妻"这十个基本的"直接关系"(见§2.1)。但在句法结构中,连"兄"和"弟","姐"和"妹"都可以合并,其长幼区分,可以通过跟核心的"近远"关系去体现。如一个名词的不同定语之间,因为跟核心在语义紧密度上不同而在结构上处于不同距离的层次。本章后面的§3.3、§3.4 主要就是分析这个问题。

　　<u>比较基点也就是推导起点</u>。这个起点决定了什么是首先要描写的,什么应该后一步描写,什么是可推导出而不必和不宜明说的。没有这样一个起点去指引分析的步骤、程序,那就只能无结构地罗列所有的两两关系,显然会陷入一团混乱之中。

　　语言结构分析也完全是如此。<u>多项式中没有比较的基点,就只能罗列许多多个两项式和两两关系</u>;并且,几乎每个词的身份都不能确定下来。如下面例(1)中的"孔子"一词,它是什么成分呢? 相对"关于"来说,它是宾语;相对"论文"来说,它是定语(的一部分);相对"两篇"来说,是中心语(的一部分);相对"给了"来说,是宾语(的一部分)……相对"张三"来说,又是谓语(的一部分)。而一旦在句子中明确一个比较基点,所有其他词语的身份也就明确下来。如以"张三"为基准,则"孔子"只能是谓语;以"给了"为比较基准,则"孔子"只能是宾语。

　　在由 n 项所组成的多项式中,确立了一个核心后,必须描写的关系就只有(n−1)对,它们都同核心挂钩。如果从组合关系角度命名核心,必然导致核心多重身份的"角色冲突"。这同核心作为稳定的比较基点的身份是不符的。因此合理的方法是,核心用不需具体根据组合关系推导的聚合类去命名。如下例的关系式中:

(1) 张三　　｜昨天　　｜在学校　｜郑重其事地｜给了｜
　　主语　　｜时间状语｜处所状语｜方式状语　｜动词｜
　　我　　　｜他这两篇最有趣的、关于孔子的论文。
　　间接宾语｜直接宾语

(2) 他　　　　|这　　　|两篇　　|最有趣的|关于孔子的|论文
领属定语|指别定语|数量定语|定语　　|定语　　　|名词

核心词应该直接以本体性词类命名,其余成分则可一一根据各自同核心的关系去命名。功能类的起点(比较基点)本身不是功能类而是聚合类,这正如我们在§2.7.2所说短语的起点本身不是短语而是词一样。如果说每个从属语都是个"功能块"的话,那么,核心词的唯一功能就是"起源点"。"比较基准",这也完全是另一层面的功能。在我们看来,这是最合乎逻辑的。

这样的句型格局,基本上也就是吕叔湘主编的《现代汉语八百词》(1980:25—33)所使用的句型形式。这种句型格局中,明显地是以动词为中心的,其中谓语部分作为可推导出的冗余信息,并没有直接表达出来。

虽然一般地说,确定一个比较基点具有简化分析的作用,但这种作用的发挥程度,同比较基点的选择好坏,有密切关系。决定这种选择好坏的标准有外在的和内在的两个方面。

所谓外在的标准,仍以家庭结构为例,通常人们选择能够代表该家庭同外界打交道或能代表该家庭之社会地位的成员为核心。短语中的核心也有相似的作用,如例(1)中的宾语部分,应以"论文"为核心;这也就是我们在上一章中所着重讨论的Bloomfield的分布、替换标准和X′的"投影"等观念中所体现出来的原则。

所谓内在的标准,就是看这种选择是否能使尽可能多的其他成员得到直接的描写。一个三世同堂的家庭,当然选居中一代的成员作核心为好,因为这样其他成员同核心的关系最多是一代之隔,较为直接。换言之,核心应同较多的成分有直接的语义关系,带有较多的结构信息。拿语言结构来说,例(2)中以"论文"为核心,则有五个从属语,它们的功能都可根据核心得到直接的描写。句子中通常以主要动词为核心,也有相同效果。例如,假设以"孔子"为核心,结果只有"关于"一词同它有直接的联系,这显然不能充分反映这个名词短语的整体结构。从这个角度来看,就应该以主要名词和动词,而不是以指别词、数量词和助动词,为名词短语和句子中的核心。

4.3   从意义和形式两方面看核心的稳定性

"小鲸鱼"比"大老鼠"大得多,"大、小"的语义显然有极大的相对性。而这种相对性是根据它们所修饰的核心而定的。由此可见,从属语的具体意义,往往取决于核心的内容,而核心的语义,有更大的自主性和稳定性。事实上,核心决定了可带的从属语的类型。

核心语义上的相对稳定,可从下例中进一步看出。

(3) a. 客人　来了。

　　b. 来了　客人。

从例(3a)—例(3b),可以说"客人"后移了,也可以说是"来了"前移了。我们在§1.1.3 中已分析过,说"客人"移动了显然比说"来了"移动了要方便、自然得多:"客人"在变动位置的同时也变动了意义。这样可把变化因素集中在一起,直接把形式的变化跟意义的变化对应了起来。

(4) a. (这次火山爆发的能量相当于)2 500 颗投在广岛的原子弹
　　　　　　　　　　　QAN

　　b. 　　　　　　　投在广岛的 2 500 颗原子弹
　　　　　　　　　　　AQN

上述三项式名词短语可以有两种语序,要在两个序列中建立联系,一种可能的描写是:认为从 a 式到 b 式,N(核心名词)没动,而只是 Q(数量定语)和 A(一般定语)交换了位置。此种描写中,已显示核心词 N 的位置是相对最稳定的。但此种描写不能把成分的位置变化跟相应的意义变化联系起来。所以,不妨进一步说,从 a 式到 b 式,只有 A"投在广岛的"在移动,并且在移动中意义也发生相应变化:从 a 式中的"内涵性为主"的定语(主要表示原子弹的能量级、规格、意谓"像那颗投在广岛的原子弹那样的")变为 b 式中的"外延性"定语(表示实有所指的原子弹）。此种描写中，既然 Q 和 N 的位置都是固定的，观察 A 的位移时似乎以 Q 为参照点和以 N 为参照点都可以；并且既然 Q 离 A 更近，以 Q 为参照点似乎更可取。不过，既然 Q 和 A 之间，无论在语法上还是语义上都并无直接的联系，在它们间就不必再建立位置的关系了。至少，整个描写中，应以 N 为初始的根本参照点，而 Q 只是描写 A 位置时一个临时性的权宜的参照点。

（5）a. 干干净净 de 打扫

　　 b. 打扫得　干干净净 de

（6）a. 战胜了　敌人

　　 b. 敌人　战胜了

（7）a.（这）　三天　看了　两本书

　　 b. 两本书　　看了　（*这）三天

例（5）的情况同例（3）相似，可说"干干净净 de"因位置不同而意义也不同。并且，既能前置于动词又能后置于动词的形容词是很受限制的，如"十分干净"就只能后置于"打扫"而不能前置于"打扫"，即使加上了词尾 de 也很难，这也反映了两个位置的修饰语在意义上是有所区别的。例（6）中虽然两个位置的"敌人"意义相差之大已完全说不上彼此间有什么（移动或转换的）关系，但仍能说明其中的动词是一个稳定的定位标准，而不是被定位的对象。通常只能说"敌人"前置于"战胜了"是施事而后置于"战胜了"是受事，恐怕没人会说"战胜了"前置于"敌人"表示什么意义而后置于"敌人"时又表示另一个什么意义。至于例（7），其中变化位置的有两个成分，相关的意义变化部分地可以从前置的"三天"可加上个"这"而后置的"三天"加不上这个事实中看出。

　　下面的例子证实语义关系同向心层次的形式密切相关。汉语中有一些经常成对使用的语气副词和语气助动词，如"大概……吧""难道……吗""是否……呢"等，每一对在意义上显然有密切的相似或相关之处。

(8) <u>大概</u>　已经　知道　这个消息　了 吧?

(9) <u>难道</u>　已经　知道　这个消息　了 吗?

(10) 是否　已经　知道　这个消息　了　呢?
(11) 本来　已经　知道　这个消息　了　嘛。
(12) 只是　已经　知道　这个消息　了　而已。

以动词为坐标原点去衡量的话,则每一对的两个成员离原点的距离也相似,在向心层次中所处层次也是相近的。这表明核心动词是这种成对的对称关系的中点。这样以核心动词为这种对称关系的中点去描写意义密切相关的成对成分的位置对称性,才能充分体现出意义和形式密切相关的原则。

4.4　轨层结构和"语义靠近原理"

4.4.1　一些跨语言的语序比较

核心是对称中点这一现象,通过跨语言的比较可得到进一步的证实。

(13) a. [他[去年[[在实验室[用电脑[努力地[干了]]]]十个月]]]。

b. [He[[[[[[worked]hard]with computers]in the lab] for ten months]last year]].

例(13)中,除了主语和时量状语的顺序在汉语、英语中较为一致外,其他五个成分在两种语言中的顺序似乎完全相反。但是,如果以主要动词为坐标原点去观察,将左右、前后的取向改为离动词核心的近、远的取向,则可以说上面两种语序是完全一致的:方式状语离动词最近,其次是工具状语……离动词最远的是主语。不仅如此,这些成分以动词为起点的顺序关系,在其他许多顺序而言中也是一致的(钱乃荣等 1990:242—247):

(14)

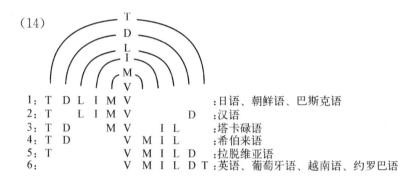

1:	T	D L	I M V		:日语、朝鲜语、巴斯克语
2:	T		L I M V	D	:汉语
3:	T	D	M V	I L	:塔卡碌语
4:	T	D	V M	I L	:希伯来语
5:	T		V M	I L D	:拉脱维亚语
6:			V M	I L D T	:英语、葡萄牙语、越南语、约罗巴语

上图中例(14)省略了主语,V:核心动词,M:方式状语,I:工具语,L:处所状语,D:时段状语,T:时间状语。这种语序共性,可用一个轨层结构表示。当然,以上所列出的只是各种语言中的常规语序(canonical orders)。任何一种语言都会有很多语序变化,不过其中许多变化仍然在这个基本轨层所规定的范围内。如:

(15) a. Last year, he worked hard with computers in the lab for
     ten months.

    b. Last year, in the lab, he worked hard with computers
     for ten months.

例(15a)中 Last year 由例(13b)的最右端移到最左端,同动词的距离基本没有变,这两个位置都处于离动词最远的轨层。例(15b)中也仍是 in the lab 比 last year 离动词近。当然违反轨层次序的移动是有的,但那种情况下,以主要动词为核心的向心层次也能给予方便的解释(见§6.2)。

上述轨层顺序,也跟语义有密切联系。Bybee(1985)指出,语义关系接近的成分在线性序列中的位置也比较靠近。这个观点在语言学功能学派的文献中广为运用,我们可以称其为"<u>语义靠近原理</u>"。而轨层结构可以说是语义靠近原理的形象化描写和形式化。

这里,就动词短语而言,我们可把语义关系之密切理解成对动词所表示的动作、行为的性质的影响大、小,或双方彼此间的选择性。时间对于动作内容几乎没有约束:任何动作都可以在任何时间发生。时段(动作延续时间)同动作的联系稍密切一些:不同动作可延续的时间是不一样的。处所对于动作的约束又大一点:有些动作在特定的处所、场合才能发生,在另外的处所、场合就发生不了。工具对动作内容的制约又更进一层。而方式常常更加直接地决定动作的形态:"偷偷地拿"同"公开地拿"显然是极不相同的。至于主语,情况有些特殊:主语通常由同动词关系密切的论元担任,按理应处于相当内层的位置,可事实上它却在相当外层,可以说这是在某个层面移动的结果(见§7.2)。

这个原理可推广到动词的其他从属语。如宾语本身是动作内容的一部分(次范畴化成分),所以在人类各种语言中,总是比其他从属语更靠近动词,这可以部分地解释转换生成语法中所谓先天的"格指派(case assignment)"的"邻接条件(adjacency requirement)"。如果有什么语言系统地允许其他从属语可插入动词及其宾语间,这种从属语主要是副词充当的方式状语(同 Matthew S.Dryer 的个人交流),而方式状语同动词的密切度仅次于宾语(见后面例(16))。而且,如同我们后面将讨论的,能够例外插入动词及其宾语间的成分总是"块形"很小的成分,这样可以避免动词同其宾语相隔太远。

又如,动词 V、主语 S、直接宾语 DO、间接宾语 IO、斜格 OBL 和状语 ADV 的顺序,据 Hawkins(1983:136—137)的调查,6 种是得到证实的,其中除第 6 种之外,基本都符合轨层结构。

（16）

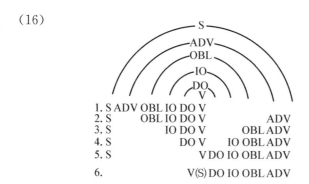

```
1. S ADV OBL IO DO V
2. S        OBL IO DO V              ADV
3. S            IO DO V          OBL ADV
4. S               DO V       IO OBL ADV
5. S               V DO IO OBL ADV
6.              V(S) DO IO OBL ADV
```

第 6 个序列,除主语的位置有些特别外,其余成分的位置也都合乎轨层结构。而据 Greenberg(1966)的调查,S 在动词后的语序总具有相应的 S 在动词前的替换语序,即上面的 6 具有 5 那样的替换形式,而 5 是符合轨层结构的。

指别词 D、数量词 Q、形容词 A 和核心名词 N 这四个成分(如"这五间大的房子 These five large houses")的语序排列,数学上的可能有 $P_4 = 4 \times 3 \times 2 \times 1 = 24$ 种。但据 Hawkins(1983:117—123)的调查,只有下列序列是实际存在的。

1. 三个从属语都在核心 N 前:DQAN(汉语、英语、芬兰语、印地语、匈牙利语、Maung)

2. 两个从属语在核心 N 前:DQNA(法语、意大利语)

3. 一个从属语在核心 N 前:3.1 DNAQ(Kabardian,Warao)

　　　　　　　　　　　　3.2 QNAD(巴斯克语、印尼语、毛利语、越南语、威尔斯语、Easter Island,Jucaltec)

4. 三个从属语都在核心 N 后:4.1 NAQD(约鲁巴语、Selepet)

　　　　　　　　　　　　4.2 NDQA(Kikuyu)

　　　　　　　　　　　　4.3 NADQ(Aghem)

　　　　　　　　　　　　4.4 NDAQ(Noni)

综上,除 4.2、4.3、4.4 三个罕见序列外[2],其余 5 种常见的序列都能用例(17)那样的轨层结构去概括:

(17)

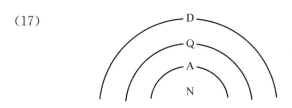

这个顺序也同语义密切相关：指别词和数量词对于核心所表达的事物来说都是外在的区别个体的索引标记，而形容词却可以是反映事物内在性质的内容。

语义关系接近的成分在线性序列中的位置也比较靠近，这显然又同认知的"守恒性"相关。具有稳定内在联系的成分，一起出现的概率较高，而人类认知倾向于把那些相互间具有较大相关性、经常一起出现的组合看作相对稳定的模式和整体。这在轨层结构中，也就表现为较内层的成分有更多的机会同核心一起构成一个相对稳定的中心语：如"张三｜那本｜有趣的｜书"，明天可能送给了我，那就成了"我｜这本｜有趣的｜书"，但其中"有趣的书"作为一个相对稳定的整体而没有变化。

又如，据 Greenberg(1966：75,90)的调查，一种语言要是既有数形态又有格变形态，并且这两种形态词根都位于词根的同一侧，则必然是数形态比格变形态更靠近词根。原因很明显，在一段话语中，一个词的数总是相对稳定的，而其格位却可能处于经常的变化中，一会儿是主格，一会儿是宾格等。将多变的成分置于外层边缘，能使其余部分保持最大的稳定性，能获得较大的守恒性，简化我们的认识。

由于这种语序规则有深刻的认知基础，可以认为它是普遍存在的。违背这种语序规则的语句，一定是另有原因的。没有直接表现出来，不等于不存在，只是被更有力的因素压倒了而已。好比万有引力无所不在，但有时它会被其他力克服而显示不出来。如鸟儿飞天并不能否认万有引力；相反，深入的分析进一步证明了万有引力的存在，因为如果没有地球的引力，鸟儿靠振动翅膀获得的升力就会使鸟儿飞速冲向大气层的顶端。也可以说这种建立在语义基础上的语序是底层语序，实际语句中，由于一些表层因素的作用，这个顺序会有所改变，这是我们在接下去的几章中要讨论的内容。

4.4.2 汉语定语的基本语序规律

指别词、数量词之外，一般类型的定语的顺序，也同样跟各自同核心的语义关系密切相关。如：

(18) 白色｜尼龙｜游泳｜裤

(19) 新｜小｜白｜木｜房

(20) 新旧｜形体｜颜色｜质料｜功能｜<u>核心</u>

以黏合式分类性定语来说，是明显地按照例(20)那样的语义顺序排列的(关于某些例外的讨论见§6.2)。这个顺序的原则是：越是反映事物稳定的内在本质的定语越靠近核心。新的很容易变旧，所以新旧义的定语在最外层；质料不会变化，所以质料义的定语相当靠近核心；功能反映本质，所以在最内层[3]。

这个顺序原则在组合式定语中同样存在。§2.6.1 的例(22)反映了组合式定语内部的顺序同黏合式定语内部的顺序完全平行的现象。下面再谈些其他的例子。本章例(4)，其中定语"投在广岛的"如在外层(数量词前)，则表示"外延性"的，在内层(数量词后)，则表示"内涵性"的(陆丙甫 1989b)。内涵性的能量级、规格反映了原子弹的功能本质，而外延性的"投在广岛的"对于原子弹来说，仅是一个偶然的区别标志。

表示领有、时间、处所的定语通常应位于外层(数量词、指别词前)，如：

(21) 他　那　两本　书

(22) 昨天/报纸上　那　两篇　短篇小说

因为这三类内容对于一般事物，都是极不稳定的外在索引：例(21)中，"他"的书随时可送给别人，就不再是他的了；例(22)中时间也同"短篇小说"的内容没有直接联系；而处所的移动通常也不会引起事物内在性质的变化。但下例中这类名词定语却可位于较内层：

  （23）那　两本　鲁迅的　书/那　一张　鲁迅的　画像
  （24）他　那　一双　艺术家的　手
  （25）一位　上帝的　虔诚　信徒
  （26）那　两份　昨天的　报纸
  （27）那　一批　青岛的　苹果
  （28）最近出土的　那　一批　三千年前的　文物

例（23）中，作者和上画像者，那显然直接影响到书和画像的内在内容，当然可处于内层了。并且人物的知名度也在起作用，如通常不说"一本｜张三的｜书"，除非哪一天出了个名叫"张三"的大作家，他的尊姓大名已成为某种风格、内容的标记。此外，作为收藏家的名词也比较容易出现在以书籍、图画、文物为核心的内层位置，因为收藏家同其收藏物之间的联系也较为稳定并且具有较强内涵性。例（24）中，艺术家的手是有专长的手。例（25）中，对信徒来说，信仰的对象也属内在性实质。例（26）表明，对于定期出版物报刊、教科书等，出版日期、年份，虽是时间，但却是内在性的。例（27）中，水果的产地也影响到品质。例（28）中，所属年代对文物是最要紧的内容，而出土时间是无关内容的。上述讨论表明，定语的顺序，根本上是取决于它们跟核心名词的意义关系的密切程度，而不是取决于定语本身的意义范畴。

  关于定语的顺序，较早的说法是"区别性"的在前（即在外层）而"修饰性"的在后（即在内层）。后来较流行的说法是"限制性（restrictive）"的在前而"描写性（descriptive）"的在后（Chao 1968：286—287，刘月华等 1983：288—296）。我们这里采用"外在索引"位于外层而"内在性质"位于内层的说法，这不仅是因为这样说形象地表达了形式跟意义的直接对应，而且因为这种说法有更大概括性。如同上面谈过的内、外之分比起前、后之分，更具有跨语言的描写力；内、外之分也适用于黏合式和组合式两种不同的结构等级。定语位置各种角度的意义差别也都能从内、外的区分中引申、推导出来，内、外之分实为定语（也可说是所有修饰语）的本质差别。下面举些例子说明这一点。

　　如赵元任曾指出定语前置于或后置于数量词，除反映了限制性和描写性的差别外，还有另外两个次要的差别：如例（29）那样分别表示"暂时性特征"跟"永久性特征"，如例（30）那样外层的定语有使"风格生动"的效果：

　　（29）a. 穿黑大衣的　　那个　　人
　　　　　 b. 那个　　爱说话的　　人
　　（30）a. 见了书就买的　　那个　　人
　　　　　 b. 那个　　见了书就买的　　人

"爱说话"在例（29b）中表示人的稳定个性，如在"爱说话的那个人"中，则倾向于表示临时的行为。这种差别可归入内在性质和外在表现的差别这个范畴。从哲学上看，内在本质比较稳定，而外在表象比较多变，在稳定性和内在性之间有一种普遍的正比例相关性存在。以物理世界为例，内层的原子核远比外层的电子稳定，因为外层、表层、边缘的物体更直接地接触、感受到外界作用力。例（30a）之所以较例（30b）更生动，也主要是因为外露的、变动的表现比内藏的、稳定的内容能给感觉更强的刺激和留下更深印象。

　　（31）流传了三千多年的　　非常感动人的　　民间传说

上例中，"流传了三千多年的"是项比较客观的内容，比较容易用来作为区分民间传说的"外在索引"，而"非常感动人的"是项比较主观的内容，很难作为区分民间传说的索引标记；因此前者就应前置于后者。并且，前者还可以前置于指别词"这"和数量词"两个"等，而后者很难这样。

　　即使在可看作多项并列的定语中，也表现出这种排列规则。如刘月华等（1983：291）谈到，并列定语按由浅入深、由表及里、由外到内

的观察过程排列的情况:

　　(32) 一位　　身穿花衣服、梳着两条长辫子、长着一双大眼睛的
　　　　　　　姑娘

服装、发式和长相,后面的比前面的更反映人的稳定特征。这个顺序
也符合从外在不稳定性质到内在稳定性质的顺序。再如:

　　(33) 那张　齐白石(画)的、玉皇大帝的　画像

例(33)中,画者和画的内容相比,属外在因素。

　　(34) 张三买的、傅雷翻译的、巴尔扎克(写)的、关于阿巴贡的
　　　　　小说

例(34)中,首先,翻译者相对著作者来说,是较外在而不稳定的因素:
同一个作者的小说可有不同的译本。至于买书者,当然跟小说的内容
更无关,而小说的内容"关于阿巴贡的"当然是该小说最稳定、内在的
性质。

　　(35) 张三的　那两本　李四的　书

例(35)中,"张三"和"李四"都可以有不同的身份(语义角色)解读,但
是不管如何,似乎应该符合"借书者/买书者>拥有者/卖书者>翻译
者>作者>内容"这样的等级顺序。如张三是借书者,李四就可以是
从拥有者到内容(书是关于李四的)中的任何一个。如张三是作者,则
李四的角色选择只剩下内容。因为这个顺序等级反映了从"外在、不
稳定"到"内在、稳定"的顺序。

　　(36) a. 美国 | 汉语 | 学生/从美国来的　学汉语的　学生
　　　　　b. American Chinese students / students of Chinese from

America

作为学生,所学专业也自然极为本质,应置于较内层。例(36b)既表明了这种顺序的跨语言普遍性,也表现了内、外比前、后更有概括力。

(37) (There was) an unfortunate mysterious structural damage (to the rocket)
'(火箭受到)不幸的、神秘的、结构性的破坏'

(38)(The rocket was) damaged structurally mysteriously unfortunately.
'(火箭被)不幸地、神秘地、结构性地破坏了'

"结构性的"损坏是内在的,"神秘""不幸"是外在的,而且是不稳定的,因为对破坏者说来则是有幸的成功,也并不神秘。就"神秘"和"不幸"而言,认知性的"神秘"比情感性的"不幸"位于更内层,因为认知比情感稳定,认知水平不会很快变化,而情感是瞬息可变的。

某些表面矛盾的语序,实际上反映了人们观察事物的角度不同而已,如:

(39) a. 一位 美国 进步 作家

b. a progressive American writer

汉语常用的语序是 a,英语常用的语序是 b。导致这种差别的一个可能的原因,用 a 语序时潜意识地认为,对于一个作家,政治态度比国籍更能反映内在的本质,而用 b 语序时则潜意识地认为国籍比政治观点更重要。可见,表面极不相同的两种语序从深一层的语义关系去看,其背后的机制却是相同的,都反映了语序距离首先取决语义关系的根本规律。

现在让我们把汉语包括指别词、数量词在内的各种定语的顺序总结一下。首先,定语可分两个等级:黏合式和组合式定语。两类定语的内部都按照同核心的关系松、紧和稳定程度从外层到内层(汉语中即从前到后)的顺序排列。黏合式定语从语法上看,是构词成分;从意义上看,是分类性的。组合式定语是句法成分,意义上是可分外延性的和内涵性的。外延性的在外层而内涵性的在内层。由于指别词和数量词定语总是外延性的,所以比它们更外层的(前置于它们的)定语必是外延性的,而比它们内层的(后置于它们的)组合定语可以是外延性的也可以是内涵性的。如例(4)中,"投在广岛的"在数量词前,是外延性的;在数量词后,是歧义的,可以是外延性的也可以是内涵性的,虽然可说是以内涵性为主。这是很自然的,因为只有这样才能保证同类定语,维持形式(语序位置)跟表达功能的一致。

不过,上面所说的数量词定语要排除"三斤重的鱼"和"五角星"中的"三斤重的"和"五角"。其实,"三斤重"中的核心是"重";"五角"则是"(有)五个角"的省略,所以都不是一般的数量词定语。

4.5　核心作为相对静止点的数量表达

(40) 今天　我　看完了　这本书。　　TSVO

这个句子是个 4 项式,有 STVO、OSTV、OTSV、STOV、TSOV、SOTV、TOSV 等变式。4 项式提供了 4 个序位。我们把一个项目 X 可能占据的序位数称为这个项目的"绝对移动指数"M,简写为 M(X)。那么,O 可占据第一(如 OSTV)、第二(如 SOTV)、第三(如 STOV)和第四(如 STVO)四个序位,所以 M(O)＝4。同样,M(S)＝3,M(T)＝3,M(V)＝2。很明显,其中动词 V 的移动指数最小,这意味着核心动词的可移动范围最少。

现在假设 $M_P(X)$ 表示"成分 X 在以 P 为相对静止点时的相对移动指数"。那么,如果选择 V 为相对静止点,即 $M_V(V)＝1$,则:

$M_V(S)＝3$(V 前第一个位置,如 TSVO;V 前第二个位置,如 STVO;V 前第三个位置,如 SOTV);

$M_V(T)＝3$

$M_V(O)＝4$(比 $M_V(S)$ 和 $M_V(T)$ 多了一个 V 后第一个位置如 STVO)。

总移动量 $\sum Mv = Mv(V) + Mv(S) + Mv(T) + Mv(O) = 1+3+3+4=11$。

同理：

$\sum Ms = Ms(S) + Ms(V) + Ms(T) + Ms(O) = 1+3+4+5=13$；

$\sum M_T = \sum Ms = 13$；

$\sum Mo = Mo(O) + Mo(V) + Mo(S) + Mo(T) = 1+4+5+5=15$。

因此，选择 V 作相对静止点，即坐标原点，能使各种变式的移动总量达到最小值（陆丙甫 1982：23）。换言之，选择 V 作比较基准是简化描写、简化认知的最佳选择。这就好像选择太阳作静止点，相对以地球或其他行星或月球为静止点来说，能使太阳系内各天体运动总量的描述达到最小值一样。

总而言之，核心的这种相对稳定性和定位作用，是个容易感觉到的事实。因而在语序研究中，人们很自然地把核心的位置当作最重要的标准，如语序研究中把语言分成"核心据前的（head-initial）""核心据后的（head-final）"以及"核心据中的（head-medial）"三大类型。在汉语语法的句子分析中，素来有根据成分同主要动词的位差去判断成分功能的所谓"前主（语）后宾（语）""前状后补"的说法。核心为定位标准的观念其实早已得到虽然是不完全自觉的，然而却是广泛的应用。

核心的定位作用还可以从另一个角度去理解，那就是它还是语言单位的相对整体性的定义者。这一点更容易被忽视，而实际上这一功能对于整个语法结构来说更为重要。语言的特点就是小单位可按照一定的语音、语法规则去组成大单位。然而何为"单位"？这根本上也是由"核心"决定的。对核心的这一功能的认识，也有助于我们了解转换生成语法中的管辖-制约理论的一些重要出发点。以下我们就来讨论有关的这些问题。

附 注

[1] Chomsky(1965：68—74，220—221)在论证"主语、宾语"这些句法概念在短语结构分析中的冗余性时，谈到了反例 In England is where I met him（英国是我遇见他的地方），其中的主语并非 NP，而是 PP。Chomsky 认为这句子是从底层

I met him in England(我在英国遇到他)转换来的,类似于话题化的 This book I really enjoyed(这本书我实在喜欢),即 In England is where I met 中的 In England 是话题性成分。但其实两种转换的性质很不相同,前者更接近话题化转换的形式应为 In England I met him(在英国我遇到了他)。不过此例也的确反映了主语、话题间的纠缠(见§7.3.1)。

[2] 这三个罕见语序之间也表现出相当大的一致性,差别仅在于形容词 A 的位置不同。

还有三个符合轨层的序列实际上没有出现,它们是 DANQ,QAND 和 ANQD。Hawkins(1983:120)用一条规则排除所有不存在的序列:任何情况下,不可以形容词 A 前置于核心名词 N 而指别词 D 或数词 Q 却后置于核心 N,也就是说,如果 A 前置于 N,则 D 和 Q 也都必须前置于 N。这条规则是消极性的描写。我们可把它分解成等价的两条积极性描写:1. A 倾向于后置 N。2. 三个从属语倾向于出现在 N 的同一侧。这两个描写可分别单独工作:符合其中任一倾向的序列就可以存在;而排除的句子必是同时违反这两个倾向的(这种因素分解的另一些应用,见§7 附注[4])。这种正面的规则比较容易把握、运用(人类认知的一个特点是对正面、积极性现象较为敏感)。像从属语倾向出现于核心的同侧这一倾向在解释其他一些语法现象,如各种语序的出现率时,还有着自己广泛的应用。

[3] 功能性的修饰语最靠近核心,表明人们给事物命名分类时,首先考虑的是事物的功能。这也从一个方面显示人类语言实在是很"功利主义"和"功能主义"的。

5 核心是结构整体性的定义者

5.1 核心对移动范围的基本限制

(1) a. 张三　昨天　在学校　郑重其事地　给了　我　这两篇<u>最有趣的、关于孔子的论文</u>。

  b. 昨天　张三　在学校　郑重其事地　给了　我　这两篇<u>最有趣的、关于孔子的论文</u>。

  c. <u>这两篇最有趣的、关于孔子的论文</u>　张三　昨天　在学校　郑重其事地　给了　我。

(2) a. ……这　两篇　最有趣的　关于孔子的　论文……

  b. ……<u>这　最有趣的　两篇　关于孔子的　论文</u>……

  c. ……<u>最有趣的　这　两篇　关于孔子的　论文</u>……

(3) 这最有趣的两篇关于孔子的论文　张三　昨天　在学校　郑重其事地　给了　我。

例(1a)有许多语序移动的可能性。移动可分全局的和局部的两种基本类型。

 1. 全局的移动：所移动的成分是以全局核心"给了"为基准的直属成分，位置的变换也以"给了"为基准。如像例(1)中 a 到 b 那样把时间状语"昨天"移到句首，或像 a 到 c 那样把整个宾语"这两篇最有趣的、关于孔子的论文"移到句首。

 2. 局部的移动：所移动的是以局部核心"论文"为基准的直属成分，位置的变换也以"论文"为基准。如像例(2)那样把"最有趣的"或"关于孔子的"移到"两篇"的紧前面(紧挨着"两篇"的前面)，或再移到"这"的紧前面。

 全局移动和局部移动可以复合在一起组成复合移动；如从例

(1a)—例(3)那样,"最有趣的"移到"两篇"紧前面之后,又随着整个宾语一起移到句首。这正像月球的运动应看作它围绕地球的局部运动和同地球一起绕太阳而作的全局运动的复合一样。

将全局移动和局部移动加以概括,可得出如下这样一条总的移动限制。

直属成分限制原理:由某一核心词所定义的直属成分,常规移动时不能超越该核心词所定义的短语的范围,也就是 X^0 为核心的所有从属语,不能移出这个 XP 的范围。

这个限制意味着直属成分不能拆开,或直属成分不能插入另一同核心的平等直属成分之内。因为如果一个直属成分被同一等级的直属成分插入而分割成两部分,这就意味着这个直属成分短语中的一部分移出了这个短语的范围。上述例子中如把"昨天"插进"在学校"而产生"在昨天学校",那显然打破了介词短语"在学校"的整体性,通常是不容许的。

5.2 "块"的整体性定义

通俗地说,直属成分限制也就是整体性的限制,即同一个整体不能拆开,直观地说,也就是"块的限制"。问题是所谓整体性也是相对的。大到整个宇宙也是一个整体,小到每个电子、基本粒子也都可算一个独立的整体。因此对"块"的整体性必须作进一步的具体定义。

但 Miller(1956a)早就指出,信息的客观计量单位虽然是"比特"(bit),但人类信息处理的能力和实际运用单位却应该用"块(chunk)"来计量,因为块是人类信息处理机制所敏感的单位,它能使人类思维运作限度表现出一种稳定性、守衡性。

但 Miller 在强调板块这一单位能反映人类信息处理能力限度的稳定性的同时也指出,板块是个具有极大主观性的、不稳定的单位:

> 我们通常能够把一个 20 个词组成的句子听过一遍之后加以复述。这句子包含多少单位? 100 个字母? 30 个音节? 20 个词? 6 个短语? 2 个分句? 抑或 1 个句子? 我们可以知道它包含了大

约 120 比特的信息,因为比特的定义独立于我们对句子的主观组织。但是板块的本质是它是人为的。例如,一个除了字母外对英语一无所知的人会认为以上句子里有 100 个单位;但一个英语很好的人会认为以上句子里只有 6 个单位。我们不能离开了听者去定义组织的单位。

Miller 的话实际上提出了语言结构分析的一个根本问题,因为所谓结构就是各组成部分,即成分间的关系。所以,将对象切分成明确的若干个成分,实为结构分析的第一步。可惜这个关于语言结构的根本问题,至今没有获得足够的重视和明确的答案。所谓"明确",主要是指数量明确:到底切分成多少个成分;以及体积明确:各个成分的界限,即起讫点清楚,而且切分的结果不应有遗漏和重叠。

Miller 正确地指出了板块的主观性,但他又似乎不适当地夸大了这种主观性而忽视了板块的客观基础。以一个不懂英语的人为例说明板块的不确定性,这并不适当。因为通常我们讲语法分析,显然是以操本族语者的语感为基础的分析。正如 Chomsky(1965:3)所强调那样:

> 语言学主要研究在某个单纯的话语社区的理想的说话-听话者,他充分掌握了这种语言,并且不受影响于那些跟语法无关的因素,如记忆限制、分心、兴趣转移以及其他种种在具体运用中发生的失误(包括偶然性的或特色性的)。

这个"理想的说话者-听话者"也就是一般的"操本族语者"。Chomsky 的这段话正确指出了语言学研究的是理想的编码/解码者,就这点上可以说是纠正了 Miller 对定义语言结构中的"板块"之可能性的消极看法。

如果这样,英语的操本族语者对不需专门知识去理解的日常英语句子,处理方式应该是相当一致的,遵循一些共同的基本规律。这种一致性即蕴涵着某种必然性,而必然性又蕴涵着客观性。诚如 Miller 所指出的,一个英语很好的人会把上述句子处理成由 6 个短语构成的结构体。

　　但是他没有细谈这些成分是如何得到、如何定义的。这个问题确实不容易谈,因为短语的一个特点就是它的递归性,即大短语里套小短语,一层层地套下去,究竟以哪一层的短语当作板块呢? 既然整体性是相对而言的,那么,关键的问题就是弄清"相对什么"而言。我们认为,这个相对的基准就是结构核心,包括内在的核心和外在的核心。

　　先说内部核心。构成一个整体的事物,通常内部会有一个作为"内聚力"所在的核心,如太阳系作为一个整体是因为有太阳这一核心的存在;原子作为一个整体是因为原子核这一核心的存在。语言中,音节作为一个整体取决于其中的一个核元音;短语 XP 作为一个整体取决于其中的核心词 X。

　　但内部核心不足以概括所有的整体性。首先,是一定层面不能再分割的最小的单位,也就无所谓内部核心了。这种情况下,所谓整体性就还借助于外部核心。假定电子是不可分割的,那么,它作为一个整体,是相对它所围绕的原子核这一外部核心。由单个语素构成的词充当的句子成分,虽然在语音的层面上,作为一个音节可再加分割而找到一个核元音,但在语法层面上,它是不可分割的。此时,它之所以能作为一个整体(句子成分),是相对于某个外部核心而言的,例如句子的主要动词。其次,并列结构,严格地说,其中也不存在一个作为内聚力所在和结构重心的核心[1]。并列结构作为一个整体充当某个成分,也主要是相对某个外在的核心而言。这个外部核心赋予并列结构一定的句法功能或身份,比如说宾语。正是因为若干相邻的单位一起发挥一个功能,充当一个成分,所以才可以被当作一个整体。好比均匀分布的若干液体或气体分子,只是相对于一定的容器,即被封闭于一定的容器内,才能被看作一个整体,即一"汪"液体或一"团"气体。

　　总而言之,可说内部核心为整体性提供了内聚力,而外部核心则提供了该整体同周围单位分割开来的绝缘作用,是外因和终点。内因大致上规定了整体的性质和功能的范围,但最后的具体落实离不开外因。如"洗脸",在"洗脸盆"中是非短语的定语,在"爱洗脸"中是个短语性宾语;两者功能表现的不同主要取决于不同的外部核心"盆"和"爱"。一个短语也可以由一个词构成,所以一个词在具体环境中到底是词还是短语,也同外在环境分不开:"书"在"一本书"中是核心词,而在"买了书"中就应看作是个最小形式的短语。

可见所谓整体性,离不开一个外部的比较基准。大而言之,整个宇宙也只是一个整体;但若相对一个原子核来说,围绕它的每个电子就算得上一个独立的整体;相对地球来说,月球也是个整体;相对太阳来说,地球连同它的所有卫星,包括月球及所有人造卫星,一起构成个整体。这一比较基准,也就是整体性、块的定义者。

直属成分限制明确规定了:常规范围内,任何成分只能在定义它的核心所规定的轨层结构中移动,或者说每个块只能在其直接所属的上位块内移动。板块的客观性,主要也表现于某个比较基准而言。不明确这一点,那就根本无法切块;或者至多像直接成分分析法那样无限制地层层两分。层层两分的本质在于:每一层的两部分都互为比较基准,而不曾明确一个初始的、主导的、固定的比较基准。

如同我们已经讲过的,要保证将句子明确切分成不超过七个左右的板块,就必须采用始终向着核心成分深入的向心切分,而这样的结果,得到的不全是短语,还包含了一个核心动词。核心词是整个句子和其内部各短语的定义者。这也就是说,Miller 所说的那个由 20 个词构成的句子,也可看成由一个核心动词加上 6 个左右的短语,而不仅仅是 6 个短语构成的。如果忽略这个核心动词,我们完全可说这个句子是由主语名词短语和谓语动词短语这两个较大的短语构成的。没有一个作为比较基准的核心,所切出的短语的大小就无法确定,也就不可能有明确的切分,即不可能对句子作客观的分块。

5.3 板块的封闭性和"孤岛"现象

什么样的成分可以提取出来移到什么地方去,是转换生成语法的主要研究内容之一。其中有几条经典的提取限制,如 Chomsky (1964)首先提出的"A 盖 A 原则(A-over-A Principle)"。Ross(1967)在修正"A 盖 A 原则"的基础上,提出了他那著名的四大限制:复杂名词限制(complex noun phrase constraint)、并列结构限制(coordinate structure constraint)、左分枝条件(left branch condition)和句主语限制(sentential subject constraint)。这些限制都能同板块的概念直接联系起来(以下例句中,下画线表示全句直属块的切分)。

1. A 盖 A 原则:如果同类的结构体互相包含,转换规律只能用于较大的那个结构体。

(4) a. <u>Mary</u> <u>saw</u> <u>the boy ... walking to the railroad station</u>.
'玛莉 看到了 那个走向火车站的男孩。'或'玛莉 看到了那个男孩 走向火车站。'

b. <u>Who</u> <u>did</u> <u>Mary</u> <u>saw</u> ( ) <u>walking</u> <u>to</u> <u>the railroad station</u>?
'玛莉　看到了　谁　走向火车站?'

例(4a)是个歧义句。只有后一句译文的意思才能把"男孩"换成疑问代词 Who 并提取出来移到句首。Chomsky 的解释是:按前一个意思,整个宾语 the boy walking to the railroad station 是个名词短语 NP,而其中的 the boy 又是一个 NP,如果把包含在里面的那个 NP 转换成疑问词并移到句首就违背了"A 盖 A 原则"。

这种情况也能直截了当地用块的限制来解释:按前一个意义,整个宾语 the boy walking to the railroad station 是全句的直属下位块(我们用底线表示块的分界,例(4a)因为是个歧义结构,在 boy 和walking 之间用虚底线表示有分和不分两种可能),因此作为其内部成分的 the boy 不能越出这块的边界独自移到句首,要移动的话必须随同整块一起移,那就是所谓话题化的移动:

(5) <u>The boy walking to the railway station</u>, <u>Mary</u> <u>saw</u>.
'那个走向火车站的男孩,玛莉　看到了。'

而按后一个意义,全句有四个直属块[2],the boy 和 walking to the railroad station 各成一块:宾语和(宾语)补足语,当然 the boy 就能直接被提问并移离 walking to the railroad station 了。

2. 复杂名词短语限制:所谓"复杂名词短语"指的是名词带上小句充当的定语。这条限制是说定语小句(relative clause)内任何成分不得移出所属复合名词短语。

（6）a. They believe the claim that bill saw John.
'他们 相信 关于比尔看到约翰的声明。'

b. * Who do they believe the claim that Bill saw ( )?

'*他们 相信 关于比尔看到谁的声明？'（疑问指向"谁"）

3. 并列结构限制：任何成分不得移出并列结构。

（7）a. John likes this book and those picture.
'约翰 喜欢 这本书和那些画。'

b. * Those pictures, John likes this book and ( ).

'*那些画，约翰 喜欢 这本书和。'

4. 左分枝条件：名词短语中所包含的靠左边的名词短语不能被提取。

（8）a. They like John's books.
'他们 喜欢 约翰的书。'

b. * Whose do they like ( ) books?

'*谁的 他们 喜欢 书？'

5. 句子主语限制：任何成分不得从句子主语中提取出去。

（9）a. That John will eat biscuits is likely.
'约翰要吃饼干 是 很可能的。'

b. * What that John will eat ( ) is likely?

'*什么 约翰要吃 是 很可能的？'

Ross 把内部成分不能移出的成分形象地称为"孤岛(island)"。他的这项研究对于转换生成语法的发展产生了极为深远的影响,可以说具有里程碑的意义。在整个 20 世纪 70 年代中,除了 Chomsky 的《句法理论面面观》(*Aspects of the Theory of Syntax*)外,他关于"孤岛"现象的那篇当时还没有正式出版的博士论文《句法中变项的制约》(*Constraints on Variables in Syntax*)是美国句法学界被引用得最多的著作。对"孤岛"现象的研究是转换生成语法扩展标准理论阶段的中心内容,由此发展起的"语障(barrier)"(Chomsky 1986)概念已成了当前转换语法管约理论中的基础概念。

Ross 的论文,以及此后的绝大部分有关讨论,虽然对各种各样的岛进行了很深入的描写,但很少牵涉岛的心理现实性。在我们看来,所谓孤岛现象,也就是板块的封闭性,这从上述各例很容易看出。因此岛的限制,实质上也就是块的限制。所不同的是,我们是给块(直属成分)一个主要由外在标准规定的、统一的、直观的定义,而不是给各种不同的岛分别下一个个主要以内在结构特征为根据的定义。

例(9)中岛和块的对应不那么明显,因为例(9b)式中在 What 和 that John will eat 之间并没有另一个同级直属块(is 或 likely)插进来,表面形式并没有直接排除 what 和 that John will eat 仍组成一块的可能。我们这里不具体讨论这个问题。事实上块的封闭性还有其他一些真正的例外,我们将在后面 §6.3 讨论。但是从总体上看,可以说块对移动的限制是一条适用面最广的基本限制。根据这条基本限制,可把违背它的移动看作需要进一步研究的例外。

早期转换语法,缺少对转换的限制。这样的语法生成能力过强,会产生大量不合格的句子。自 Ross 的"孤岛"概念提出以后,转换语法的重点转向寻找对转换的限制,在这方面做了大量工作。转换语法学者有一个基本出发点:"移动 α"(Lasnik & Saito 1992),即把任何成分移向任何一个位置,并在所从移出的原来位置留下一个语迹(trace)。以此为出发点,可认为任何不合格的移动,总是违反了某些限制的缘故,因此就需要寻找种种的限制。这就好比生物学家可假设,生物体若无某种原因打断了生命活动,就可以无限长寿;然后在此基础上再寻找打断生命进程的原因。早期对移动限制的研究是建立一个个相对独立的限制条件;近年来的研究则十分强调把那些表面不相关的限制统一起来,找出其共性,合并为一个所谓"语障"(Chomsky 1986)。

以"移动 α"为出发点,好比把所有不能无限长寿的人都归入了一个范畴,理论上是极其干净利落的。我们这里采取的方法是先把"块"的限制作为一个基础,然后重点分析违反块限制的现象(见后面§6.3),找出其中的规律。这好比先根据某个原因假设人不能活过某个年龄,然后把活过某个年龄的人当作例外重点研究,看看究竟是什么特殊的原因使他们能超越一般的人体衰老进程而例外地长寿的。这就把不能无限长寿的人分成了两个范畴:正常衰亡和长寿。当然,这只是个方法论和研究策略、步骤的不同,最终是应该殊途同归的。

附　注

[1] 传统上认为并列结构是内向结构,其中每个并列成分都是核心。其实,核心相对非核心而言,都是核心实际上也就是无核心。从物理学的角度去看,平衡的并列状态就是处处对称的无序状态,如果从狭义的角度去理解"结构",并列结构实际上也就是无结构。因此不断增加并列成分的扩展,不是真正的结构扩展。事实上这种扩展不受任何结构限制,而只受到具体运用能力的限制。

[2] 在转换语法中,例(5)的第二个意思也是 the boy 和 walking to the station 一起组成一个小句。我们这里以传统的句型为基础,把它看作动词后跟一个宾语和另一个宾语补足语的句型。

6 语序变换的基本情况

6.1 板块限制和轨层限制的数量效果

板块的整体性或不可分割性对成分移动的限制,能大幅度地限制语序变化的可能性(陆丙甫 1987b)。如例(1):

(1) a. ABCDEF $P(a) = P_6 = 6 \times 5 \times 4 \times 3 \times 2 = 720$

    b. [AB][CDEF] $P(b) = P_2 \times P_2 \times P_4 = 96$

    c. [AB][C(DEF)] $P(c) = P_2 \times P_2 \times P_2 \times P_3 = 48$

    d. [AB][(CD)(EF)] $P(d) = P_2 \times P_2 \times P_2 \times P_2 \times P_2 = 32$

假设例(1a)由 6 个词组成,每个词都是全句的直属块,那么数学上可能的语序就有 $P(a) = P_6 = 6 \times 5 \times 4 \times 3 \times 2 = 720$。如例(1b)的词数同例(1a)一样,但分成两个直属块:一个两词块和一个四词块。由这两个直属块的互相交换位置可得 $P_2 = 2 \times 1 = 2$ 个变式。又由于每块内部的成分可作位置变换,因此这两块各有 $P_2 = 2 \times 1 = 2$ 和 $P_4 = 4 \times 3 \times 2 = 24$ 个变式。三个可能相乘,总共可有 $P(b) = P_2 \times P_2 \times P_4 = 2 \times 2 \times 24 = 96$ 个变式。再进一步假设其中的那个四词块内部又是如例(1c)那样由一个单词块和一个三词块构成,那么,这个四词块的变式不再是 $P_4 = 4 \times 3 \times 2 = 24$ 个,而是 $P_2 \times P_1 \times P_3 = 2 \times 1 \times (3 \times 2 \times 1) = 12$,则全句总共可有 $P(c) = P_2 \times P_2 \times P_2 \times P_3 = 2 \times 2 \times 2 \times 6 = 48$ 个变式。同理,如像例(1d)那样,后面的四词块由两个两词块的直属块组成,则全句有变式 $P(d) = P_2 \times P_2 \times P_2 \times P_2 \times P_2 = 2 \times 2 \times 2 \times 2 \times 2 = 32$ 个。可以看出,块内有块的层次越丰富,语序变化的自由度越小。

让我们再看两个具体的例子:

(2)　他　去年　在　实验室　用　电脑　努力地　干了　十　个　月

　　按通常的分词标准,其中有 11 个词,那么,数学上可能的语序("词序")就是 11 个元素的全排列,即 $P_{11} = 1 \times 2 \times 3 \times 4 \times 5 \times 6 \times 7 \times 8 \times 9 \times 10 \times 11 = 39\ 916\ 800$ 种。现在将全句切分成七个直属块,有三个直属成分("十个月""在实验室"和"用电脑")各由两个下一层的直属块构成的,其余都是单个词的直属成分。"十个月"的两个直属块之一"十个",又包含两个词。直属成分限制规定每个直属块只能在其所属上一层的块中变动位置,所以,数学上可能的语序就减少为 $P_7(P_2 \times P_2 \times P_2 \times (P_2)) = 1 \times 2 \times 3 \times 4 \times 5 \times 6 \times 7 \times 2 \times 2 \times 2 \times 2 = 80\ 640$,即直属成分的限制使这句子的语序变化降低为原来的 $80\ 640 / 39\ 916\ 800 = 1 / 495 = 0.2\%$。

(3)　张三　昨天　在　学校　郑重其事地　给了　我
　　他那两篇最有趣的关于孔子的论文

按一般说法,例(3)中有 18 个词,分成七个直属成分。其中有三个是一个词的成分,"在学校"为两个词的成分,"他那两篇最有趣的关于孔子的论文"为 11 个词的成分。这个大块本身又可切分成六个下一层的直属成分:"他""那"和"论文"为单词块,"两篇"为两词块,"最有趣的"和"关于孔子的"为三词块。"最有趣的"又可分成"最有趣"和"的"两个直属块,而其中"最有趣"又是个两词块。"关于孔子的"情况相似。所以,例(3)的不受任何限制的语序有 P_{18} 种,受直属成分限制后的可能语序降低为 $P_7(P_2 \times P_6(P_2 \times P_2 \times P_2(P_2 \times P_2)))$,后者除以前者,移动可能性降低为原来的 $1 / 27\ 567\ 540 = 0.000\ 000\ 036$。

　　在板块限制的基础上,如同我们在前面已讨论过的,语序变化还受到轨层顺序的限制。如例(2)中的 7 个成分,数学上允许的排列有 $P_7 = 7 \times 6 \times 5 \times 4 \times 3 \times 2 = 5\ 040$ 种。由于轨层结构的限制(每个从属语只有相对于核心的同轨层前后两个位置),就只有其中的 $2^6 = 64$ 种排列可能成为某些语言中的基本语序，为原有可能语序的 64/5 040＝1.27％。可见轨层结构是限制语序的又一个强有力的因素。

由于块的限制，例(2)可能的语序降低到 0.2％。但由于原有可能的基数太大，即便是 0.2％的可能也意味着 80 640 种语序，仍然是个庞大的数目。在块的限制的基础上，现在再加上轨层的限制，又可大幅度地降低可能的语序数。在例(2)中，把轨层的限制和块的限制合起来，大致的结果就是使可能的语序降低为 0.2％×1.27％＝0.254％。

块和轨层的限制，是人类语言的普遍现象，它们使人类语言实际使用的基本语序，只占全部数学可能性的极小比例。当然，这个比例还可因为其他一些因语言而异的限制而大大地进一步缩小。可见人类语言初看似乎千变万化，实则相对全部数学可能性来说，变来变去只在极小的一个范围内变，而这个范围又可以由少数几条规则规定出，可说是"万变不离其宗"。人类语言到底是以共性为主还是个性为主？根据上述初步的数量分析，我们可以说是以共性为主(陆丙甫 1990b)。

块和层的限制，虽然是普遍的，但并不是绝对的。不过违背这两条限制规则的语序，不大可能是一种语言中的基本语序，可看作是移动结果的派生语序。并且，凡是不合基本语序的移动，总是有另外的、具体运用(performance)上的原因和驱动因素。而这些移动背后的原因本身也是起源于<u>人类处理一般线性信息序列</u>的普遍机制。

在转换生成语法中，语序移动可分两个基本方面。一是什么样的成分可提出来移动，即所谓"提取的限制(constraints on extraction)"；二是移向何处，即所谓"去处的限制(constraints on landing position)"。这两方面密切相关，说到底，其实都是关于位置的限制：后者是关于所移动单位的"去向何处"，而前者是关于所移动单位的"来自何处"；因为什么成分可移动实际上就是处在什么位置的成分可移动的问题，如果我们承认定义成分必须有个外在的参照点的话。一个成分去向何处显然同它的来自何处密切相关，很难将这两方面的问题截然分开讨论。如块的限制就表明来自何处(哪个层级的块)规定了去向的范围(直属上位块内)。以下根据前面的讨论把问题分成三个方面：违背轨层限制的移动，违背板块限制的移动，以及移动的去向。

6.2 违背轨层限制的移动 ——"内小外大"

我们在§4.4论述过语义关系决定语序的基本原则。但这种由语义决定的语序只是底层的形式。事实上在表层，由于种种原因，语序会在底层语序的基础上发生种种变化。例如：

(4) VOC 对 VCO

    a. Put it on your head.

       *Put on your head it. '把它戴上。'

    b. Put it on.

       *Put on it.　　　　'戴上它。'

    c. Put the hat on your head.

       *Put on your head the hat. '把帽子戴上头。'

    d. Put the hat on.

       Put on the hat.　　　'戴上帽子。'

    e. ? Put the hat I gave you yesterday on.

       Put on the hat I gave you yesterday.

       '戴上我昨天给你买的帽子。'

    f. Put the hat I gave you yesterday on the table I bought last year.

       *Put on the table I bought last year the hat I gave you yesterday.

       '把我昨天给你的帽子搁到我去年买的桌子上。'

由于宾语和补语都可以分别是单词或词组，这样就有例(4a)—例(4d)四种情况。这四个例子表明：英语以 VOC 为常规句型；这种格式只有在补语为单词而宾语为词组的情况例(4d)下被打破。此时，VOC 和 VCO 两种句型都可用。而例(4e)则显示，当补语为单词而宾语为较长的词组时，即宾语比补语长很多时，采用 VCO 句型的倾向就会很强烈，此时常规的顺序反而显得非常不自然。例(4f)中，由于宾语和补语都很长,于是又恢复到常规 VOC 格式。

很明显,影响这种变化的外加因素是两个后置从属语的结构长度和复杂度之比。具体地说,靠近核心的内层从属语倾向于比远离核心的外层从属语更短小,即"内小外大"倾向。

由常规的 VOC 转到 VCO 变式,其中的具体变化过程究竟如何?在排除了 O 和 C 变换位置(两者同时移动)这种既不简单又不明确的说法后,我们就面临这两种选择:变式 VCO 可能是比较复杂的大块离核心向外移动的结果,也可能是小块朝核心向内移动的结果。多数情况下,可以采用大块外移的说法,原因后面会讨论到。

下面是一些类似的例子:

(5) a. Spell the words carefully.'仔细拼写这些词。'

　　b. Spell carefully the words that you are not familiar with.
　　　'仔细拼写这些你不熟的词。'

(6) a. 他　为了钱　拼命地　工作。

　　b. 为了解答这个困惑了人类几千年的谜,他 拼命地 工作。

(7) a. beautiful large houses '漂亮的大房子'

　　b. very large, beautiful houses'很大的、漂亮的房子'

(8) a. 新编　英汉　词典

　　b. 英汉　新　词典

(9) a. 高层　水泥　建筑物

　　b. 钢筋水泥　高层　建筑物

(10) a. 那只　雪白的　鹦鹉

　　 b. 雪白雪白的　那只　鹦鹉

例(5)的情况同例(4)相似,大块趋外倾向抗衡了常规的 V-O-Adv(动词—宾语—状语)语序。

例(6)—例(10)中,同样的倾向表现在核心左侧的成分,其中各例中的 a 式都为合乎语义的常规语序,各例中的 b 式为反映了大块外移后产生的变式语序。当然各例中的 b 式都不是强制性的格式,只是反

映了靠近核心的那个成分越庞大、越复杂,移到前面就显得越自然,如例(8b)也可变成"新|英汉|词典",这是同例(8a)一致的语序。例(8b)之所以成立,是因为"英汉"比"新"长,有外移倾向,而例(8a)的"新编"和"英汉"长度相等,没有外移的必要,所以就不能转成对应于例(8b)的"英汉|新编|词典"。

可见由语义决定的语序规律,是普遍起作用的。这一规律不可能消失,而只可能被克服、压倒。因此同语义决定的语序规律相比,大块外移是第二位的因素。可以说,语义决定深层结构的形式,而大块外移这一运用的变化只影响到表层形式。上面这些例子中,不妨说底层形式都是各例中的 a 式,只是到了表层,为了运用、处理的方便,受大块外移规律的影响,才转换出各例中的 b 格式。

6.3 违背板块限制的移动——整块拆散

以上讲的是由于运用的原因而引起的违背轨层顺序的实例。但这些例子都还没违背块的限制的原则。块的限制比层的限制更稳定,违背块的限制的情况极其有限,因此我们可以把这些情况看成例外。这些例外绝大部分都属于直接宾语中的内部成分移出其所属上位块的类型。如:

(11) 这个问题 我 告诉了 他 如何解决( )。

(12) 这个问题 他 认为 ( )很重要。

(13) 这个难题,我 认识 一个能解答( )的人。

(14) 这篇文章 他 说 你知道张三已经读过( )。

(15) a. He thinks that you know that John has read this article.
b. What does he think that you know that John has read( )?

例(11)是宾语小句内的宾语移出小句。例(12)中移出的是宾语小句内的主语。例(13)是宾语小句内的定语小句内的宾语移出宾语小句。例(14)是"说"的宾语小句内的("知道"的)宾语小句内的("读过"的)宾语移出"说"的宾语,即第三层宾语从作为全句直属块的第一层宾语中移出。例(15)是一个同例(14)对等的英语例子。

　　鉴于绝大多数能移出所属上位块的成分都是全句宾语内的成分,黄正德(Huang 1982:503—514)提出了一条"移出区间条件(condition on extraction domain)"。通俗地用传统语法学的话来说,移出区间条件也就是规定只有宾语内的成分才能被移出[1]。但实际上有些主语内的成分也能移出,甚至有主语内成分能移出而宾语内成分反而不能移出的情况:

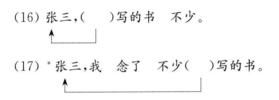

(16) 张三,(　　)写的书　不少。

(17) *张三,我　念了　不少(　　)写的书。

　　黄正德(Huang 1984)认为例(16)、例(17)中的话题都是在底层直接生成的,并不是从后面成分中移出来的。并且,为了解释例(16)、例(17)所反映出来的"主、宾不对称"现象,他又提出了一条"概括性控制规则(generalized control rule)":空代词(empty pronominal)同离它最近的名词性单位同标(coindex)。黄认为例(16)、例(17)的(　)里都有一个空代词,它们只能同最近的名词单位有相同的所指。例(17)中同空代词最近的名词短语不是"张三",而是"我",所以将空代词解释成"张三",句子就不合格。

　　这些现象中,牵涉许许多多很有意义的问题。移动而成的话题同底层直接生成的话题究竟有什么实质的差别?能否把例(16)、例(17)看成不是移动而成的格式,而通过其他方面解释其中的主宾语不对称现象?汉语转换语法学界对此有许多详尽的讨论(如 Liu 1986,Lee 1991)。在后面的§7.3.2,我们将讨论把上述例(11)—例(14)和例

(16)看成话题由底层直接生成的可能性。

　　无疑地，一个成分能否移出其直属上位块，或再进而移出更上层的块，同它本身的性质及所要越过的上位块的性质密切相关。如例(14)是宾语小句内的宾语小句内的宾语移出两层宾语小句，所逐层越过的直接上位块有"张三已经读过这篇文章"和"你知道张三已经读过这篇文章"这两块。如按照通常的层次结构树形图，那么所越过的单位还有"读过这篇文章""已经读过这篇文章""知道张三已经读过这篇文章""说你知道张三已经读过这篇文章"等。代表转换语法最新发展的管约理论(government and binding，简称 GB)的一个主要内容是，通过对这些单位范畴的形式分析来说明移出和所指相同的"照应"(即"同标"关系)的可能与否，这就是"语障"概念的实质。语障的意思是属于语障的范畴不容许其内部成分移出或同外部成分发生所指相同的照应等关系。语障是个具有极大概括性、普遍性的概念。以下是个应用于汉语分析的例子。

　　传统上一般认为汉语的正反问句同选择问句关系密切，正反问句来源于选择问句或可看成选择问句的一种。黄正德(1988)指出汉语正反问句同选择问句的分布大不相同：

(18) a. 你 认为 他会不会来？
　　　b. *我去不去美国 比较 好？
　　　c. *你 喜欢 尊不尊重你的人？
(19) a. 你 认为 他会还是不会来？
　　　b. 我去还是不去美国 比较 好？
　　　c. 你 喜欢 尊重你还是不尊重你的人？

作为非主句的成分，正反问句只能如例(18)所示出现于直接宾语内，而例(19)中的选择问句却不受这种限制。大致上说来，正反问句能出现的位置也就是容许移出成分的位置。因此说正反问句的分布受"岛"和"语障"的限制。黄先生由此否定了正反问句来源于选择问句的传统说法，而提出了正反问句语法上更接近"我是否去美国""是否尊重你"一类特殊问句的结论。这一结论正好同朱德熙(1985b)关于汉语方言中正反问句同"可/阿 V"型特殊问句互补的大量材料不谋而合。这个例子说明了岛和语障概念的概括力。由于语障能概括移位、照应和某些疑问语气的"渗透"范围（疑问辖域）等多种句法关系，因此有些转换语法学者主张把"移动 α"进一步概括抽象为"影响 α（Lasnik 和 Saito 1992：64—68）"。

　　语障的认知基础同块的整体性和封闭性密切相关。上述"读过这篇文章""已经读过这篇文章""知道张三已经读过这篇文章"和"说你知道张三已经读过这篇文章"等之所以不构成语障，正是因为它们在例（14）的具体环境中，无论在哪一级的向心层次中，都不是完整的块，而只是过渡性的核心语。至于"张三已经读过这篇文章""你知道张三已经读过这篇文章"虽是（宾语）块但不构成语障的情况，可处理成例外。借助于块这一直观的概念，我们就能较容易、较直截了当地把注意力置于那些明确的例外现象上。或者我们也可以把不构成语障的块看作特殊的"开放块"，以区别于常规的"封闭块"。

　　另外，一些复句格式的变化似乎也不遵守块的限制：

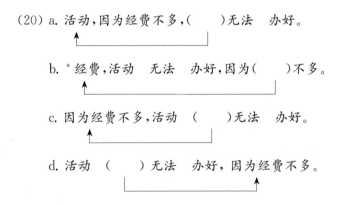

（20）a. 活动，因为经费不多，（　　）无法　办好。

　　　 b. *经费，活动　无法　办好，因为（　　）不多。

　　　 c. 因为经费不多，活动　（　　）无法　办好。

　　　 d. 活动　（　　）无法　办好，因为经费不多。

凭一般的直觉，一个复句如由两个分句组成，每个分句就是一大块，整个复句由两个直属下位块组成。这样的话，例（20a）的"活动"，就越过了它的直属上位块。不过这种移动只适用于主句，如例（20b）所示，对从句是不适用的；这里面有一种主句-分句间的不对称性（汤志真

1990：100—102）。

　　其实，只要把分句看作状语，整个复句看作由"因为经费不多、活动、无法、办好"四个直属块组成，这个问题就不存在了。通常划分从句和状语的标准是看它是个句子还是名词。按此标准，如果把上例的"因为经费不多"改为"因为他的干扰""因为他的馊主意"或"因为他"，那就该看作原因状语。可是，"因为……"在全句中的功能并不因为"因为"后的成分改变而改变[2]。如把"因为结构"看作类似于介词结构的状语，那么，"活动｜因为经费不多｜无法｜办好"倒是更深层的形式，而常用的"因为经费不多｜活动｜无法｜办好"恰恰是状语结构因庞大、复杂而外移的结果。把复句分成由分句组成的两大块，正如把句子分成主、谓两大块，是非常不充分的切分。

　　这种分析也表明，"块"的概念虽然有心理直觉的基础，但又是语法化、形式化了的心理现实，主要是深层的单位，同直觉的表层切分并不总是一致的。

6.4　移动的基本去向——外移和降落两端

　　无论是整块地移动，还是整块中一部分的移动，移动的方向基本都是直属上位块的两端。例（4）—例（5）和例（20d）是大块向后端移的情况；例（6）—例（10）和例（20c）都是大块向前端移的情况；例（11）—例（17）则为大块拆散（违反块的限制）再向前端移。下例为大块拆散再向后移的情况。

（21）我国 有（　　）这四种经济作物　产量占世界第一：油桐、漆树、

樟树和竹子。

（22）我闻（之）也，君子不以其所以养人者害人。

（23）I saw a man（　　）yesterday carrying a crying hungry child.

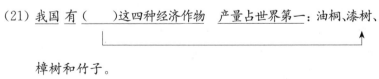

'昨天 我 看到 一个抱着个哭叫着的饥饿的孩子的男人。'

像例(21)那样可看作后移的情况在现代汉语中不多，而且都是口语句式。例(22)是个文言中的类似例子，可看作"君子不以其所以养人者害人"从宾语位置向后移出后再在原来的宾语位置补上一个代词"之"。文言中像例(22)那样的句式用得较多，而且似乎是书面风格的。比起英语来，汉语和日语等语言中朝后外移的情况少得多，条件严格得多。反过来，英语则很少使用汉语中"话题化"那种朝前外移的策略。这里面有一种互补的关系(Lu 1991)。

　　移到直属上位块的边缘的成分，还可以再移向更高一层的直属上位块的边缘，即移动可以连续进行。如下面例(24)—例(25)：

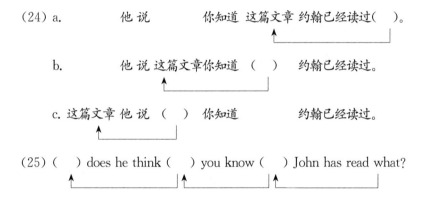

什么样的移动必须这样一个上位块一个上位块地移？什么样的移动能够"一个筋斗"直接蹦到最外端？这类关于移动的类型问题，也是转换语法所研究的一个重要内容。

　　跟这里的例(25)不同，前面的例(15)那个句子中，因为 what 本来可移入的位置已经被 that 占据了，只好认为是直接从原来位置一下子移到全句的边缘。把这种情况也考虑进去，可以总结说：成分通常移向直接上位块或最高上位块（全句）的边缘。

　　边缘两端是理想的着落点，这显然有认知心理的基础：

　　1. 两端有现成的空位供成分移入。或者也可以说，这样移动对原语序的挪动程度最少，使结构保持最大的稳定性。移到边缘，感觉上是其他成分都没挪动。而如果将移动的成分插入结构内部的另一个部分,那么在感觉上就是原来占据这部位的成分就也要挪动一下以腾出空间让给这移进者,而这一转让还可能导致其他成分一系列的挨个挪动,就像玩多米诺骨牌一样,所牵动的就不只是一个成分了。另一方面,两端显然也是最容易识别、定位的位置。

2. 由于没有前摄或后摄信息的干扰,出现于两端的词语也是线性序列上最容易处理的部位。被移动的成分,由于脱离了底层原有的结构环境,它的语义角色(θ-role)不能直接从其直接邻接成分推出,要追踪其角色就需付出更多注意力,因此适合置于最佳处理位置。

3. 此外,虽然大块外移的结果不一定是移向两端,但移向两端必然是外移,具体地说,移向两端是外移中的特殊情况——最充分的外移。而大块外移的原因,主要是可减少各从属语同核心的距离之和。

(26)
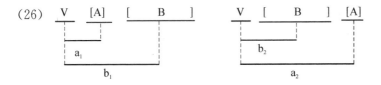

如上图,A 为较短的从属语,B 为较长的从属语。以从属语的中点到动词的距离为从属语同动词的距离。则($a_1 + b_1$)显然小于($a_2 + b_2$),即将短从属语置于接近动词的语序能减少动词和各从属语之间距离的总和。或者也可以说,将一个复杂的成分插入两个较简单的成分间,处理那个复杂成分对注意力的高需求,必然会干扰两个简单成分间的联系的建立。大块外移的另一个可能的原因是:一个成分本身越长、内容越丰富,则意义上的自足独立性也就越强,于是对核心的离心力也大,或者说核心对它的控制力、牵引力也越弱。

不难觉察到,大多数外移都是向前外移,即前移。前移容易而后移较难,这一现象也有认知心理的基础:前移的结果是移出成分先于其语迹出现,这显然便于听话者理解语迹的意义。相反,如果语迹先于其照应成分,若无相当严格的条件(见§9.3),就很不便于听话者对语迹的理解和对句子的处理。

在转换语法中,主要用语障去描写移动的可能性,以格授予的要求去描写移动的必要性(见§7.1.2),所根据的都是形式。而我们这里则强调从使用的角度去解释移动的必要性:或者是将重要的东西(如话题、焦点),或者是将复杂、累赘的成分全部或部分,移到更易处理、好识别的部位。如果移入的部位并非较易处理的更好位置,那么,这种移动似乎就有点没名堂,太过于无为而治了。前面所说的块和层的限制,则可说是从形式上说明移动的可能性;而块和层的形式本身又是有心理和语义基础的。

我们在前面说过轨层顺序取决于从属语同核心的语义关系。而外移的倾向则是由于处理线性序列的方便。我们把后者归入"运用(performance)"范畴或"处理(processing)"范畴的现象。同语义相比,运用是第二位的因素。这表现为在运用方面差别不明显的情况下,仍是应该服从由语义决定的轨层顺序。这可以从前面例(4)—例(10)的比较中看出。

6.5　自由变位和语序"链"的分化

6.5.1　主体链、辅助链

此外,也许是有某些可以看作短语外移,而移动的结果并非是上位块边缘(这同如何定义上位块有关)的情况。那么,我们也可以把它们看作外移中的另一类,它们必然同只能落到边缘的外移有一系列的不同,如例(27)中"详细地"在三个位置间的变迁:

(27)

一种可能的解释是:"详细地"的三个位置是各自独立生成的,相互间不存在转换的关系,是自由变体间的关系;三个句式的关系是平等的,犹如"同位音(allophone)"间的关系。这里面也确实看不大出转换的

动机,在实际使用频率方面也没有显著的差别能使我们把其中一个看作"标准"位置。不妨说"详细地"可以自由地"穿插"进三个位置。用转换语法的话来说,这三个位置都是在底层直接生成的。

下面是一些更为复杂的穿插情况。

（28）

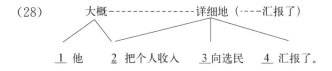

例(28)中,孤立地看,"大概"和"详细地"都可出现在空槽2。但由于"大概"和"详细地"之间的顺序是固定的,所以就不会有"他｜详细地｜大概｜把个人收入……"这样的序列。为了突显出"大概"和"详细地"之间的恒定关系,不妨将它们抽出来组成一个相对独立的"语序链"(陆丙甫 1982:25)。也就是说,例(28)中两个相对独立的语序链:"大概……详细地(……汇报了)"和"他……把个人收入……向选民……汇报了",这两个"链"各自内部成分的顺序是稳定不变的。由核心词和论元一类必要成分组成的链可称为"论元链"或"主体链";由核心词和非论元性修饰语组成的链可称"非论元链"或"辅助链"。上述例(28)中两个链互相穿插的结果可得到 6 个变体。

（29）

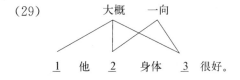

例(29)中,孤立地看,"大概"有三个位置,"一向"有两个位置,该有 8 个变体(有 2×3＝6 个,再加上两个成分都出现在空槽 2 或 3 时能因交换位置而增加的两种可能)。但由于"大概"和"一向"间有稳定的顺序关系,所以就排除了"他一向大概身体很好""他一向身体大概很好"和"他身体一向大概很好"三个格式,上述两个链互相穿插的结果有 5 个变体。由此可见,要全面地描写这些词的语序关系,必须既要讲清

"大概""一向"各自在主体链上的分布,又要讲清"大概""一向"之间的位置关系,所以将"大概"+"一向"作为一个相对独立的链抽出来描写是有必要的。

在名词短语中,也可相似地分化出两个链:

(30) 高名凯翻译的……巴尔扎克写的(……小说)
　　　1……那……2……两本……3……小说
(31) 流传了三千多年的……非常感动人的(……民间传说)
　　　1……这……2……几个……3……民间传说

可以把指别词、数量词看作主体链的成分,因为它们位置明确、意义稳定。例(30)中的"高名凯翻译的"和"巴尔扎克写的"在主链上各有三个可能的位置,按理说可有 12 个变体。不过,"高名凯翻译的"和"巴尔扎克写的"之间的顺序,如果分开的话是固定的;而在一起时作为并列结构构成的"一个"定语,则彼此可以交换位置。因此,例(30)实际上只能有 9 个变体。作为并列结构可以互相交换位置,作为两个彼此独立的定语顺序不能颠倒,就能解释为何不能说"*巴尔扎克写的那两本高名凯翻译的小说"但是可以说"那两本巴尔扎克写的、高名凯翻译的小说"。例(31)的情况也是如此。

存在于丰富的变化中的某些相对稳定的关系、模式,通常是有深刻意义的。链内成分的相对稳定表明,两个链彼此间有相对的独立自主性,各个链内部的成分间具有比不同链上的成分间更直接、密切的联系。这样,我们就可以把"详细地"在另一个链上的不同穿插位置,跟成分在本身所属链上的移动区分开来,至少这是两类本质不同的移动。不妨把前者称为"插入"或"镶嵌",其不同于一般移动的特点之一是不受降落两端的约束。

链和(轨)层的不同在于层的成分是一个个邻接的,而链的成分虽然可以是隔开的,但仍保持相对的固定顺序。链的限制显然也是语序变换中一个重要的制约因素。例(28)中两个链中都有核心词"汇报了",这也表明了核心突出的定位功能:<u>核心也是联系不同链的结合点</u>。

至于两个链之间在生成过程中的关系,看来是个极为复杂的问题。一种可能的解答是:主体链和辅助链,是在不同的深度先后生成的。以例(28)为例,在较深的层面,可能是先有由动词及其论元组成的主体链;而后在较浅的层面,才添加进各种非论元的从属语。这样,就不必在上述不同位置的"详细地"之间建立起移动的关系。换言之,从深层到表层,不仅有转换的过程,而且还有添加辅助链成分的过程。

但就例(29)中"大概"和"他"的关系来看,在"他大概……"和"大概他……"两种排列中,意义变化较大、较明显的是"他"而不是"大概"("大概"前的"他"有较大的话题性)。这意味着宜于将"大概"作为稳定的定位标准,而说"他"在两个不同的位置获得不同的意义。这就意味着"大概"应该先于"他"产生。另一种解释是,先有"他",然后如果前加了"大概",就使"他"增加了某种不定性,因此减少了话题性。从分析句型的方便出发,我们采取后一种立场。

链的分化还能为助动词(这里指表示情态的"可能、应该、必须、可以"等,表示意愿、能力的"愿意、能、懒得、乐得、敢、勇于、便于、容易、不好意思"等,应归入动词或形容词,见§8.2.2)的身份问题提供有益的启示。我们在§3说过,从语义上看,助动词应是句子中的核心,或者说是主要谓语;但从独立性看,助动词不像谓语核心。语法分析中对助动词的处理也许是分歧最大的问题之一(见§3.5)。有人(如吕叔湘1979:109—110)把助动词看作"高一级"的谓语,这样就绕开了把"助动词-动词短语"结构说成"状-动"结构或"动-宾"结构两不宜的困难处境。"高一级"的谓语,可理解成"浅一层"的谓语,浅一层也就是比较表层。这意味着可把助动词看作后来在较浅层次中再添加的成分,因此它同相关动词短语的关系不同于在底层产生的动宾关系,或"核心-从属语"关系。

事实上情态助动词的分布同"大概、幸亏、也许"一类所谓语气副词基本相同(见§8.2.2),其位置的稳定性表现在同辅助链成分的关系上,所以可看作辅助链上的成分。

6.5.2 动词前置成分的链分化

上一节的讨论显示了分化语序链有两个基本作用:1)将那些虽

然不一定相连,但彼此间确实存在某种稳定联系的成分抽象出来一起考察。2)寻找出某些成分作为定位标准,在此基础上再去描写其余的成分,这种描写符合认知心理。下面的例子进一步显示了这种分化作为一种描写工具的价值。

汉语的句子,复杂的部位在主要动词前。除了主语、话题,其余的成分传统上都当成状语处理。所以,各种状语之间的位置关系可说是汉语句法中的一个大问题。金立鑫(1988),钱乃荣等(1990:272—277)用分化语序链的办法把汉语状语的顺序规律总结如下:

(32) abcdefgh　S　bcdefgh　副词　befgh　M_1　efgh　M_2　fh　V
　　　　1　　　　2　　3　　　　4　　　5　　6　　　7　　8　　9　　10
　　　　　　　他　　　　　　已经　眉飞色舞地　详细地　　讲了　一遍。

其中,S:主语"他";副词:"已经"等(金立鑫原例中是"又",但"又"的用法另有一些复杂的情况,不够典型,这里改用"已经"为例);M_1:语义上修饰主语的形容词,如上例中"眉飞色舞地";M_2:语义上修饰动词的形容词,如上例中的"详细地";V:主要动词。它们构成了一个作为比较标准的参照系。小写字母表示位置相对不稳定的状语,分别为,a:关涉;b:目的;c:时间;d:语气;e:协同;f:空间;g:依据;h:对象。可分别以如下词语为例(取金立鑫原例):a:关于去澳大利亚的事,b:为了学外语,c:今天,d:果然,e:和女朋友一起,f:在家里,g:根据驻华大使馆说的,h:对客人们。金立鑫认为偶数位置的成分为定位成分,它们提供了1、3、5、7、9五个空位,而小写字母代表的不定位成分可根据各自的类型占据不同的空位。不定位成分的所谓"不定位",主要是相对参照系成分说的。

根据这个描写,我们可以看出,越前面的空位可出现的状语类越多。这个现象可用"成分只能外移而不能内移"(就动词的前置位置来说,也就是只能前移而不能后移)来解释:原来后置的成分能前移而原来前置的成分却不能后移,这样的结果自然是越前面的空位能接纳的成分越多。根据这个解释,可把例(32)中的规则分化成例(33)和例(34):

(33) a S cd 副词 b M₁ eg M₂ fh V
　　1　　2　　　3　　　4　　　　5

(34) a b c e d f g h

例(33)表示这些变位状语可以出现的最后一个位置,例(34)表示这些变位状语的相对顺序。这两条规则再加上一条"只能外移"的移动规则,就能推导出例(32)。把原来综合的描述分化成三个相对简单、单纯的描述,这样,各条分规则一起作用可描写复杂的现象,而每条分规则又可在其他的场合独自起作用。例如"只能外移"的移动律,显然有其独立的价值,而不是专为解释例(32)所设立的权宜的"特设性"假设。

作为一种描写方法,上述结论还能启发我们进一步的思考:为什么例(33)中由不同序位的成分组成的"异位链"[a-cd-b-eg-fh]和例(34)中由相同序位的成分组成的"同位链"[abcdefgh]不完全一致?无疑地,理想的结果应该是两者能一致。很可能两者中有一个还不够"纯",受到了另一些其他方面因素的干扰。如何将这隐藏的"第三者"因素分化出来、排除出去呢?这是我们可以在上述描写的基础上继续下去的工作。

6.6 特殊的移动:词块内移

以上所讨论的移动,都是"短语外移":移动的单位是短语,移动的方向是从内层到外层。当然,语言中确实也有另一种向着核心移动的"内移",那是同外移极不相同的移动。除了方向的不同外,所移动的单位也不同:外移的单位是短语,而内移的单位通常是单个的核心词(以及不单独成词的黏着语素),这就是转换语法所谓的"核心移动"(从属语中的核心向全局的核心移动),移动的结果是构成复合词,这种现象在印第安语那样的"多式综合语(incorporating languages 或 polysynthetic language)"中特别丰富(Baker 1988)。下面不妨举些汉语中的例子。

(35) 打败　敌人　（　）

(36) 打得　敌人 大败而逃/只恨爹娘少给自己生了两条腿似地
四处奔逃

就底层而言,例(35)和例(36)是一样的,也是"动·宾·补"VOC式,即"打|敌人|败"。例(35)表层变为 VCO,可以解释成宾语"敌人"向后外移,也可以解释成补语"败"向前内移。如解释成宾语外移,并不能直接解释为什么"打败"应看作一个复合词:既然"败"位置没动,它跟"打"的关系应同于一般的动补关系。如解释成补语内移,就能较好地直接解释"打败"成为一个复合词的原因:由于在"打"和"敌人"之间本来并不存在一个空位供"败"移入,"败"就只能同核心动词"打"挤在一起分享同一位置,结果就形成了一个复合词。这种"词块"移动,可看作"内小外大"作用的一个极端例子。由于"打败"处于核心词的位置,仍是词级单位,所以其中的补语"败"不能作短语级的无限扩展。而例(36)中的补语却可以作无限的扩展。

同样,"拿出来|一本书"和"拿出|一本书|来"也可看成是"拿|一本书|出来"中的"出来"或"出"移向核心动词的结果[3]。

由于例(35)的内移的单位限于词级单位,或者说,它本身是补语短语中的核心词,因此这类移动就可称为"词块移动"。(关于汉语复合动词分析成核心移动的详细讨论,见 Li, Yafei 1990)下面是另一些类型的词块内移。

(37) 放 在桌子上→放在　桌子上

例(37)中,语义上的和底层的切分应为"放|在桌子上",是介词结构作补语。到了表层,由于某些原因,介词结构中的核心介词移向核心动词的位置而构成了一个表层复合词。

(38) 买　本书→买本书

例(38)中,语义和底层的切分该为"买|本书"。如采取第三章第四节中把数量词看作"功能性核心"这一观点的话,则"本"作为宾语中的功能核心,在表层内移到核心动词的位置,所以"买本"在语音上自成一段,类似于复合词。

(39) a. 送　这些书　给他→
　　　b. 送　给他　这些书→
　　　c. 送给 他 这些书

例(39)中,底层形式是 a 式(见§7.1.2 中对例(5)的分析),首先是介词结构因为是有定的可前移而成 b 式,最后,介词因核心内移而同核心动词构成一个复合词"送给"[4]。

(40) 把　敌人　打得个　落花流水

例(40)中,同核心动词紧靠在一起的"得",是补语标记(标志着补语,可看作补语中的核心)靠到了全局核心上[5]。"个"可说是宾语标记靠到了全局核心上。两者都具有核心内移的性质。这样,整个句式的结构信息在核心上都得到了体现。

(41) a. [他 [去年 [[在实验室 [用电脑 [努力地 [干了]]]] 十个月]]]
　　　b. [他 [去年 [在实验室 [用电脑 [努力地 [[干了] 十个月]]]]]]
(42) 看 那只狗 一下→看 一下 那只狗→看看 那只狗

汉语的动量补语,不是动词论元,根据同核心语义关系密切的成分在语序上也应接近核心的原则,动量语应处于如例(41a)所示那样较外的层次,这一点也有跨语言比较材料的证据(见§4.4.1)。但在表层和语感上,我们倾向于把动量语理解成如例(41b)所示那样靠近核心动词的成分。由于充当动量语的数量结构是词级单位,所以这种现象可看作核心内移的结果。例(42)表明,这种移动最终还能使动量成分融合进动词而构成动词的一种形态变化。

　　§3.4中的例(4b),是从"he will write a novel"转换成"will he write a novel",可分析成"will"前移(不是"he"后移),由于"will"是个不能扩展的词级单位,是功能核心,这种转换也应看作核心移动。移动的方向,则是从IP的核心位置,移向CP的核心位置,由于IP可看作C的从属语,这种移动也可看作是I向以C为核心的内层移动。

　　关于词块内移的心理认知基础,也是个很有趣的问题。首先,无疑地,词块内移同大块外移一样能使大块或潜在的大块落实到边缘这一容易处理的位置。其次,在例(35)中"打败"这样的例子中,核心内移同一般的复合词的滋生一样,具有使句子结构紧凑,减少基本结构块数的功能。在例(37)—例(40)这样的核心内移,似乎体现出一种增加核心的结构信息以突出核心的倾向。又如英语中的动名词(gerund)短语,本来是把整个动词短语转成名词性的,名词化标记"-ing"从意义上是加在整个动词短语上的,而且它体现了整个短语的功能范畴,可看作功能核心;但在表层,"-ing"却直接附在动词上,实际上也是核心移动的结果,是功能核心移向词汇核心。这个过程中也同样表现出把重要结构信息集中于一个单一核心的倾向。具有丰富格变的语言,如整个名词短语作宾语,宾格格变形态按语义说是附在整个宾语上的,但往往首先落实在核心名词上(俄语中则连定语形容词也一起变),本质上也是同"-ing"一样的核心移动的结果,同样也显示出集中结构信息于核心的倾向。日语中的谓语动词往往很复杂,也可看作是核心内移的结果。在印第安语等多式综合语种中,宾格标记则不是靠到宾语核心上,而是更升一级地直接靠到了核心动词上(下例取自Baker 1988:125):

　　(43) neqi neri-vara

　　　　肉　吃-形态

　　　　(屈折形态-vara表示:单数第一人称主语、单数第三人称宾语)

　　　　'我吃肉。'

结果是核心动词上几乎体现了所有的句法信息；因此有这些语言中一个动词也就是一个句子的说法。多式综合语"incorporation"的原意有"收编、合并"的意思，可理解成将全句主要结构信息都收编进核心动词之义。多式综合语也有译成"编插语"的，那可理解成把全句主要结构信息编插进主要动词。被编插进核心动词的东西，都是从属语中某种角度的核心成分，有上面说的标记性成分，也可能是从属语中作为词汇核心的词根。

　　在这一章介绍了一些有关语序移动的基本原则后，让我们再进一步讨论汉语语法中一些具体的语序变化问题，首先是主语和话题问题。

附　注

　　[1] 移出区间条件的原话是：只有当区间 B 受真管辖时，短语 A 才能从区间 B 中移出。所谓管辖(government)是指结构树上一个节点下的直接下位节点间的关系，即"姐妹"关系。而"真管辖"是指两个姐妹节中的一方是作为核心的动词、名词、形容词和介词，此时核心词管辖从属语；或两个姐妹节之间有"相同下标(coindexed)"(所指相同)的照应关系，此时前面的节点管辖后面的节点。管辖是管辖制约理论中关键的概念之一，转换语法对此有大量的讨论。

　　[2] 可比较英语中的介词 before(以前)、since(自从)等。传统上根据它们的后置成分是零形式、名词短语还是小句而把它们一分为三：副词、介词和连接词。较新的处理是把它们都看作介词(见 §3.8.2 的相关讨论)。

　　[3] 除动补、动趋式复合动词外，"一锅饭够吃三个人"中的"够吃"也可看作是"一锅饭够三个人吃"中的"吃"移向主要动词"够"的结果。这个"够"如果是零形式，那就导致了"一锅饭吃三个人"这样的语法分析中的老大难句子。这类句子显然有"够、供"的语义特征，这样解释就使形式和意义获得了统一。古汉语中大量使用的"使动"式，可认为是底层隐含着一个"使"字，后面作补语的动词、形容词移向"使"所在的空位的结果，即"败敌"的底层是"使"为零形式的"使敌败"。黄正德(Huang 1991)还认为"他复他的古，我革我的新"底层是"他搞他的复古，我搞我的革新"，由于"搞"是零形式，宾语中的"复、革"就移进这个空位。这样的分析能够解释这类格式中形式和意义的矛盾："他的古"在表层虽然是个偏正结构，但是两个成分之间并不存在语义上的限制、修饰关系，其实那是由底层的"他的复古"

变来的。

　　［4］跟"送给、寄给、输送给、邮寄给、贡献给"结构相似的复合动词还有"解释说、声明说、争辩说"。它们共同的特点是后一个成分的意义已经包含在前一个成分中。

　　［5］把"V 得"处理成核心移动的结果，取自 Li，Yafei(1990)博士论文《核心位移(X⁰-movement)与生成句法的发展》。

7 转换和层面

7.1 转 换

7.1.1 传统的宏观转换

"转换"的方法在语法分析中使用广泛,但各派对它的使用和理解很不相同。中国语法学界最早强调转换的是吕叔湘先生,他在1942年出版的《中国文法要略》上卷的"词句论"中已有许多关于句式转换的讨论,其中§6中"句子和词组的转换"、§8中"句法的变化"就是专门讨论转换的,如指出带有表人的"词"的叙事句转换成以补词为核心的名词短语时,必须补上一个复指代词:"我送花给一个人→我送花给他的人""我向一位老人家问路→我向他问路的老人家"。§8中"外位"(相当于现在的"话题")一节(1982年重印版:120—124),细分出由"止词、补词、加语、端语"等八种来源的外位语,并指出了白话和文言在这方面的一些差别。

在国外,较早强调转换的是Chomsky的老师Harris,他的转换主要用于话语分析,描写同一核心句在不同语境下的语用变体,包括话题化这类变化。

国内后来系统运用的转换方法可以朱德熙(1980)为代表。他的转换主要用于分化同形歧义格式,同语义特征的分析结合密切,如:

(1) i. VNP$_1$给NP$_2$ ii. V给NP$_2$NP$_1$

       卖 一批图书 给学校   卖给 学校 一批图书

       送 一份情报 给敌人   送给 敌人 一份情报

       递 一支香烟 给张三   递给 张三 一支香烟

       扔 一个皮球 给小五   扔给 小五 一个皮球

(2) i. VNP$_1$ 给 NP$_2$　　　　ii. * V 给 NP$_2$NP$_1$

　　买 一批图书 给学校　　* 买给 学校 一批图书

　　偷 一份情报 给敌人　　* 偷给 敌人 一份情报

　　讨 一支香烟 给张三　　* 讨给 张三 一支香烟

　　要 一个皮球 给小五　　* 要给 小五 一个皮球

静态地看,例(1)和例(2)中的 i 式"VNP$_1$ 给 NP$_2$"是相同的,但例(1)可以转换成 ii 式"V 给 NP$_2$NP$_1$",而例(2)却不可以。这说明例(1)和例(2)中的"VNP$_1$ 给 NP$_2$"实际上是不同的。它们意义上的差别可说是例(1)中的 V 本身已有"给予"的语义特征,因此整个"VNP$_1$ 给 NP$_2$"表示的是一个动作;而例(2)中的 V 具有"取得"的语义特征,整个"VNP$_1$ 给 VNP$_2$"表示的是两个分离的动作。这种转换同语义分析有直接的联系,具有很大的实用价值。系统运用这种转换,可以极大地深化我们对格式的语义特征的理解。应该说这种转换现在还运用得很不够,还是大有潜力可发掘的。

　　在这种转换中,转换的基本单位是整个格式,例如在上例"VNP$_1$ 给 NP$_2$"和"V 给 NP$_2$NP$_1$"两式中,并没有强调是从哪个转到哪个,也没有指明从这个格式到那个格式,具体移动的是哪些个词语,以及移动的具体步骤。不妨说这是一种较为宏观的转换分析。这种分析中,所谓有转换关系的格式,也就是有同源对应关系的格式。为了同转换语法中的转换相区别,不妨称之为"对应关系"的分析。

　　上面例子中,如认为是 i 式转向 ii 式,那么,既然有一部分 i 式不能转成 ii 式,说明 i 式内部可分两类。如果认为是 ii 式转成 i 式,那么,就说明 i 式有两个来源:一部分来源于 ii 式,另一部分另有来源。所以,要决定转换的方向(如果确实是决定得了的话),以及转换的步骤等,就需要更广泛、系统、深入的分析,局限于上述材料是不够的,这就必然对整个分析提出了更高的要求。

7.1.2　转换语法中的微观转换

　　跟上述宏观的转换不同,转换语法中的转换,可说是一种尽量具体化的转换。转换的具体化,很重要的一点是体现于过程的分化,如:

（3）

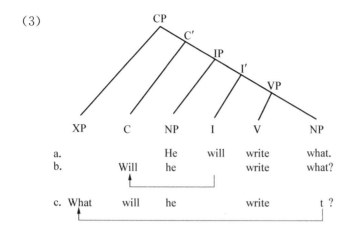

a.   He   will   write   what.

b.   Will   he   write   what?

c. What   will   he   write   t ?

从深层 a 到表层 c,实际上可分成 b 中的 will 前移和 c 中的 what 前移。这两个步骤的顺序如此安排,主要是因为转换通常是从局部的小范围移动到全局的大范围移动(徐烈炯 1988：228—232)。而在某些转换中,步骤不同会根本上影响到结果。分化后的每一个步骤,都有其独立存在的理由。如 b 中助动词"will"的向前外移,单独运用就可生成"Will he write a novel?"这样的一般疑问句(传统语法认为一般疑问句是由主语和助动词互相易位而成,这种说法太笼统,而且说两个成分都移动,也不如说只有助动词前移简易)。而 c 中的疑问词向前外移也可单独运用而产生像"(She asks me)what he will write?"这样的间接问句。将转换分解成若干具体的单项移动后,就可以尽量排除专为某种转换设立的"特设性"规律,而可以代之以若干普遍的基本移动。

转换的具体化,体现在下面三个方面：

1. 方向性。如果不同的格式间存在转换关系,那么必须明确是从哪个转为哪个。

2. 步骤性。必须指明具体移动的是哪些个词语,以及移动的具体步骤。

3. 层面性。转换语法假设转换的初始起点是"深层结构(deep structure,DS)",而且所强调的是从深层结构到"表层结构(surface structure,SS)"的转换,而不像宏观转换那样限于表层中使用的具体格式间的转换。

这些特点,我们在前面两章以及第三章第四节中已经有所讨论,下面再作些补充。

在转换语法中,转换的起始格式常常是同表层相去甚远的深层格式。如:

(4) a. *e*　were　defeated　the　enemy

b. the　enemy　were　defeated　　t

'敌人被打败了。'

a 是底层形式:被动式的动词后也有一个底层宾语,前面则有一个空缺的主语位置。宾语是受事,主语是施事,底层这两个论元齐备,才符合"投影原则(projection principle)"。

投影原则的目的是把词汇、语义和句法结合起来,其大意是:词项的性质投射到句法的所有层面(Chomsky 1986:84)。根据这个原则,defeat 这个词隐含着一个施事,一个受事;这是这个词的基本语义性质。既然这个性质要在各个层面反映出来,所以要在底层的 defeat 的被动形式前加上一个"空语类"(empty category,EC,通常写作斜体的 *e*)表示施事,而在动词后面放一个受事。底层的受事通过转换移到 *e* 的位置,而在原来的位置留下一个"语迹(trace,t)"。底层的 *e* 空位提供了一个容纳移入成分的降落点,即转换通常不能创造新的位置,只能利用潜在的位置,移出成分的位置又要留下一个踪迹。总之,整个转换过程中由各种"位置"组成的原有结构并没有根本的改变,只是具体词语的位置有所变化而已。这就是我们在 §3.4 已介绍过的结构维持原则。

转换语法是个高度强调形式的学派,因此,关于转换的原因和限制,它也都是尽量从形式上去提供解释。转换语法主要用"格理论(case theory)"和"论元理论(θ-theory,θ 代表论元角色)"解释移动的原因。格的授予是表层的形式要求,格理论认为所有表层的名词短语都要有格(指抽象格,不一定有语音形式的形态),而论元角色的授予是在底层实现的。因此,在底层位置获得论元角色的名词短语如没有格,就必须移动到能获得格的表层位置。这样,就通过移动转换把底层和表层联系起来了。例如在前面的例(4)中,由于英语的被动式动词不具备格指派的能力[1],底层例(4a)的 enemy 只获得受事的论元角色而不带格,所以在表层例(4b)中必须移到能获得主格的主语位置。

我们可以看到,把转换过程尽量具体化的结果,是向我们提出了大量宏观转换所考虑不到的问题:一个转换到底应该分成多少步移动? 它们间的关系和顺序是怎样的? 可以把所有的移动分成哪些基本类型? 每一类移动的驱动原因是什么? 各类移动又各受到什么样的限制? 等等。这样,转换语法就为句法研究开拓了一个极其宽阔的新天地,引起了对传统语法中的老大难问题感到厌倦的人的兴趣,在很短的时间内就成为当代句法研究中的主流派。

当然,新理论所提出的新问题,其中一部分可能就是无解的,因为新理论本身总包含了某些未经证实的假设性大前提。例如,由于底层结构同表层具体结构相去甚远,深层结构是否真的存在,或深层结构是否具有客观的心理基础,曾是个很有争论的问题。但至少从方法论的角度看,深层结构实在是个很有启发性、建设性的方法,其价值类似于音系学中的抽象的"同位音(allophone)"或历史比较法中的"原始母语"的构拟。众所周知,具体构拟古音值的音韵研究,给传统上限于分类研究的音韵学带来了革命性的变化。

也没有理由肯定语句的生成真的是从深层形式一步步地转换成表层形式,没有理由认定移动真是可用前移、后移来表达的一维空间运动。从直觉上说,语句的生成过程似乎是一种从朦胧、混沌状态到明确的用词语表达的语句:先有一个大致的意思,然后一个成分一个成分地落实为具体的词语。但对这种过程目前很难作具体的描写。这正如一个熟练的棋手下棋时可以一瞬间想到几十步后,而这种跨越式的思维方式,也很难用一步步的形式表达出来。但像转换语法中的转换那样一步步地分析,似乎是我们目前唯一可取的、分析句式变化的具体化方法,正如目前我们要用电脑模拟下棋,只能采用事先编好程序的严格的一步步的形式,尽管我们都知道电脑下棋同人下棋的创造性思维本质上大相径庭。又如人脑思维的过程中有相当一部分根本不是用语言进行的,因而也本质上无法用语言去表达、描述,但语言却是我们目前可用的最主要的描述思维的工具。在立体电影和全息摄影技术出现前,我们只好采用平面两维的图画、影片描写我们的视觉感受。我们对微观物质结构的描写,也只能借助于我们在常观世界中所获得的三维空间和运动等概念,因为这些是我们唯一可用、可理解的工具。

　　具体化的结果就是暴露或产生具体的问题。例如,我们在§1.1.3中讨论过的"客人来了"和"来了客人",仅说两个格式间有转换关系,所以"客人"和"来了"间的认知关系是一致的,那就没有什么问题。但如果要问具体如何转换,那就会"节外生枝"地引起许多问题[2]:如同我们已经讨论过的那样,可以承认所移动的是"客人",但它到底是从"客人来了"中经"后移"而成"来了客人",还是倒过来看成是一种"前移"的过程? 有一点很清楚,这里的"客人"可无限扩展,显然是个短语。由于如同我们在上一章所说的那样短语移动通常是外移或前移,而"来了客人"的结合紧密度显然超过"客人来了",如果承认较紧的结构总处于较内层的话,那么我们倾向于说整个过程是"客人"从"来了客人"中向前外移而产生"客人来了"。这就意味着"来了客人"是同底层的"基架(base)"同形的,或至少是较接近基架的格式。但如根据直觉,由于动作者前置于动词是常见的典型格式,一般倾向于认为是由典型的"客人来了"转为"来了客人"这一变式(如金立鑫1991:6)。两种说法究竟哪一种更好? 看来还有待于更深入的分析,联系更多的现象才能作出抉择。由此可见转换的具体化确能提出新的问题,启发进一步的思考。

7.1.3　一个实例分析:无定短语的后移

　　如在例(1)中,要把 i 式"VNP₁给 NP₂"、ii 式"V 给 NP₂ NP₁"间的关系具体化,首先就可能问究竟是哪个转换成哪个? 从语义上看,直接宾语似乎应比间接宾语离主要动词更近一些,能够反映这一点的是 i 式"VNP₁给 NP₂"(这里的"给"应看作介词)。从这点出发,不妨说 i 式是更接近深层的格式,ii 式从 i 式转换来。接下去的问题是如何转的:是"给

NP₂"前移呢还是 NP₁ 后移? 抑或是两者同时移动变换位置? 此外,移动的趋动因素是什么? 看来这种移动跟名词的有定、无定有关,如:

(5) i. V　NP₁ 给 NP₂

　　　a. 卖 一批图书 给几个学校

　　　b. 卖 一批图书 给这个学校

　　　c. 卖 这批图书 给几个学校

　　　d. 卖 这批图书 给那个学校

　　ii. V 给 NP₂ NP₁

　　　a.? 卖给 几个学校 一批图书

　　　b. 卖给 这个学校 一批图书

　　　c. * 卖给 几个学校 这批图书

　　　d. ?? 卖给 那个学校 这批图书

　　iii. 把 NP₁ V 给 NP₂

　　　a. 把一批图书 卖给 几个学校

　　　b. 把一批图书 卖给 这个学校

　　　c. 把这批图书 卖给 几个学校

　　　d. 把这批图书 卖给 那个学校

根据句中两个名词的有定、无定,可得到四种变式。例(5i)式在四种情况下都适用,而例(5ii)式不是如此,这也从另一角度证明了例(5i)式是基本式。在这两例的 b 句中,例(5ii)式比例(5i)式更通顺,这反映了将有定名词置于无定名词之前的语用倾向是驱动这种转换的一个因素。例(5ii)式的 c 句因为完全违背这个倾向,所以这种转换因完全没有必要而不允许。而例(5ii)式的 a 句和 d 句中两个名词都是有定或无定,转换动机不明,因此就略显别扭。像例(5iii)式那样跨越核心动词的"把"字句移动,虽然通常认为一个主要的驱动原因是直接宾语的有定性,其实同有定性的关系远不如例(5ii)式那样的移动密切,因为例(5i)式都能转成"把"字句[3]。

　　可以进一步把上面这个对四个子表格的解释,分化成两个相对简单独立的陈述:

1. 跟核心动词的语义联系的疏近决定了底层的语序。底层语序通常也就是"强势语序","无标记(unmarked)"语序,或"无条件(default,指无其他条件另作规定就自动采取的)"语序。违反优势语序的是需要额外条件去驱动的"有条件"语序(当然有无条件相对而言,"有条件"严格地说,是"多条件"),或"弱势语序"。

2. 这里,驱动采取例(5ii)式(V 给 NP₂ NP₁)的额外条件是将有定名词置于无定名词之前的语用倾向[4]。

另一个具体化的重要问题是,从例(5i)式至例(5ii)式,如果排除两个名词一起移动而交换位置这一说法,那么,到底是 NP₁ 后移? 还是 NP₂ 前移? 即究竟是无定短语后移? 还是有定短语前移? 我们这里暂时采用无定短语后移的说法,理由有两点:1. 因为两个成分都在核心动词的后面,这里无定短语后移同外移的总倾向一致;2. 直接体现有定短语前移的例(5ii)式中的 d 句比直接体现无定短语后移的例(5ii)式中的 a 句更不通顺,也表明了在这里可优先考虑无定短语后移的说法。

尽管将转换语法中的转换分析系统地、全面地运用于汉语,困难不少。但转换语法的一些基本思路,对于我们更细致、更深入地思考问题,是很有启发的。例如,只要承认语句的生成是动态的过程,那么进一步的方便假设就是:在这个过程中,那些对于语句结构必不可少的主要成分在较深的层面先出现,然后才在较浅的层面添加上各种附丽于基架成分的次要成分。下面我们应用这个假设,对汉语语法中的主语、话题、句型问题,作一些分析。

7.2　主　语　问　题

7.2.1　外层主语

关于主语的形式特征,可算是汉语中的一个老大难问题。这个问题首先牵涉到主语同宾语等其他成分的关系问题。关于这一点,吕叔湘(1979:70—74)有过很好的说明:

　　主语和宾语的位置不在一个平面上,也可以说是不在一根轴上,自然不能成为对立的东西。主语和宾语既然不相对立,也就不相排斥。一个名词可以在入句之前做动词的宾语,入句之后成为句子的主语,可是它和动词之间原有的语义关系并不因此而消失……似乎不妨说,主语只是动词的几个宾语之中提出来放在话题位置上的一个。好比一个委员会里几个委员各有职务,开会的时候可以轮流当主席,不过当主席的次数有人多有人少,有人老轮不上罢了。可以说,凡是动词谓语句里的主语都具有这样的两重性。

这段话已经包含了主语是由"入句"前的底层成分转换成"入句"后的较表层成分的意思。进一步的问题是入句前的主语到底在哪里?或者说主语产生之前的深层格式到底是怎么样的?这样尽量具体地追究本源是转换语法的一个特点。

陆俭明(1987)曾指出通常使用的主语定义其实只适用于话题,认为汉语中最难区分的句子成分是主语和状语。同主语难分的主要是由体词充当的时间语、处所语,它们同主语在分布上非常接近:

外层成分	界标成分	里层成分
(主语 时间语 处所语)		
(6)他 去年 在学报上	已经	连续 发表了 几篇文章。
(7)他 去年 学报上	那	几篇 连续发表的 文章。
(8)他 去年 学报上	所	连续发表的 文章。

在例(6)中,主语、时间语必须前置于"已经",处所语"在学报上"可以前置于"已经",而方式状语"连续"却必须后置于"已经"。如果以是否必须后置于"已经"为标准划条线的话,那么可以把主语和时间词、处所词划在一块。这表明至少时间语、处所语同主语的相同之处超过了同一般描写性、工具性状语的相同之处。这种观点可进一步得到例(7)的支持:同其他定语形成鲜明对比的是,主语、时间语和处所语在名词短语中的常规位置是在指别词"这、那"和数量词的前面,而不是后面,并且不像一般定语那样必须带"的"。总之,主语、时间语、处所语同一般的状语、定语是明显对立的。并且如例(8)所示,他们在"所"

字结构中的位置也同一般状语,如"连续",完全不同。通常认为结构助词"所"的位置是在主语和谓语之间,这也说明时间语、处所语的性质类似主语。许多学者认为,汉语的这三个成分并无实质性区别(俞敏 1957,Chao 1968)。

其实区别还是有一些的。例如,处所语也常常出现在里层的位置:

(9) 他　去年　已经　　在学报上　连续　发表了　几篇文章
(10) 他　去年　　那　几篇　学报上的　文章

如果不是以是否必须后置于"已经"和数量词划界,而是以是否必须前置于"已经"和数量词划界,则处所语又应该同一般状语和定语划作一类。

更重要的是,主语只能前置于"会、可以、愿意、能够、开始"等动词,而时间语、处所语却能后置于这些动词:

(11) 能够/愿意/开始/喜欢　(* 他)早上 在 家里 看 电视

上例表明,这些动词后只能带一个不含主语的动词短语作后置成分。或者说,此处的主语只能是动词短语之外的成分,而时间词、处所词可以是动词短语之内的成分。

§3.5 说过句子的核心是动词,即句子可看作是其中主要动词扩展的结果。从这个角度来说,句子也是种广义的动词短语。我们可把不带主语(及全句语气性成分)的动词短语看作基础动词短语,而把句子看作"扩充的动词短语"。主语和语气成分是在基础动词短语上扩充出去的"外层成分"。在我们以下的讨论中,若不专门说明,"动词短语"一词仅指基础动词短语(关于动词短语的明确范围,见§8.2 和§8.3 中的相关讨论)。

从语义上看,主语是论元中的一个,而时间语、处所语通常不是论元;并且我们假设,主语既然是动词的论元,根据"语义靠近原理",表层中前置于时间语、处所语的主语是由深层中靠近动词的某个论元经过向前外移而成的。转换语法近年来所强调的"内部主语假设"（Huang 1993），为主语是动词短语内论元成分移动后的产物这一说法提供了详细的论证。在§4.4 所讨论过的下面这个反映跨语言语序共性的轨层顺序中，如下图所示，第 6 个序列中最靠近核心动词的主语，也许正反映了它的底层位置，具有这样语序的语言有马来亚—波利尼西亚语系的萨摩亚语、汤加语，闪语系的古阿拉伯语，克尔特语族中的威尔士语，印第安语中的契奴克语等，约占世界语言的 5%～10%。

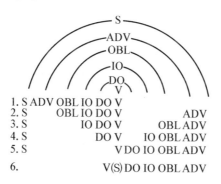

主语是论元中的一位，那么，它同其他的论元的差别是什么？按吕叔湘的譬喻，是"委员会中兼任主席的一位"，这位"主席"的功能基础是什么呢？关键的问题是它同话题如何区分。是否可以说，主语是常务主席，而话题是某些场合的临时执行主席或会议临时主持人。临时执行主席通常由常务主席兼任，如不是常务主席，多数情况下也是委员会成员（论元），但也可以是委员会之外的人担任。常务主席的确定主要根据成员的能力、资格这些内在稳定因素，临时主持人的确定则还要更多地考虑会议所要讨论的具体任务等外部临时性因素，有较大的"因地制宜"的场景性。

从语法的结构功能来看，既然主语是深层中的靠近动词核心的某个内层成分外移的结果，那么，可说它具有加强内、外层结构联系的桥梁作用。在较表层的结构上，主语是外层成分，但在直接同语义联系的深层结构中，主语又是跟核心动词密切联系的内层成分。正是这种双重性，大大加强和密切了内、外层的榫合。好比说从某一团体的成员中选任一名主席，比起从外部委任一名主席进去，前一种主席因同此团体有天然联系,外界通过他同该团体联系也就方便、容易得多。

前面我们说过,如例(9)所示,主语不同于时间语、处所语的地方,是前者在表层结构中不可能是动词短语内部的成分,而后者可能是。既然时间语、处所语既可以是内层成分,又可以是外层成分,能否通过它们使内、外层间建立起通过主语所建立的那种密切联系呢? 这是不一样的。1. 主语来自必然性的论元成分,同内层有更密切的天然联系。2. 外层的时间语、处所语同内层的时间语可以同时出现,但意义不同,如"我|这个星期|已经|早上|没有|课"中(见§8.2.1),内层的时间语"早上"有"每天早上"的意思,强调时间作为一种"方式"的一面;而外层的时间语"这个星期"是强调时间作为背景的一面。可见内、外层的时间语、处所语,彼此间是独立的,并不存在像主语那样的移动转换情况。

7.2.2　里层主语

除上面所说的外层主语外,汉语中还有一些离动词较近的主语,如:

外层成分	标界成分 (时态词)	里层成分 (小主语　谓语基架)	
(12) 他 去年 的确	一直	身体	很好。
(13) 他 从前	一向	头脑	很清楚。
(14) 他	已经	思路	不清楚了。
(15) 他	曾经	两只眼睛	都瞎掉过。

位于时态副词"一向""一直""已经""曾经"后的"身体""头脑""思路""两只眼睛",通常被认为也是一种主语,称为"小主语"。从它们较一般主语处于更内层而言,我们也不妨称它们为"里层主语"。

不过,里层小主语也可以外移到外层位置。例(12)—例(15)中的小主语都可移到时态词前,甚至时间词前,如:

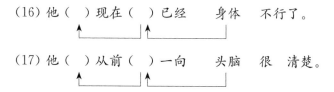

(16) 他（　）现在（　）已经　　身体　不行了。

(17) 他（　）从前（　）一向　　头脑　很　清楚。

另外,小主语也同处所语一样,往往比前面的主语更可以省略并且有较大的状语性,这可以从例(12)—例(14)中的小主语可后加方位词"上、方面、里"等这一点上看出。

在上述处所语和小主语可同"已经"类时态副词交换位置的情况中,如果不是穿插的不同,而是移动的结果,那么,所移动的是小主语呢还是时态副词? 考虑到时态副词的意义更稳定,也许说小主语在移动更可取。小主语的可移性,跟下面例子中的所谓"存现动词"的"后置主语"向前外移是相似的。

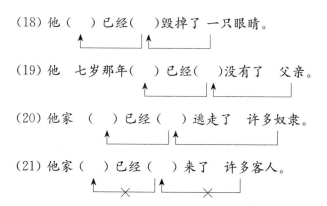

(18) 他（　）已经（　）毁掉了 一只眼睛。

(19) 他　七岁那年（　）已经（　）没有了　父亲。

(20) 他家　（　）已经（　）逃走了 许多奴隶。

(21) 他家（　）已经（　）来了 许多客人。

根据§6.4讨论过的从内层到外层的"外移"倾向和"前移"优势,不妨说,上面例中的"一只眼睛""父亲"等都是从后置于动词的位置逐步在向前外移。Zhou(1990)也从另外的角度详细论证了这里发生的是前移。成分后移的情况虽然在汉语中也有,但如同我们在§6中指出的,那必须是外移,而"一只眼睛"等从动词前移到动词后显然是一种由外层到内层的"内移"。此外,现代汉语中,后移都是类似于口语中"易位句"一类,是最表层的现象;而"一只眼睛"等因不同位置造成的变式,应是较深层面的较稳定的句型变式现象,属"句式变换层"移动(见§7.5中相关的讨论)。

比较例(18)和例(19),可看出这种移动似乎跟所移名词的有定无定关系不大,例(18)和例(19)中的"一只眼睛"和"父亲"分别是无定和有定的,但都可以前移。比较例(20)和例(21),可看出这种移动跟所移名词的"可知度"密切相关:例(21)中的"客人"是家庭中偶然的临时成员,而例(20)中"奴隶"则是较为固定的(当然是不平等的)家庭组成部分,有较大的已知度,或者说同大主语的相关度较大。能够出现在位置2的成分,通常都同大主语有稳定的领有关系。如人的"眼睛"是身体的一部分,"他"和他的"父亲"是直系亲属关系,奴隶主家庭拥有"奴隶",等等,而主、客之间没有这种稳定关系。

文炼(1991:88)也曾指出过一个这种转换同"可知度"这类语义密切相关的例子:之所以"客来了"和"来客了"都能说,而"客走了"不能转成"走客了",是因为客人既然来了就不能是不定指的。不过,"走了许多客人"是可以说的,"许多客人"里的不定因素并不是"客人"本身,而是客人的数量。例(21)中无定的"许多客人"如果改为中性的"客人",是可以移到位置1而说成"他家客人已经来了"的,但移到位置2说成"他家已经客人来了"仍很别扭。这些现象都显示,汉语中成分移位的主要驱动力是语义和语用因素,而不是纯结构形式的因素。可以说,结构形式提供了移位的可能性、可能方式,而语义、语用则提供了移位的必要性。

7.3　话题问题

7.3.1　主语和话题的区分

例(11)—例(19)这样的句式,一种流行的看法是前面的大主语是话题,而小主语是真正的主语。张斌、胡裕树(1989:60)在反对无限制地扩大"主谓谓语句"的同时,从主语的形式和语义特点出发,认为可有条件地保留传统的"主谓谓语句",不必把大主语都看作话题。他们所举的典型的主谓谓语句是:

（22）他　工作　积极。

（23）弟弟　性格　刚强。

其中的小主语都可省略而不影响基本语义，也就是说，其中的大主语的确在语义上可同谓语中心直接挂上钩，属论元一类成分。并且，话题是比主语更外层的成分（张斌、胡裕树 1986：54—62），而上述大主语的前面还可有外层成分，如"刚来的时候，他工作积极""兄弟两个，弟弟性格刚强"，所以它们本身仍是相对内层的成分，宜看作主语而不是话题。

　　我们前面说过小主语有类似于处所语的分布表现，这意味着它们多少有点状语功能，这也是不宜把以上大主语看作话题的原因。上面两句的小主语后都可加"方面"，状语性也是很明显的。

　　小主语若再进一步前移到大主语前，性质就发生了很大的变化：

（24）身体，他　一向　很好。

（25）眼睛，他　已经　瞎掉了。

同一般的句首主语很不同，上例中句首的"身体""眼睛"前面不能再有语气性的"大概、的确、幸亏、说不定、可能、是"等"情态词"。其次，这里的"身体""眼睛"，必须是有定或泛指的。一般的主语，虽然倾向于有定或泛指的，但并不排除无定的可能（范继淹 1985）。

　　主语、话题的区分一直是个困难问题。赵元任（Chao 1968）把话题以及动词前的所有体词性成分都看作主语，分别称为第一主语、第二主语……。这可以说是"泛主语论"。这种处理法，简单是简单了，然而无助于我们进一步深入分析句子结构。正如吕叔湘（1979：82）指出的，"这事儿我现在脑子里一点印象也没有了"，如果说"这事儿""我""现在""脑子里""一点印象"，挨个作主语的话，"会不会把一些有用的分别弄模糊了？"另一方面，也有一种把话题扩大化的倾向（如曹逢甫 1990），可说是"泛话题论"，其实质同泛主语论是一样的。

　　不过主语、话题实质性区分确实不易讲清。在没有专职话题的句子中，大部分主语都兼有话题性的语用功能。因此在即使主张明确区分主语、话题的理论中,往往仍承认有主语兼话题的情况(如 Li and Thompson 1989：85—100)。不过这种话题性不是固定的,而是因语境而变。如"他来了",如果前文已提过"他","他"就有话题性;如果是回答"谁来了?",那"他"就成了新信息,不再是话题了。我们要区分"话题"和"话题性"这两个概念。话题当然有话题性,但有话题性的成分未必一定是话题。我们只把那些"专职的话题性成分"看作是话题。所谓专职性的话题,具有如下三个性质,其中第二个是专职性的具体表现。

　　1. 有定的或泛指的。

　　2. 在评述部分没有一个唯一、确切的底层位置(即获得语义解释的位置)。这里有两种情况：或者是在评论部分根本无底层位置,如例(26)—例(27);或者在评论部分有多重语义位置,如例(28)—例(30)：

　　(26) 婚姻的事情,年轻人应该自己拿主意。

　　(27) 水果,我最喜欢香蕉。

　　(28) 婆媳两人,儿媳一心想着婆婆,婆婆也整日夸着儿媳。

　　(29) 这个人,别人不问就不开口。

　　(30) 这个孩子,你越夸奖越骄傲。

　　如在评论部分有明确底层位置,则在底层位置必须(如例(31)—例(32))或可以(如例(33)—例(34)) 有相照应的非空语类同标成分(用相同的下标字母表示)：

　　(31) 猴子$_i$,我们　都 知道 *(它们$_i$)捞月亮的故事。

　　(32) 好讲这种空洞理论的人$_i$,应该　伸出一个指头*(向他$_i$)刮脸皮。

　　(33) 这本书$_i$,我已经　看完了 (它$_i$)。

　　(34) 这本书$_i$,看过(它$_i$)的人　不多。

下面例(35)—例(36)中的"这本书"和"什么书"在评论部分补不上非

空语类同标成分,所以就不是话题。事实上,它们分别表示"对比"和"周遍"的意义。从语法上看,可认为它们仍是宾语。

(35) 我这本书ᵢ 已经 看完了(*它ᵢ)。
(36) 什么书ᵢ, 他 都 看过了(*它ᵢ)。

3. 必须是最外层的"外围成分"。为了说明什么是外围成分,应把它同主语所在的外层作一比较。在§6.5 中所说的链的分化的基础上,我们可根据附加链中的成分去划分主体链上的序位。

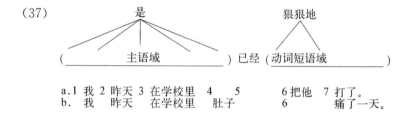

(37)

a.1 我 2 昨天 3 在学校里 4　　5　　6 把他 7 打了。
b.　我　昨天　在学校里　肚子　　6　　　　痛了一天。

由于主语和时间语、处所语在分布上的大同小异,我们把它们出现的区域统称为"主语域"。例(37)中标记强调焦点的"是"可出现于主语域的五个位置,而方式状语"狠狠地"只能出现在动词短语中的 6、7 两个位置。出现在"已经"类时态副词后的小主语或处所语,可看作谓语内部的状语化主语。像"是"一样能出现在话题域各个位置的成分还有"可能、大概、应该、最好、幸亏"等语气、情态性成分。

例(37a)中的"昨天"如果出现在"我"前,就很难再受"是"的修饰表示强调,这从下面的比较中可以看出[5]:

(38) a. 是我　昨天　在学校里　　把他　狠狠地　打了。
　　 b. 我　是昨天　在学校里　　把他　狠狠地　打了。
　　 c. 我　昨天　是在学校里　　把他　狠狠地　打了。
　　 d. 我　昨天　在学校里　是 把他　狠狠地　打了。
(39) a. ??是昨天　我　在学校里　把他　狠狠地　打了。
　　 b. 　昨天　是我　在学校里　把他　狠狠地　打了。

c. 昨天	我	是在学校里	把他	狠狠地	打了。
d. 昨天	我	在学校里	是	把他	狠狠地	打了。

例(39)中的"昨天"前置于主语,并且因此很难受情态助动词"是、可能"或情态副词"大概"的修饰。一般认为话题不能受"是"的强调(陆俭明 1987),因此可把例(37a)位置 1,即主语前的位置看作"话题域"位置。能够出现在话题域的成分,并不限于话题,还包括一些提示成分、独立成分、呼语等:

(40) 这场大火/看起来/说实在的/据说/哈哈,因为消防队来得早,所以损失不大。

例(40)中的"这场大火/看起来/说实在的/据说/哈哈"这些成分,都属最外层的成分,虽然其中只有"这场大火"是话题。但所有这些成分,语法上都有一个共同点:它们对于句子的语法合格性,都没有影响。这说明它们是某种外加的成分,因此跟句子内在的语法结构联系相当松。

上述判断话题的三项标准中,每一个都是必要(但不充分)的条件,三个必要条件加起来构成一个充分条件。如例(24)"身体,他一向很好"中的"身体",是泛指的并是最外层的成分,符合条件 1 和 3;此外,还符合条件 2,可在后面补上个同标成分变成"身体$_i$,他这方面$_i$一向很好",所以才算得上真正的话题。

如前面讨论过的典型的主谓谓语句,其中的大主语也未尝不能像例(41b)那样在后面添上一个同标成分,所以大主语似也有处理成话题的理由。

(41) a. 弟弟　性格　刚强。
　　 b. 弟弟$_i$, 他$_i$(的) 性格　刚强。

例(41b)的"弟弟",当然只好分析成以"他(的)性格刚强"为评论部分的话题,但不必据此说例(41a)中的"弟弟"也是话题。事实上两句中的"弟弟"不同,例(41a)中的"弟弟"可后置于情态成分"大概、幸亏"等

（"幸亏弟弟性格刚强"），所以实际上不是最外层的成分，不符合条件1。另外，它可以回答"谁性格刚强?"，而后者很难这样，所以只有后者才是专职的话题。

因此，主语、话题两可的成分，优先分析为主语，话题是它的兼职。也就是说，尽管汉语是所谓"话题突出（topic-prominent）"的语言，但我们仍认为主语是比话题更基本、更稳定和更不可省略的成分。这样处理既同我们关于内层成分先于外层成分的基本取向一致，也便于整理、归纳句型（见§8）。

7.3.2 话题的来源

现在我们来看看话题的来源问题。由于例（26）—例（30）中的话题，显然不宜看作是移动产生的，因为我们无法替它们落实一个移动前的位置（Teng, S-H 1974；Xu, L-J 1985, 1986）。

在可看作移动产生的话题结构中，有例（31）—例（32）和例（33）—例（34）两种情况。可能的解释是：例（31）中原来在内层的"猴子"外移到句首后，在原来的位置上<u>必须补上</u>个同标的代词。例（33）—例（34）中原来在内层的"这本书"外移到句首后，在原来的位置上<u>可以</u>补上个同标的代词。

在转换语法中，一般认为例（31）—例（32）这样的"左移脱位"（left-dislocation）结构（Ross 1967），其中在评论部分有同标成分的话题不是通过移动，而是由底层直接生成的，因为这类"移动"是不受孤岛条件限制的，跟典型的移动：疑问词移动、主语提升移动等大不相同。例（31）的移动也直接违反块的限制。

依此分析，例（33）—例（34）中如果出现同标成分"它"，话题就是底层直接生成的；如果"它"不出现，话题就是从宾语位置移动来的。这样将这类句式加以割裂似乎并不必要。正如徐烈炯等（Xu&Langendoen 1985：27）指出的，"很明显，至少某些话题结构不是移动产生的……至于其他的话题结构，分析成移动而成未尝不可，但并无实际的意义。"事实上，所有没有同标成分的话题句，只要意念上在后面隐含了一个同标成分，即后面有个同标空语类位置的话题，都可以把空语类换上个代词或简短的指别性名词"这个人"等。这意

味着所有由移动产生的话题句,都有一个由底层直接生成的对应形
式,那就不如将这两套句子合而为一。说每个这类句子都有两个形
式,好比所有的毛毛虫都能变为蛾蝶,那就没必要说毛毛虫和蛾蝶是
两类昆虫,而不如说昆虫有两种存在形式。方便的处理当然是把两种
格式中的话题都看作是直接生成的,区别在于其中一种格式还省略了
后边的同标成分,或者说同标成分是<u>空语类</u>。

其次,如果要把例(26)—例(33)中不是移动而成的话题和
例(33)—例(34)中可以看作移动而成的话题统一处理的话,也是应
该说例(33)—例(34)中的话题也是直接生成的,不过它们正好跟某
个内层成分同标,于是同标成分异化为代词或指别性名词,并且,如
果这个同标成分的位置符合一定的条件,还可以进一步省略成空
语类。

例(33)—例(34)的话题不宜处理成移动结果的第三个理由,是后
面所谓"移出后腾出来"的空位,实际上完全可"填入"所指不同于话题
的成分:

(42) 这本书,我　已经　看完了　(第六章)
(43) 这本书,看完(第六章)的人　不多

这样的话,§6.3 的例(11)—例(14)和例(16)中所谓违反板块限
制的移动,也都可处理成话题的直接生成,跟话题同标的成分是空语
类。可见在汉语中,真正违反板块限制的移动恐怕是很少很少的。这
样处理的结果,虽然可极大地简化对移动的描写和解释,但另一方面,
§6.3 中所讨论的所谓"整块拆散"的问题并没有消除。不过现在它们
不再是整块拆散的问题,而成了"成分间同标照应"的条件问题。实际
上也就是原来比较笼统的"移动"问题分化成了"移动"和"照应"两部
分,也是一种使问题更具体化的做法。

7.4　非话题化的成分前移和空语类的分化

前面说过,从整体上看,话题不宜看作是移动而成的成分。真正

移动而成的成分是例(35)—例(36)中的前置宾语。就例(36)这类前移是强制性的而言,倒是同英语中的主语提升颇为相像,不过英语的主语提升的驱动原因是句子必须有个形式上的主语这一形式要求,而汉语的周遍性名词前移的驱动原因是周遍性名词必须前置于动词这一语用要求。两者发生的层面大概不同。

我们已经看到,例(33)—例(34)同例(35)—例(36)中动词后的空语类是很不相同的:前者可换成代词,是种"省略";后者却不能,至多说是"隐含"。吕叔湘(1979:67—68)曾强调过要区分"省略"和"隐含"这两个概念,并指出真正的省略应是指只有一种添补可能的情况。这种分析可说是分化空语类的开端。下面我们沿着这样的思路再深入一步。

为了区分省略和隐含这两种空语类,我们可暂时先用字母 var 代表省略,或者说代表整个"e_i/它$_i$";而用 t(来自"踪迹(trace)")代表隐含。这样,就可将省略和隐含的区别明确地、形式化地表达成:

(44) a. 这本书$_i$ 我 已经 看完了 var$_i$
　　 b. 我 这本书$_i$ 已经 看完了 t$_i$

进一步的考察发现,无论省略还是隐含,内部都不那么单纯,可进一步分化。拿"省略"来说,补上还是不补上一个代词,两者的语义解释并不总是相同的:

(45) a. 这本书$_i$ 我 已经 看完了 e_i/它$_i$
　　 b. 这本书$_i$ 我 已经 看完了 var$_i$
(46) a. 张三$_i$ 说$_{ei}$/他$_{i,j}$/赵五$_j$ 不认识李四
　　 b. 张三$_i$ 说$_{pro}$ 不认识李四

例(45a)中的空语类只能同话题"这本书"照应,并且换上代词后意义基本不变;但例(46a)中的空语类却不是这样:其中的空语类只是强烈地倾向于(而不是必然)跟"张三"同标,并且若换成代词"他",则同"张三"可以同标,也可以不同标而指其他的人(用另一个字母作下标表

示）。因此应把补上代词后语义解释有所改变跟没有变化的两类的空语类分化开来。补上的成分只有一种解释的是狭义的"省略"，可像例(45b)那样仍用 var 表示。补上的成分若有不止一个可能、一种解释，那是广义的"省略"可像例(46b)那样用 pro 表示。

　　拿"隐含"来说，也同样可分成两种情况：

(47) a. 我　这本书$_i$，　　已经　看完了　t_i
　　 b. 我　　　　　　　　已经　看完了　这本书
　　 c. 我　这本书　　　　已经　看完了　一半
(48) a. 张三$_i$　开始　PRO$_i$　　看这本书
　　 b *张三　开始　张三/他　　看这本书

例(47a)中的空语类可说是例(47b)中某个成分移出后留下的踪迹，即这个空语类的位置在一定条件下总还能补出的，并且还可像例(47c)那样至少补得进所指不全相同的另一个成分，所以可说是相对的隐含。但例(48a)却不是例(48b)变过来的，即其中的空语类虽有所指却根本补不上实在的词，是个"只能意会，不能言传"的东西，可说是绝对的隐含，转换语法中用 PRO 表示。

　　在近期转换语法中，空语类的分化和各类空语类的分布是一个重要的内容。转换语法把空语类分成四类(Chomsky 1982：78—79)：1. 踪迹 t。2. 小代词 pro（来自"代名词（pronoun）"）。3. 大代词 PRO。4. 变项(variable)（因其所指受前面某个特定位置的成分控制而变化，故名之）。分别可举例如下：

(49) 这本书　张三　看过了　variable（单义狭义省略）
(50) 张三　说　pro 要看这本书（多义广义省略）
(51) 张三　这本书　看过了　t（踪迹性相对隐含）
(52) 张三　决定　PRO 看这本书（意会性绝对隐含）

　　这四类空语类大致上同我们比较传统的分法相当。当然出发点很不相同。我们的分法主要依据功能、意义，而转换语法的分法更强调结构上的形式标准。不管如何,空语类的分化,是语法研究的深化和具体化的表现,显然是有重大价值的。转换语法在空语类研究方面已到了相当深入的程度,有了不少重要的成果(如 Huang,C-T 1984;Xu,L-J 1986)。当然,如同词类分析和层次分析一样,在可以说明很多现象的同时,也产生了一些界限不清的新问题,这些新问题往往也就是新课题。

7.5 六个生成层面

虽然话题可认为是直接生成而非转换来的,但它们终究受到内层成分的约束,不是完全随心所欲的。即使像例(40)中的"这场大火",其内容受后面评述部分的约束也是明显的(Xie 1990)。另一方面,并非所有同评述部分有联系的成分,都是可话题化的(现在应把"话题化"理解成不是移位关系,而仅是照应关系的建立),如:

(53) * 制度ᵢ,这种做法已成了(它ᵢ)
(54) * 父亲ᵢ,张三死了(他ᵢ)

其中的"制度""父亲"无论如何不能话题化,不论同它们照应的成分是一个空语类还是一个代词。可见一个成分能不能作话题,是受它在评述部分中的结构位置制约的。最后,一个句子不能没有评述部分,但却可以没有话题部分(指专职的话题),这说明评述部分是更稳定的部分。如果说两者间有依存关系的话,那只能是话题依存于评述,而不是相反。由于这些原因,我们可认为话题是在评述部分产生之后才产生的。或者说,话题是较表层的、语用性的成分。当然,就表层而言,自然是先说出话题,后说出评述。但这不等于脑子里先有话题再有评述。当然,脑子里先于话题生成的评述很可能只是个还没完全明确定型的评述,而是模糊朦胧的,在以后的过程中再具体一个个词落实下来。

现在我们尝试把语句的生成层面分成七个:

1. 垂直语义层。这个层面中,只表示出主要动词同其论元间的近、远距离。

2. 水平基架层。这个层面中,根据各语言的特性将论元和主要动词组成一个水平链,把近、远关系进一步落实为前、后关系,其顺序受垂直语义顺序的制约。

3. 主语落实层。这个层面中,从论元中选择一主语,如果这个主语论元不在最前的位置,则将其前移提升。

4. 句式变换层。在这个层面中,产生各种较为稳定的句型变式,如"他什么书都看过了"这样的前置宾语句式。

5. 附加链扩展层。这个层面中,添加进种种非论元的状语。

6. 话题添加层。这个层面中,添加进包括话题、语气成分等在内的语用性成分。

7. 表层重组层。在这个层面内,可能因为受说话时的情绪等影响而发生一些极不稳定的语序变化、重复等所谓"易位句"现象(孟琮1982,陈建民1984),如:

(55) 到家了吧,他大概。

(56) 啤酒吧,喝点儿。

(57) 你根本你没赢过。

(58) 我怎么着我呀?

(59) 那我就试试吧那就。

(60) 都给你准备好了都。

(61) 我们再种点儿芝麻,打算。

(62) 您上哪儿啊您这是?

这类易位当然也是受某种限制的,其中规律目前还研究得很少。

当然这种划分只是为了说明有必要划分层面:至于具体的分法,当然大有讨论的余地。如5、6两个层面也许可以合并。分化层面便于把不同的语法现象放进不同的层面去作相对集中的研究。例如,把易位句的结构规律同一般的句法规律混在一起,就会模糊了一般的语法规律,结果是什么都说不清。较好的办法是分开处理,承认这些易位句在狭义的语法上是不合格的;在弄清了一般的语法规则后,再在此基础上进一步弄清易位句的易位规律作为一种补充。

在分析语句的生成时,不是每个层面的转变都要用到,如没有主语的句子,主语提升可省去。

某些句法现象,不易决定是属于哪个层面的,如下例中衬字"它"充当的"假宾语":

(63) a. 买　它　两斤羊肉

　　 b. 送　它　两斤羊肉　给你们

　　 c. 送　你们　(＊它)　两斤羊肉

(64) a. 吃　它　一天大米饭

　　 b. 吃(＊它)大米饭

例(63c)因为"送"后已经有了两个宾语,就再也加不进衬字"它",因此可把衬字看作一种宾语形式,但它并无论元的内容。但衬字并非毫无语义作用。吕叔湘(1991:313—323)指出,衬字"它"只能用在表示未实现的或习惯性的事情的句子中。并且,如例(64)所示,衬字"它"只能前置于带数量词的宾语或补语。这个"它"主要起一种语用功能,形式上虽为宾语但实际上并非论元。那么,它产生于哪个层面呢?

附　注

[1] 动词被动式不能指派格这一点,并不是普遍的,有些语言中动词被动式可指派格。如西班牙语中:

Ha　sido devorada　la oveja por el lobo.

已经被　吃　　这羊　被这狼

'羊已经被狼吃了。'

其中 sido devorada 是"吃"的被动式,la 和 el 分别为阴性和阳性的定冠词,por 相当于汉语介词"被"。由于这里的被动形态动词仍能指派格,宾语"羊"能在"吃"后获得格,就不必像在英语中那样移到句首。

　　[2]这一点同词类分析、层次分析并无不同。自从引进西方语法的"词类"概念,一方面固然使人大受启发,看清了许多问题;但另一方面,稍加深究,就会看到许多词类界限不明的情况,而且往往无法彻底解决。但是我们不能因此否认词类分析和层次分析的必要。从某种角度讲,科学研究是一种理想主义的活动;科学家总是向着某个理想境界逼近,但永远不能到达。

　　这种"节外生枝""无事生非"的寻找问题,反映了追根究底的严密性,对科学的发展有很大的促进作用。现代科学的方法论渊源可以追溯到古希腊时代的形式逻辑和欧几里得几何学,这两门学科都极其讲究推理形式的正确性、严密性。即使中世纪的神学,也继承了这种形式主义的传统。如中世纪的神学家阿奎那从好几个角度论证上帝的存在,其中一个推论是这样的:"世界上有些事物是运动的。事物的运动总受其他事物的推动。如果一个事物本身在动,而这运动必受其他事物推动,那么这个其他事物又必受另一其他事物的推动。但我们在此绝不能一个一个推下去以至于无限,所以最后必追到一个不受其他事物推动的第一推动者。每个人都知道这个第一推动者就是上帝。"这段论证中除最后一句很武断,是神学的外,其余的具体推论部分都合乎逻辑推理形式,很严密,这种对第一推动者的追究启发人去深思,对科学发展有促进作用。你若不信上帝,必须解答这个第一推动者的问题,这正是科学的任务。至今的宇宙学也只是部分地解决了这个问题。

　　中国古代学术思想中,"杞人忧天"中的杞人,因为见到事物只要无所依托就会下坠而想到天是否也会坠下来,也反映了一种严密推理的科学精神。不过,在古代中国学术中,占主流的是孔子那种"敬鬼神而远之"的实用主义(这当然有利有弊。一个社会中,很多人都像杞人那样去"钻牛角尖",当然不必,也不利。但人类社会要健全发展又需要有一定数量的杞人)。对鬼神是否真存在不置可否的模棱两可的思想方法,实际上也就是掩盖问题、回避问题(有些问题在不具备解决条件的情况下不妨暂时回避。但如果从暂时回避走向根本否认问题,那就不足取了)。从本体论上说,不肯定有否鬼神总比相信鬼神正确。但从方法论上看,信就信到底,并且尽量严格地去论证的态度有利于认识的发展,因为它同不信就不信到底并且尽量严密地去否定,有共通之处。

　　又如古人曰"天道一也"(宇宙是统一的),这话从内容上看很正确,高度概括,有气魄!可惜论证不严,不免流于空洞,对科学发展并无很大的具体推动。在现代化学发展的早期,曾有"燃素"之说,认为物体之所以会燃烧,是因为含有某种燃素,燃烧过的物体由于用去了燃素,就不能再燃烧。这种观点内容是错误的,因为物体燃烧主要是氧化过程,许多物体经过燃烧并不失去什么,反而会由于吸收了氧原子,变为氧化物而增加重量。但是燃素说把一种现象和具体物质联系起来,寻找过程之物质基础的推理形式是合乎科学的,由此观念指引下所作的寻找、鉴定"燃素"的努力也确实是具体地推动了化学的发展,是导致"物质不灭定律"及后来的"质能守恒定律"的动因之一。

总之,本体论和方法论不能混同起来,可以分开来分析。这是我们在借鉴国外理论时应该注意的。本书对转换语法的借鉴,主要是方法论方面的。

[3] 和"卖│一批书│给学校"最接近的句式是"放│一本书│在桌子上"这类句子,都是宾语后还跟一个表示方向目标的介词结构补语。但后者不能转成"放在│桌子上│一本书"。同"卖给│学校│一批书"相应的格式是"在桌子上│放│一本书":

i. V NP$_1$ 在 NP$_2$

  a. 放 一批书在几张桌子上

  b. 放 一批书在这张桌子上

  c. 放 这批书在几张桌子上

  d. 放 这批书在那张桌子上

ii. 在 NP$_2$ VNP$_1$

  a. ?在几张桌子上放一批书

  b.   在这张桌子上放一批书

  c. *在几张桌子上放这批书

  d. ?在那张桌子上放这批书

iii. 把 NP$_1$ V 在 NP$_2$

  a. 把一批书 放在几张桌子上

  b. 把一批书 放在这张桌子上

  c. 把这批书 放在几张桌子上

  d. 把这批书 放在那张桌子上

"在 NP$_2$ VNP$_1$"同"V 给 NP$_2$NP$_1$"式,在有定、无定的顺序方面,选择的倾向是相同的。

事实上,"VNP$_1$ 给 NP$_2$"式转成"V 给 NP$_2$NP$_1$"式,在整个汉语语法体系中是很特殊的,这可能同前置于动词的"给"字介词结构总是表示"服务"("给学校卖一批书"中的"给"是"替、为"的意思没有"给予"义)而不是表示"给予"有关:因为前置的"给"字介词短语只能表示"服务",所以很自然地,表"给予"的"给"字短语就不能移到动词前了。这也许是词汇直接影响到语法的一个例子。

[4] 区分优势语序和弱势语序的方法还可以有其他方面的应用(陆丙甫 1987d):

    a. 这本书　什么人　都　看过了　**OSV**, DIV

    b. 什么书　这个人　都　看过了　**OSV**, idv

    c. 这个人　什么书　都　看过了　sov, **DIV**

    d. *什么人 这本书　都　看过了　sov, idv

上面这个"四缺一"(两个特征,各有"有、无"两个可能,有四个组合,其中一个不合格)表格可解释如下:汉语中论元排列方面,OSV(施事·受事·动词)语序强于:sov语序(黑体大写字母表示强势,非黑体小写字母表示弱势);有定无定排列方面,DIV(有定名词·无定名词·动词)语序强于idv语序,上述d例是两种弱势语序结合的结果,两种弱势一起作用才导致了句子的不合格。换一个说法,一方面的弱势需要另一方面的强势作条件才能存在。而一方面如果是强势,则另一方面无论强势、弱势都可成立。也就是说,弱势语序对另一方面的选择较严,而强势语序对另一方面无选择。弱势格式对其他条件的依赖有多方面的表现,如c例中的宾语不能太长、太复杂,而a例成分的"块形"这方面没什么限制。

    又如[见§6.2例(8)—例(10)]:

    a. 新编　大　词典　**SKH**, 21H

    b. ?新　大型 词典　**SKH**, 12h

    c. 大型　新　词典　ksh, 21**H**

    d. *大　新编 词典　ksh, 12h

d例的完全不合格也是弱势的ksh(空间性的"形体"·时间性的"新旧"·"核心")序列和12h(单音节·双音节·核心)序列共同作用的结果。比较b例的不通顺和c例的通顺,可看出在这类黏合结构体中,节奏的作用似乎比语义顺序更有力。

    这种用弱势的积累来说明句式是否合格的功能主义方法,便于解释句式由很通顺到完全不通的渐变过程。

    上述"四缺一"表达式,可说是两个因素(上例中是节奏顺序和语义顺序)互相作用的最简形式(陆丙甫1989a):表明了两方面的强势序列都是合格的充分条件,或者倒过来说两方面的弱势序列都是不合格的必要条件。另一种两个因素互相作用最简形式是"四缺三":反映了两个条件都是合格的必要条件。相比之下,"四缺二"的情况就不同,表明两个因素相互完全不相干:其中一个条件对鉴别是否合格是必要而充分的,而另一方面的因素是无关的(当然这里所谓"必要""充分""无关"等都是相对一个封闭的因素集合而言)。

"四缺一"表达式适用多方面的应用,如 Greenberg(1966)的"蕴涵性"语言共性的研究,也是建立在"四缺一"表达式的基础上的。设有两种现象 A 和 B,如果它们相互间没有任何联系的话,那么就应该有四种组合可能:有 A 有 B,有 A 无 B,无 A 无 B,无 A 有 B。若调查了大量语言,偏偏缺少"无 A 有 B"这种情况,那么就说明了 A、B 之间存在"蕴涵"(implication)关系,具体地说,就是 B 蕴涵着 A,即有 B 意味着必有 A,但有 A 不一定有 B。如以 VSO 为基本语序的语言必然用前置词,代词宾语后置于动词的语言中名词宾语也必然后置于动词,名词、动词有性变化的语言中也必然有数变化等,在 Greenberg 列出的 45 条语言共性现象中,大部分都是蕴涵性的。蕴涵性的现象表现了现象间的联系。这种关系的发掘,极大地开阔了语言共性的研究领域。

§4 附注[3]也是一个同"四缺一"有关的分析。

[5] 在 a,b,c 中,"是"限定的仅是紧接其后的那个成分,是一个其辖域仅达局部的限定语,因此我们把它跟后面的受辖成分连写在一起,看作一个全句直属块。只有在 d 中,"是"才是限定后面整个动词结构的。

8 汉语句子结构和句型问题

8.1 句型和层面、轨层的关系

自从"深层结构"的概念提出后,一个很自然的问题就是:如何把不同层面的句型分化开来,再在彼此间建立规律性的联系。当前流行的稍具规模的句型系统,一般都没有明确区分句型的层面,而且实际上都是偏重于表层性的。例如曹逢甫(1990)将话题作为划分句型的重要依据。又如申小龙(1988)把汉语句型分成施事句和话题句两大基本类,而在话题句内又根据话题同评论的关系分出十四个小类,整个句型系统的划分极强调话题的作用。话题基本上是个语用性、言谈性的表层成分;所以,强调话题的句型系统可说是表层性的句型。

表层性句型在阐明汉语的语用、言谈规律方面是必需的,但仅仅如此是远远不够的。世上任何事物都是表层现象千变万化,极不稳定,而其深层结构则较为稳定。人类认识的基本目标就是透过纷繁多变的表象去发现少数稳定的规律、模式。停留在表层的描写不能很好帮助人们深化对汉语结构的认识。例如,像上一章中例(55)—例(62)那样的易位句,显然太不稳定,不易作为基础句型用于教学。像话题这样的表层成分,对于句子的语法合格度一般也影响不大。表层性结构可说是在深层结构的基础上再加上些别的内容,"皮之不存,毛将焉附?"深层的那个基础不先弄得稍微清楚些,表层内容的添加规律也难以讲得很清楚。总的说来,目前的句型系统有待深化。

根据向心轨层,句子成分又有外层、内层之分。给句子分类时,是先考虑外层成分呢还是先考虑内层成分?将话题视为划分句型系统优先的分类标准,实际上也就是优先考虑外层成分,因为在向心轨层中,话题是最外层的成分(也就是切分时第一刀切出的成分)。又如,几套高校汉语教材中,以强调句型划分并以其句型的高度系统性著称的胡裕树主编的《现代汉语》,采用的是逐层分化的句型系统:先根据有无主语分出非主谓句和主谓句两大类。然后在非主谓句中分出名词句、形容词句和动词句,在主谓句中根据谓语的性质分成名词性谓语句、形容词性谓语句、主谓谓语句和动词性谓语句。最后再根据动词的从属语类型把动词性谓语句分成动宾谓语句、动补谓语句、连动谓语句、兼语谓语句以及"把"字句、"被"字句等(胡裕树等 1987:353—387)。这整个的句型分类系谱也是从外层成分到内层成分。

从狭义的"分析"(相对"合成"而言)和静态描写的角度来看,由外向内的过程是可取的,因为分析句子必须由外到内、由表及里地一步步进行。但句型教学的主要目的,不是仅仅让学生懂得去"分析"句子并给一个个具体的句子归类,而是要使学生去"合成"句子(造句)和灵活运用各种句式。从这个需要来看,由外向内的取向并不理想。例如,几乎所有的句型教学都在不同程度上区分"必要的"(造句不可缺少的)和"非必要的"(造句时可有可无,其出现与否不影响句子语法合格性的)成分,因为这对学生造出合格句子至关重要。以此论之,则很显然的,一般而言,越内层的成分越是不可缺少,对句子合格性的影响越大,而且也越能反映句型的区别性特征。例如,一般的动词句,结构上(不是语义上和语用上)最重要的成分,显然是其中最内层的主要动词:它是全句的凝聚力所在,离开了它,则其他成分都无所依附,整个句子就散了架。其次重要的是动词后各种反映区别性特征的所谓"次范畴划分(sub-categorization)"成分,即动词的宾语和补语,通常加起来不会超过两个,总是离动词很近,是相当内层的成分。再下面,就是动词的前置论元成分,包括一些介词结构和主语。而结构上最不重要的,恰恰就是最外层的、也许语用上相当重要的话题和语助词(吧、吗等)等一类成分。

在轨层结构中,越内层的成分越显稳定(深层中早就有,表层中变化不大),这意味着越内层的成分具有越强的深层性。因此,强调从深层看句型和强调句子的内层成分,是互相一致的,实际上是一个问题的两方面。拿"话题"来说,狭义的话题,从结构上看,是最外层的成分之一,也是最不稳定的成分之一。从语义上看,话题的来源多种多样,这也是不稳定的表现之一。从语法结构上看,不稳定

则首先表现为其存在与否对句子的语法合格性和结构完整性没有
根本的影响。如：

> (1)（这场大火/看起来/说实在的/据说/哈哈，）因为消防队来得
> 早，所以我们的损失不太大。

很明显，话题"这场大火"同"看起来/说实在的/据说/哈哈"等成分一
样，对于评论部分来说，都是外在的、来去自由的成分，几乎任何句子
都可以加上些这类外围成分。如果每加上个外围成分，就变为一个新
的句型，整理句型就没完没了了。所以来去自由的不稳定成分，不能
作为归纳句型的根据。这正如动词前一般都可加上些方式状语，但这
些来去自由的成分不应影响句型一样。

　　又如，传统语法的六大句子成分主语、谓语、宾语、定语、状语和补
语中，除状语外，定语(尤其是非指别词、数量词的定语)也是个来去自
由的成分：除代名词外，任何名词都可加上些定语，因此归纳句型时
也不应考虑定语。当然，定语之所以必须在整理句型时排除，还有更
深一层的原因，那就是它们跟主要动词无直接联系，根本不是句子的
直属成分。

　　话题，以及修饰全句的状语、语气成分等，是句子的外围成分，归
纳、整理基本句型时应加以排除，好比属于全家的厨师、家庭医生、律
师等，不应看作家庭的基本成员。而定语好比是某一家庭成员的朋
友，不一定同其他成员认识，同整个家庭没直接关系，自然也应排除到
家庭结构之外。

　　总之，根据向心切分，就可以排除非句子成分；根据是否来去自由
和对句子语法合格性的影响大小，在句型整理中又要排除不反映句型
之区别性特征的，不是论元的非句型成分。§8.3中的句型划分，所根
据的就是最内层的核心动词及其后置论元。

　　曹逢甫先生虽然强调话题，但他第一步把句型分成"简单句""复
合句"和"包孕句"三大基本类型时，根据的却是评论部分的结构，而不
是话题。然后在划分简单句和复合句内的下位类型时，才是以话题的
类型为根据的。再下一层的分类，如"单话题简单句"中分出"内动型"

"外动型"等时，又转回过去根据评论部分的结构。这样来回交叉使用不同分类标准，也显得不太协调。

而胡裕树等的句型层次，在这方面是相当明确、一致的，基本上是从外到内地一贯到底。不过，他们也强调，在划分句型"之前"，应该把最外层的"外围成分"先排除。他们主张析句应区分三个平面：语法的、语义的和语用的（胡附、文炼1982）。而话题及其他"全句修饰语""提示成分"和"独立成分"等外围成分属于语用成分，所以不应作为划分句型的依据。析句区分三个平面的观点，对于建立句型系统是很有价值的。

区分三个平面的理论中，其所谓"语义"主要是指现在转换学派认为在深层决定的那部分语义，即论元关系。三个平面中，可说是语义最深，语用当然最浅，而语法可说是介于两者间。胡裕树等又认为句型分析应以语法为纲，这也就意味着句型（主要是教学句型）所反映的层面应在不深不浅的适当层面上。太浅固然有缺点，但太深了，如把§4.4.1中例（14）那样的垂直序列作为教学中的基础句型，恐怕会使从基础句型到表层句式的转换步骤太多，那也是不便应用的。

近十多年来，对汉语句式变换的动态研究有了极大的进展，但在汉语句法的静态描写方面，例如句型系统的描写上，并无明显的进展。而句型恰恰是语言教学中最重要的内容。因此，如何把句式动态变换研究的成果融合进句型描写，显然是将语言研究和语言教学相结合的重要一环。这里很重要的一点，是通过动态的转换把三个平面联系起来（王维贤1991）。根据§6中讨论过的大多数转换都是外移的道理，可以认为许多外层成分是从内层中移到外层位置中去的。但是，这个外层位置在没有移入具体的成分前，本身该如何描写呢？下面的§8.2，我们先来讨论这个问题。

8.2　句子成分分布的四大位域

8.2.1　四大位域

将话题等最外层的外围成分排除后，剩下的成分，根据它们跟主要动词和一些位置稳定的重要虚词的相对位置，大致可分成四类：外层成分、中介层成分、内层成分和后置成分。

外层成分可出现在"时态词",如"已经、曾经、(正)在、正、从来、一向、即将、快(要$_1$)、将(要$_1$)、要$_1$、别"("要$_1$"表"即将",动词"要$_2$"表愿望)等前。中介层成分出现在时态词跟否定词"不"之间。内层成分出现在否定词和主要动词之间。后置成分指主要动词后的成分。下面是一些例子:

句子成分位域划分

[小句 IP (外层成分) 主语、情态词	[谓语 I′ [动词 短语 VP (中介层成分) 时态词	否定词	[动词小短语 V″ (内层成分) 动态词	[句型苞心 V′]]]]] (动词及其后置成分) 动词、宾语、补语
1 可能是张三 昨天	已经		狠狠地 把他	打了一顿
2 他大概从前	一向 身体	不	太	好
3 他 去年	一度		认真地	教过 我 数学
4 去年 他	曾经自由自在 地啥都	不	好好	干
5 他	曾经好几天没 有		好好	睡觉
6 他	没有 好几天	不		睡觉
7 我	一向 没有	不	把这件事	放在 心上
8 他	即将		认真	读 这本书
9 我 一开始就		不	真的	相信 这种奇谈怪论
10 台上 现在	已经		乱哄哄地 一起	站出了 许多 竞选人
11 他们	已经		明智地	开始 不做这种生意
12 他 也许会		不	十分	愿意认真地干这种 事

以下对这个分布格局的动词前置成分逐条加以说明。

1. 外层成分主要是主语和各种"情态词"(语气副词和情态助动词)。此外,能出现在外层的成分还有时间语和处所语。主语和时间语、处所语都有话题性,因此后面可以有较大停顿或"啊、嚜"等停顿性语气词。

情态词可根据它们彼此间的顺序和同主语的位置关系分成三类：

(2)

第一类是语气词"究竟、难道、原本、也许、大概、是否"等。第二类有"可能、应该、必须、最好、幸亏、一定、肯定₁（'肯定₁'表语气，'肯定₂'表动词'确定'）"等，以及表强调的"是"。第三类有"会₁（'会₁'表推测，'会₂'表示技能，是动词）"。前两类可以前置于主语、时间语、处所语，第三类虽能前置于时间语、处所语，但却只能后置于主语。

除"是"和分布相同的同属第二类的"可能、应该"等可重出外[1]，同类情态词通常不能重出：

(3) ＊他　大概　是否　去　上海？
(4) ＊他　应该　最好　去　上海。

传统上把这些词一部分看作助动词，另一部分看作副词。其实它们的分布大致相同，所以我们把它们归成一类而统称为"情态词"。这样的话，则可把是否具有动词性（表现在是否有否定式和"×不×"疑问式）看作次类划分的依据。"可能"等可称为"具有动词性的情态词"，而"大概"等可称作"具有副词性的情态词"。这意味着把它们间的共性看作是主要的，而把它们间的差异看成次要的。在把握汉语语序方面，这种描写也许不无好处。

把"会"分化成情态词"会₁"和（带动词短语充当的宾语的）动词"会₂"，除意义的区别之外，形式上的主要依据是同时态词"已经、曾经"等的位置关系：

(5) 他　会₁　已经　走了　吗？
(6) 他　已经　会₂　（做）　这道题了。

"肯定"的分化也有同样的形式依据。根据这一分布标准,传统上看作助动词的"能够、可以[2]、敢、愿意",既然只能后置于时态词,应该同动词"会₂"是一类。

2. 能够出现在中介层的成分主要有小主语、周遍性名词和不定指性质的表时量的"时量词"(不同于表具体时段的定指性时间词;精确地说,定指的时间词是"时位词",表示时间段中确定的部位)这些表示"范围"的成分,以及某些形容词;此外,时间语、处所语也可出现在中介层。如:

(7) 他　一向　身体　不　好。
(8) 他　曾经　整整三年多　一本书也　不　看。
(9) 他　去年　曾经　自由自在地　什么书都　不　看。
(10) 我　从明天起　将　每天上午　不　抽烟。
(11) 我　曾经　什么书都　不　看。

值得注意的是周遍性成分,一般认为它们的位置很靠前。但实际上只能出现在中介层,而不能出现在外层。如例(11)不能把"什么书"移到"曾经"前的外层位置。

此外,能出现在中介层的形容词不是描写动作,而是描写主语的,可独立充当谓语(刘月华 1983:33),某些情况下甚至可看作主语的后置定语(学问 1984),实际用例不多。中介层还有一个重要的成分是否定"事件"的"没有"(不是否定领有的动词"没有")。中介层成分的分析,是以往语法研究中的一个薄弱环节。

3. 一般的形容词状语、论元性介词结构状语(不包括"关于、在"等非论元介词短语)以及表"工具、凭据"的"用""根据"短语,出现于内层。形容词状语应该包括因只能作状语而通常被当作副词的那些成分,如"悄悄地、偷偷地、当众、大力、快步、慢步、强行、随手",等等,都是动态词。这些词应看作功能不全的形容词,因为它们作状语时的表现和分布位域同一般形容词状语一模一样,而且它们意义实在,是个成员不断增长的开放类,归入虚词类的副词是不妥的(见§3.8.1)。

4. <u>后置成分</u>是各种宾语、补语，基本上都是跟动词次范畴划分有关的论元。但所谓"动量补语"（表示时量的"三天"和表示次数的"两次"等）不能看成论元。后置成分和句型密切相关，我们将在§8.3中详加讨论。

同一位域的成分有时可互相交换位置，如例1外层中的"可能｜是｜张三｜昨天"这四个成分可以有多种排列，"狠狠地"和"把他"也可交换位置；有时不能交换位置，如例（8）—例（9）和例（11）中的中介层成分"整整三年多"和"一本书也"，"自由自在地"和"什么书都"，"好几个月"和"没有"，都不能交换位置。这里面的规律有待于深入研究。总的说来，中介层内的成分在交换位置方面没有外层和内层里的成分那么自由，这表明中介层的成分也许需要进一步作位域分化。

处所词既能位于外层又能位于中介层和内层，当然意义有别，如下面例（12）—例（13）。在内层的处所表达和时间表达，当可作普通介词短语处理。

(12) a. 他 在学校 从来　　　　 不 好好地　　　　　听课。
　　 b. 他　　　 从来 在学校 不 好好地　　　　　听课。
　　 c. 他　　　 从来　　　　 不 好好地　 在学校 听课。
(13) a. 他 在早晨 从来　　　　 不　　　 好好地 听课。
　　 b. 他　　　 从来 在早晨 不　　　 好好地 听课。
　　 c. 他　　　 从来　　　　 不 在早晨 好好地 听课。

似乎不必把不同位置的时间语、处所语看成移动的结果，因为有如下一类时间语或处所语重出的情况[3]：

(14) 他 在学校 从来 不 在教室里 好好 听课。
(15) 从今以后 我 将 不 在早上 看 电视。[4]

根据动词所带最外层成分的类型，可把动词及其前置成分所组成的结构体——动词的扩展结构，分成"<u>大句</u>"（带话题等外围成分）、"<u>小句</u>"（带外层成分）、"<u>谓语</u>"（带时态词）、"<u>动词短语</u>"（带中介层成分）、

"动词小短语"(带动态词)和"句型苞心"(带后置成分),大致上分别相当于转换语法中的 CP、IP、I″、VP、V″和 V′。

我们前面说过,正反疑问标记"是否"是外层情态词中最靠前的一类。但"是否"如直接前置于具有动词性的单位(包括其他情态助动词"可能、会"等,有动词性的时态词"在、没有"和一般动词),不管这后一个单位是哪一层的成分,两者都能合并而成"A 不 A"("是否＋没有"则成"有没有")的形式。如要深究合并后的"A 不 A"究竟在"是否"的位置还是在原来那个 A 成分的位置,也许是说成在 A 成分的位置比较简单、方便。一般把"A 不 A"看作 A 的正反疑问式,即包含了这层意思。就其本质而言,可算是词级单位在表层的内移(见§6.6)。前面还说过,情态词"会"是不能前置于主语的,但是"是否会/会不会"却可以前置于主语,如"是否会/会不会他已经来过了"。根据这个现象,又似乎是说"会"前移到"是否"的位置比较好。这个问题,有待于进一步研究。

8.2.2　否定词"不"的分布

可以看到,划分前置于主要动词的三个位域的主要标准是"时态词"和否定词"不"。不过,"不"的使用极广泛,需要作进一步的分析。最重要的是必须根据否定范围加以分化。具体地说,应区分修饰整个"内层成分＋动词及其后置成分"的"不"和修饰局部成分的"不";前者构成一个独立的直属块,而后者只是某个直属块的内部成分[5]。修饰局部成分的"不",有以下几种情况:甲、构词成分,乙、修饰某个状语,丙、修饰情态助动词。以下分别举例。

"不"的分布

[小句 IP (外层成分) 主语、情态词	[谓语 I′	[动词谓语 VP (中介层成分) 时态词　　　　否定词	[动词小短语 V″ (内层成分) 动态词	[句型苞心 V′]]]]] (动词及其后置成分) 动词、宾语、补语
1. 我		始终		看<u>不</u>懂　这本书
2. 我		从来没有	<u>不</u>客气地	对待过他

3. 我		从来没有		不定时地 随便	浇水	
				给盆花		
4. 他	以前	从未	<u>不</u>	定时地 给盆花	浇水	
5. 他	<u>不可能</u>	已经		完全	了解 你	
6. 他	<u>不会</u>	仍然		完全	<u>不了解</u> 你	
7. 他	可能	还	<u>不</u>	完全	了解 你	

以上例子中,1 的"不"是词内成分。2、3 的"不"是状词内部成分。4和 7 的"不"则是严格意义的句子成分。5、6 中"不可能""不会"的"不"是局部修饰情态助动词的(饶长溶 1988：165,Huang 1988：184—192)。6中的第二个"不"可看作是构成动词"了解"否定式的构词成分(说"对他|不了解"而不说"不|对他了解",这说明"不了解"是个结合紧密的成分。可比较"*向他|不请求"和"不|向他请求")[6]。一个句子中第一个流程切分出来的、作为严格意义的句子成分的否定词,只能有一个。句子中出现多个否定词,必然属于不同的流程成分。

此外,句子形式作主语、宾语的场合,主语、宾语由小句充当时,其内部的"不"当然也是局部的成分,同全句大局无直接关系。能愿助动词"会、愿意、要、肯、乐意"等在句中应看作主要动词,其后置成分整个地充当宾语。能愿动词的宾语可以是"中介成分＋不＋内层成分＋句型苞心",即整个动词短语,如"愿意|舒舒服服地什么事情也不干",同一般的动词宾语并无差别,如"喜欢|舒舒服服地什么事也不干"。

传统上把"不"和"没有"都看作同类的否定副词。其实这两个词性质、意义都很不相同。在一些用"不"或"没有"两可的情况下,用"不"或"没有"意义并不相同:

(16) 我　　　　不　　把这件事　　放在 心上。

(17) 我 没有　　　把这件事　　放在 心上。

(18) 我 没有 不　　把这件事　　放在 心上。

例(16)否定的是动作、行为,或意愿("不愿把这件事放在心上");例(17)否定的是事件[7]。例(18)中"没有"和"不"同用,更能集中反映两者的不同。吕叔湘(1982重印版：238)早就明确指出过，"要是我们的注意点在动作性(做不做这件事)，我们用'不'；要是我们的注意点在他的事变性(有没有这件事)，我们用'没'，用'未'。"既然"不"否定的是动作，所以同动词靠近，是动词短语内的成分；而"没有"则是动词短语外的成分。李临定(1986：106—109)也指出过"不""没有"间一些主要的区别。

8.2.3 一些词语的分布问题

除了时间语、处所语的分布比较广外，一般成分在三大位域的分布都相当稳定。许多所谓分布自由的例外，往往反映了词的多义兼类，如：

(19) a. 我　　　　从来就　不　真的　　相信这种奇谈怪论。
　　 b. 我　真的　从来就　不　　　　相信这种奇谈怪论。

例(19a)中的"真的"是"真心地"的意思，而例(19b)的"真的"则是"确实"的意思，成了情态词。

又如"必然"也有外层、内层两个位置：

(20) 他　必然　已经　走了。
(21) 这个任务　已经　必然(地)　落到了　我们身上。

但例(20)的外层"必然"相当于情态词"一定、肯定(不是动词肯定)"，而例(21)的内层"必然"相当于实词"规律性地、历史地"。

一些常用多义的副词如"还、又、也、再、都"等的位置问题更为复杂。如"还"的归类：它既能前置于也能后置于否定词。如"他还不来"和"他不还写过几本小说吗"。前一个"还"意义上相当于"还是、仍然"，可算时态词，后一个"还"就不好说了。并且后一句的"不"是"不是"的省略，而此处的"不是"应算作情态词。

上述例子表明，许多分布复杂、用法复杂的副词往往可分化成多个较为单纯的义项。

另一些复杂的分布可处理成局部成分加以简化。如例(8)、例(9)中的"都""也",之所以能出现在中介层,主要是因为它们语义上所依附的成分"什么书""一本书"能出现在这个位置的缘故。这种分布不是由全句核心——主要动词所直接决定的。因此,我们把上述的"都""也"看作是跟随某个成分之后的局部的附加成分。这正如定语标记"的"一样,要从整句全局的结构去描写它的分布是根本不可能的,但却能比较容易地从局部角度去描写:它总是直接跟在定语之后。当然,"都、也"的问题还复杂些:它们一方面跟随着语义所指向的成分,另一方面又和其后置成分的性质有一定关系:

(22) *这些书都　他/大概　看完了。
(23) 这些书　他/大概　都　看完了。
(24) 他们都　把这本书　看完了。
(25) 他们都　一本书也　没有　看。
(26) 他们都　身体　很好。

如果我们把整个"时态词+动词短语"称为"谓语"的话,大致上说,"都"只能直接前置于等于或小于"谓语"的单位。比较例(22)和例(23),可知例(22)之所以不合格,是因为"他/大概看完了"的"他/大概"是外层成分,因此整个"他/大概看完了"是个大于谓语的结构,比较例(22)和例(25)—例(26),可知"都"并非不能前置于名词,关键是看后面的名词是谓语内部的成分还是谓语外部的成分。看来,描写"都、也""连……都"以及"光、仅、只是、就"("只是/就他不听话"中的"只是/就")这类"局部性副词"的分布,首先可以根据其语义所指的前置成分为参照,然后再描写它们同前置成分组成的结构体在整个句子中的分布特征(如不能后置于主要动词等)。

8.2.4　定位推导和语序传递律

经过上述讨论,再回过去重新看一下第一小节的表一,现在我们可以说:一定的功能职务,是有其固定位置的,或者说"职有定位"。我们把表一中的四大位域和核心动词、标界成分时态词和否定词所占

的位置都看成是固定的,根据从内层到外层的顺序分别给予一个序号:

(27)
[小句 IP　　[谓语 I′ [动词谓语 VP　[动词小短语 V″　[句型范心 V′]]]]]
(外层成分)　　　　(中介层成分)　　　(内层成分)　　　(动词及其后置成分)
主语、情态词　时态词　否定词　　动态词　　　　　动词、宾语、补语
　　7　　　　　6　　5　　4　　　3　　　　　　0　　1　　2

比方说"他|来了"扩展为"他|已经|来了"或"他|悄悄|来了"等,有以下两种描写法:

(28)　他 来了 →他　已经　　来了→他 已经　悄悄 来了。
　　　a. 7 0　 →7　6　　　0 → 7 6　　3　　0
　　　b. 1 2　 →1　2　　　3 → 1 2　　3　　4

a式是"职有定位"的语序描写,增添成分的过程,原有成分、职务未变,位置也没变;增添进去的成分,只是在插进原有的"虚位以待"的空位上。b式是传统描写法的形式化:增添成分的过程中,原有成分,如"来了",可能不断地改变位置,从第 2 个位置变为第 3 个位置,再变到第 4 个位置。不难看出,职有定位的描写,可使语序变化减少到最低程度,同时也能简便地、直截了当地反映每个语序的性质和在什么位置可添加什么成分的潜在可能。

同一位域如出现不止一个的成分,可用下标表示:

(29) 他 已经 悄悄 从家里 来了/他 已经 从家里 悄悄 来了。
　　 7　6　3_2　3_1　 0　7　6　3_1　3_2　 0

根据职有定位的原则,可以设想:如果成分 A 总是前置于成分 B,而成分 B 又总是前置于成分 C,则成分 A 应该也前置于成分 C。这类似于数学中最基本的"传递律":如 A 大于 B,B 大于 C,则 A 必大于

C。以这条"语序传递律"为基础推下去，有助于发现一些问题。例如，假如发现若干成分间的顺序关系违背了语序传递律，那么很可能它们不是同一个流程的直属块，其中必有不属全局的局部性成分，另一个可能是看作移动的结果。

8.3　动词后置成分和基础句型

8.3.1　根据后置成分划分的基础句型

现在我们对动词的后置成分作个分析。由于后置成分同动词的结合最为紧密、最能反映动词的类型，根据后置成分所作的动词分类，基本上也可说就是句型的基础。类似的句型分类也曾有人采用过，如邵敬敏（1982）的"基础短语分析法"。根据动词后置成分划分句型，汉语只有 V、VO、VO_iO_d、VC、VOC（O、O_i、O_d 和 C 分别表示宾语、间接宾语、直接宾语和补语）五种基本句型。以下分别举例。

汉语基础句型
V 型[一价动词]:

敌人｜失败了　　　　　　　　　　　　　　[V 是动词]

他｜聪明　　　　　　　　　　　　　　　　[V 是形容词]

VO 型[二价动词]:
对象宾语

学过｜汉语　　　　　　　　　　　　　　　[O 为 NP]

进行｜汉语研究

喜欢｜悠闲地一本书也不看　　　　　　　　[O 为 VP]

开始｜悠闲地什么书都不看[8]

能够｜悠闲地什么书都不看

很难｜悠闲地什么书都不看[9]

认为｜这个方法大概会很好　　　　　[O 为小句、间接引语]

但愿｜他早就已经远走高飞

讨论｜这件事应该怎么办

说:"唉,这件事我怎么一点印象都没有了。"[O 为大句、直接引语]

关涉宾语 [O 为 NP]

写|毛笔/黑板/红墨水/魏碑/印刷体

考|大学/数学/博士/一百分/出国

关系宾语 [O 为 NP,不能移到动
词前,也不能省略]

属于|上海市;成为|制度;姓|李

VO_iO_d型(双宾型):

教|我|数学 [Od 为 NP]

答应|我|什么都不说 [Od 为 VP]

问|我|明天张三是否去公园 [Od 为小句间接引语]

问|我|"这场大火,你们损失大吗?" [Od 为大句直接引语]

VC 型(动补型):

走了|出去 [C 为趋向动词]

走|出教室去

走|向前方 [C 为介词结构]

战斗|在前线

脏得|大家都已经不愿意走进去了 [C 为小句]

跑得|是否快

VOC 型(宾补型):

拿|三本书|出去 [C 为趋向动词]

放了|两本书|在桌子上 [C 为介词短语]

送|一些书|给他

禁止|学生|什么书都看 [C 为 VP]

叫|我|一本书也不要看

使|他|已经完全失去了信心 [C 为动词短语]

气得|他|曾经三天不吃饭

　　以动词的后置成分为划分句型的基础,则"出事故了""汽车出事
故了""他汽车出事故了"都是 VO 型句子,它们的不同只是 VO 型内
的下位分类,而不再割裂成"无主句""主谓句"或"单话题句""主谓谓
语句"或"双话题句"等。从影响结构的语法合格性来看,后置的"事

故"比前置的"他"和"汽车"更重要,所以语法学(不是语用学)的句型应该优先以后置成分为参照。

关于"把"字句、"被"字句,现在一般的分析是处理成经过转换的表层格式,所以我们暂不把它们作基本句型看待。有些"把"字结构、"被"字结构也许不能看成是转换而来,如:

(30) 我 把五个苹果 吃掉了 三个。
(31) 五个苹果 被他 吃掉了 三个。
(32) 人家 把他 打断了 腿。
(33) 他 被人家 打断了 腿。

同"把"字短语相似的还有"对"字、"向"字等短语。它们的位置都是在前置内层,同一般介词结构状语相似。可把带这些状语的句子归入 VO 句型。总之,动词的前置成分和后置成分有原则性重大差异,划分基本句型的第一阶段将标准控制在后置成分是可行的。

至于"被"字句,另一种可能的处理是把"被"当作主要动词,归入补语为 VP 的 VOC 型,请比较:

(34) 请 他 什么事都不要做。
(35) 被 他 什么事都打听到了。
(36) 大臣们 已经 劝 皇上 派人把头领抓到京城里。
(37) 闹事者 已经 被 皇上 派人把头领抓到京城里。

上面例子显示了兼语式 VOC 型句式和"被"字句之间并没有什么原则的区别。此外,"被"字的宾语可省略,这也表明它更接近动词,因为动词(包括一些"兼语式"动词)可省略宾语而介词不能。

宾语和补语的区别并不是绝对的。如 VO_iO_d 的"教|他|数学""拜托|他|一件事"和 VOC 的"教|他|学数学""拜托|他|帮我寄封信",其实性质是差不多的。一般说来,宾语可以是名词性的或动词性的,补语可为动词性或介词性的。所以遇到动词性的后置成分,需要分辨应看作宾语还是补语。从语义上说,"宾语的作用在于提出与动作相关

的事物(受事、与事、工具等),补语的作用在于说明动作的结果或状态"(朱德熙 1982:125)。如果第一个后置成分为名词性的,第二个后置成分为动词性的,那么,可以根据它们彼此间的关系判断动词性后置语是宾语还是补语,两者间如果有潜在的主谓关系,则后者是补语。这样,"答应|他|一句话也不说"是 VO_iO_d 式,而"叫|他|一句话也不说"则是 VOC 式。也就是说,我们把"兼语式"的后一部分看成补语,这主要是因为"兼语式"中的前一个动词都为使动意义的,它反映了整个句型的特征,决定了后一个动词结构的能否存在。

因为我们现在讨论的句型不是最表层的,所以分析句型特点时应以"潜在的实现可能"为准。如"答应|我|去"中的"去"虽然是单个动词,但由于它可扩展成一个小句"他明天马上去学校"等,所以整个句式是直接宾语为小句的 VO_iO_d 型。"放|在桌子上""气得|什么事都不干",由于后面有一个潜在的宾语位置,可以补出一个名词,如"放|这本书|在桌子上""气得|他|什么事都不干";或者在这个名词前移的情况下可补出一个语迹,如"把这本书$_i$|放|t_i|在桌子上""把他$_i$|气得|t_i|什么事都不干了",所以我们把这些句式都归入 VOC 型。也就是说,归纳基础句型时,除了根本补不出的 PRO(§7.4)之外,其他空语类都应看作一个成分。

动词之后,影响句型的"句型成分"最多只能有两个。在这两个句型成分之外,有时还可以再带些其他成分,但那只是些形式简单、通常不能扩展的成分,如语助词"吗、呢、吧",以及"送他一本书看"中的"看"等。这些成分不影响句子语法上的完整性,是非句型成分。

此外,VO_iO_d 型和 VOC 型有一个共同点:都是离动词较远的那个成分,即 O_d 和 C,比较丰富复杂和多样化,而靠近动词的那个宾语通常很短小、简单,信息量不大(Ernst 1988)。从这个角度看,靠近动词的宾语倒像是后来插进去的。或者说,动词后真正重要的成分只有一个。这一结构形式的特点并非偶然,而是有重要的功能性基础的,其原因正类似于并列结构"A、B、C……和/and X"中的并列标记"和"和 and 等通常位于倒数第二个位置,即最末一项并列成分前。我们将在后面§9中讨论这个问题。

传统上一般把"去|北京|三次""看|三天|书"中的"三次""三天"

这类"动量语",也看作补语[10]。但动量语几乎能附加在"是""属于"这类关系动词之外的所有动词后,不是动词的次范畴化成分,是否应看作句型成分还是很成问题的。这些动量语出现在宾语后,就表现出某些谓语的性质:

(38)他来上海(大概已经)三次/五年了。

动量语前可出现修饰谓语的情态词"大概、是否、可能"等和有谓语特征的时态词"已经"。似乎可比照把助动词看作"前谓语"的分析而把动量语看作"后谓语"。同前谓语一样,后谓语不是主要动词的论元,不是基本句型成分;虽有很强的谓语性,但总体上仍可看作一种从属语。徐烈炯(1988:69—72)也根据形式分析认为它是一种状语。

8.3.2 动词后置成分的等级划分

宾语的最高等级是小句和大句。表面上,从宾语本身来看,似乎是大句比小句复杂。但从全句结构来看,带小句宾语的句型实际上比带大句宾语的句子情况更复杂。大句宾语是个完全封闭的直属结构块,块内成分不能同外部成分有任何直接的联系。而小句宾语有较大的开放性,较容易同外部成分建立照应等关系。其实,大句宾语只相当于一个名词短语,"他说过'唉,这件事我怎么现在脑子里一点印象也没有了'",等于"他说过这句话"。所以凡是可带大句宾语的动词,实际上也都可带名词性宾语。因此,可把大句宾语看作名词宾语中的一类,是"名物化"宾语。相反,小句宾语不能都改换成名词,如"讨论这件事该怎么办"固然可改说成"讨论这个问题",但"认为、但愿"后的小句宾语就不能换为名词。

宾语为名词性单位的情况很单纯,都应处理成名词短语。宾语和补语如果为动词性的,可分成不同的等级类型。划分的标准以可能的最外层成分为准,如"[可能[已经[很长时间[不[随便[[发表]意见]]]]]]"中各层从属语都有,但最外层的"可能"是外层成分,所以整个结构体是"小句"。这种可能性取决于前面的核心动词类型。动词后置从属语可分成大句 CP、谓语 I′、小句 IP 和动词短语 VP 四种,V′、

V″作为从属语并无独立价值。如凡是可拿句型苞心 V′和动词小短语
V″作为宾语的动词,实际上它的宾语都能扩展成 VP,比方"愿意|看小
说"(宾语为 V′)"愿意|认真地看小说"(宾语为 V″)→"愿意|一整天不
看书"(宾语为 VP),但不一定能扩成谓语形式,如→"*愿意|已经看
过这本书"。

　　充当宾语或补语的 VP,有时可扩展成某种类似于小句的形式,如
"开始|唱的唱,跳的跳""喜欢|有的唱白脸,有的唱红脸""能够/很难|
一个唱白脸,一个唱红脸""气得|他们|有的哭,有的骂""使|他们|有
的哭,有的笑",其中的"唱的、跳的、有的、一个"看作一般主语的话,则
整个动词后置成分就是小句作宾语或补语了。不过,上述这些宾语或
补语内的主语看来不是一般的主语,是动词短语内部的成分,类似于
§7.2.2 中所说的"里层主语",甚至是更内层的成分。这可从它们能
后置于时态词甚至"把"字结构那一点上看出,如"他们|已经|哭的哭,
笑的笑""把他们|该杀的杀,该关的关""把他们|一个个骂了一顿"。
如同里层主语有相当的状语性一样,这些表"部分"的"主语"性质和分
布也很接近状语。此外,"给|他们|每人两本书"中的"每人",也许应
看作直接宾语内部的成分,似乎也是相似的情况。

8.3.3　所谓 VCO 格式

　　有理由认为 VCO 和 VOC 的深层形式是一样的,两者的差别是
由一些表层的意义和形式决定的。

(39) a. VOC：赶　蚊子　走　→ b. VCO：赶　走　蚊子
(40) a. VOC：拿|三本书|进来
　　　　　VOC：拿|三本书|进教室
　　b. V-cOC：拿进|三本书|来
　　　　V-cOO：拿进|教室|三本书
　　　　V-cO：拿进来|三本书

我们在§6.6 已分析过例(39)中的 VCO 式应看作 VOC 式转换来的。
照此分析,则例(40)中"拿进|三本书|来"和"拿|进来|三本书"中的底

层都是 VOC"拿|三本书|进来",是同一句型的变体。不过这里转换
而成的 V-c 结构,在表层可看作一个词。"拿进教室三本书"和"拿三
本书进教室"间的关系,则类似于上一章例(1)和例(5)中"卖一批图书
给学校"跟"卖给学校一批图书"这两种形式的"给"字句之间的转换。

8.4　具体句型试析

8.4.1　两种 VOC"有"字句

(41) a. 有　一个孩子　什么正经事都不干。

b. 以前/我　有　一个孩子　什么正经事都不干。
(42) 我　买了　一本书　内容很有趣。
(43) 她　穿了　一件衣服　式样极摩登。
(44) 他　写了　一篇散文　很逗人。
(45) *我　卖了　一本书　内容很有趣。
(46) *她　脱下　一件衣服　式样很摩登。
(47) *他　分析了　一篇文章　很逗人。

关于例(41a),有一种表面上方便的说法是把"有(一个)"看成无
定标记。这种说法忽视了"有"显而易见的动词性。"有"作无定标记
的情况即使有,那也是"有(的/些)时候、有(的/些)人"中性质接近定
语的"有",而不是上面例子中的"有"。如果考虑到例(41a)能如
例(41b)所示在"有"前还可以加表示领有者的名词,那么,就可看出这
个"有"同"我有一个孩子(什么正经事都不干)"中的表领有的"有"是
相通的。例(41)这种句式,有人认为是定语后置或倒装。有人(曹逢
甫 1990)则认为它实为普通的"话题串"结构。其实,例(41)是歧义的。
一个意思是"我有一个什么正经事都不干的孩子",另一个意思是"我
有一个孩子,他什么正经事都不干"。两个意思不全相同,前者所蕴涵
的"还有其他孩子"的分量重一些。按第一个意思,可理解成定语倒
装,但既然一般宾语的定语不能倒装后置,能否"倒装"显然同前面的
动词类型密切相关,这一点可通过比较例(42)—例(44)和例(45)—例

(47)看出,所以还是处理成一种特殊的句式较好。按第二个意思(此时在"后置定语"前有较大的停顿),那当然是普通的话题串。能生成第一个意思这一句型的动词不多,基本上都同"领有"有关:书"买"来了就属于买者了;散文"写"出后就属于作者了;"穿"在身的衣服至少是暂时属于穿者的。

我们把例(41)—例(44)归入 VOC 句型。能够出现在其中补语 C 位置上的成分不能包含有情态词,所以是 VP 而不是小句。这也是不宜把其中的"有"看作局部的无定标记,不宜把整个句式看作由两个小句构成的话题串的原因之一。

"有"还可构成另一类 VOC 句:

(48) 有 时间 看小说。　　→有 看小说的时间。
(49) 有 理由 什么事都不干。→有 什么事都不干的理由。
(50) 有 权力 这样做。　　　→有 这样做的权力。

以上的"有+NP"意义上相当于助动词"能够、可以、应该"等,当然是更具体一些。能出现在补语位置的是 VP。

有一些表面近似实质上完全不同的句型:

(51) 有 时候 看小说。　　　→ 　有 看小说的时候。
(52) 有 时候 你可以劝劝他。→ *有 你可以劝劝他的时候。

以上的"有时候"表示"偶尔",来源于"有的时候"(当然还有另一个意思"有时间的话",那差别更明显,我们这里不讨论)。事实上,例(51)—例(52)的"有"是个局部的成分,根本不是主要动词,因此这类句子不是"有"字句。其中整个"有时候"是个熟语性的固定组合,功能相当一个词,结构上类似光杆动词作定语的黏合式复合名词"炒鸡蛋、烤白薯"等。这可以从例(52)不能转成右式看出(朱德熙 1990:130—131)。例(51)的左式虽也可转换成右式,但意义与例(48)的右式不同:"有看小说的时间"指有充分的时间,表示一种潜在的可能;而例(51)右式表示有过这么回事,指现实的事件。事实上,"时间"主要表示不定指的"时量",因而可以说"充分的时间""一段时间""五分钟时间";而"时候"主要表示具体的、定指的"时位",因而一般不说"充分的时候""一段时候""五分钟时候"。此外,例(51)—例(52)中的"有"还有一系列不同于一般"有"的特点,如不能有否定式"没有"等。

8.4.2　关于作格动词

把 VOC 和 VCO 归成一类,是把不同的表层归结为相同的深层,即"异中求同"。另一方面,也许更重要的也更困难的工作,是"同中求异",把看似相同的表层分解成不同的深层。朱德熙用转换分化同形歧义句的研究,是同中求异的例子。用转换语法的路子所作的"同中求异"工作,可以以吕叔湘(1988)、黄正德(1990a)的作格现象研究为例。吕叔湘(1987)曾指出汉语中存在作格(ergative)现象。而根据黄正德的分析,汉语中作格动词和受格(accusative)动词的对立是一种广泛存在的、系统性的动词分类标准。

所谓作格动词,简单地说,就是"一价动词"(单向动词、不及物动词)的那个既非施事又非受事的中性论元"系事"(吕叔湘用语)采取和及物动词中的受事相同的形式。作格动词同受格动词相对立,它们的关系如下:

(53) <u>受格格局</u>　　　　　　　　　　　<u>作格格局</u>

norminative　主格 ⎰施事　ergative　作格
　　　　　　　　 ⎱系事
accusative　受格　受事⎵ absolutive　通格

受格动词中的系事同施事形式上相同,即受事取与众不同的"有标记"受格形式;而作格动词中的系事同受事形式相同,施事取有标记的作格形式。汉语中主格、受格主要通过前置于动词还是后置于动词表示,那么,相应的作格动词应该表现为系事后置于动词。"逃走了一个俘虏"中的"俘虏"和"死了父亲"中的"父亲"就是这样的例子。汉语语法学界长期争论过这里后置的"俘虏"和"父亲"究竟是宾语(受格)还是后置主语(主格)的问题,根据上述主格、受格、作格、通格的四分格局,不妨说后置的系事是"通(格)语"。不过在汉语中,这个通格系事还可以出现在主语的位置上。这种情况,可认为是系事向前外移的结果(见§7.2.2)。吕叔湘、黄正德两位都认为"打败了敌人"中的"打败"也是个有作格动词性质的动词。那么,这该是个作格及物动词,其中的通格受事"敌人"跟"死了父亲"中的通格系事性质极为相似(可统称为"通语"),如都能前移到主语位置上。至于"我们打败了敌人"中的施事"我们",则可看成"作(格)语"。不过这只是一种比附作格语言的说法。事实上有作格现象不等于就有"作格""通格"。因此我们在下面的分析中,并不使用"通格、作格"的说法,只是要记住凡是同一论元既可在宾语位置出现,又能在主语位置出现的动词,都具有作格格局的性质。

汉语中的作格动词主要有三类"逃走、死、来、挂着"等自动性"存现动词""打败、饿死"等的"致使"义他动性复合动词以及"气得、醉得、难过得"等"V得"型动词。为了更好理解作格动词的宾语的特点,下面我们把前两类作格动词和相应的受格动词放在一起比较一下:

作格、受格格局比较
作格动词
自动

最底层格式:	1. a. (他)	死了 亲戚
宾语移到主语位置:	b. 亲戚$_i$	死了 t$_i$
宾语直接话题化:	c. * 亲戚$_i$,他死了 t$_i$	
宾语间接话题化:	d. 亲戚$_i$,他死了 两个$_i$	
"把"字句:		
"被"字句:		

他动

最底层格式:	2. a. (我们)	打败了 敌人
宾语移到主语位置:	b. 敌人$_i$	打败了 t$_i$
宾语直接话题化:	c. $^?$敌人$_i$,我们 打败了 t$_i$	
宾语间接话题化:	d. 敌人$_i$,我们 打败了 他们 t$_i$	
"把"字句:	e. 我们 把敌人$_i$ 打败了 t$_i$	
"被"字句:	f. 敌人$_i$ 被我们 打败了 t$_i$	

受格动词

自动

最底层格式：　　　　　3.a. 张三哭　（李四）

宾语移到主语位置：　　　b. *李四$_i$　哭 t_i

宾语直接话题化：　　　　c. *李四$_i$，张三　哭 t_i

宾语间接话题化：　　　　d. 李四$_i$，张三 哭　他$_i$

"把"字句：

"被"字句：

他动

最底层格式：　　　　　4.a. 我们　打胜了　（敌人）

宾语移到主语位置：　　　b. *敌人$_i$打胜了 t_i

宾语直接话题化：　　　　c. ? 敌人$_i$，我们　打胜了 t_i

宾语间接话题化：　　　　d. 敌人$_i$，我们　打胜了　他们$_i$

"把"字句：　　　　　　e. *我们　把敌人$_i$　打胜了 t_i

"被"字句：　　　　　　f. *敌人$_i$　被我们　打胜了 t_i

从以上例子中，可看出同为 VO 型，可以大不相同，可根据动词是受格类型还是作格类型分为两大类。如果把各组例句中的 a 式看作深层形式，作格格局以后置名词为主，其前置名词可认为是在较浅的层面后来加进去的，而受格格局则相反，其后置名词是后来加进去的（黄正德 1990a：44）。这样，首先就能很顺当地解释各组例句中的 b 式了：3 和 4 的 b 式中把深层中已有的主要名词省略了，所以就不合格；而 1 和 2 的 b 式，作格动词的主要名词没有省略，只是前移，所以仍是很自然的句子。其次，各组例句的 c 式也可由此获得部分解释，3 和 4 是因为这些动词的最深层都只有一个名词，按黄正德的说法就是"他死了""张三哭"等本身已是完整的形式，并不缺少什么，没留下空范畴赋予话题以语义角色，所以添加跟宾语同标的话题就很勉强。这一点通过同相应 d 式的对比可以看得更清楚：在评论部分先将次要的名词补上，添加相应的话题就容易得多。这个现象也反映了话题对于评论部分的依靠关系。两组例句中的 e式、f 式，说明只有像深层就有的（如"打败"的）受事，才能在"把"

字句和"被"字句中提前；而后来添加的（如"打胜"的）受事，则不能那样提前。不区分作格和受格就讲不清"把"字、"被"字句的转换规律。

　　"（我们）打败了敌人"和"我们打胜了（敌人）"这两个句子的不同，表明了一个成分产生于哪个层面是很重要的。下面我们进一步来看看层面和句式变化的关系，我们把第三类作格动词"V得"型动词也放在一起考察。

层面和句式

1：（S）VO

水平基架层：	A. 已经逃走了许多奴隶。
主语落实层：	B. 许多奴隶已经逃走了。
	他家已经逃走了许多奴隶。
句式变换层：	C. 他家已经许多奴隶逃走了。
从属语扩展层：	D. 大概他家已经许多奴隶纷纷逃走了。
	他家大概已经许多奴隶纷纷逃走了。
话题添加层：	E. 张三，大概他家已经许多奴隶逃走了。

2：（S）VO

水平基架层：	A. 打败了敌人。
	气得他一句话也说不出。
主语落实层：	B. 敌人打败了。
	我们打败了敌人。
	他气得一句话也说不出。
	我气得他一句话也说不出。
句式变换层：	C. 我们把敌人打败了。
	敌人被我们打败了。
	我把他气得一句话也说不出。
	他被我气得一句话也说不出。
从属语扩展层：	D. 我们彻底把敌人打败了。
	我们把敌人彻底打败了。
	昨天我把他气得一句话也说不出。

我昨天把他气得一句话也说不出。

主语添加层：　　　　E. 敌人，我们彻底打败了他们。

*张三，我昨天把他气得一句话也说不出。

3：SV(O)

水平基架层：　　　　A. 我们打胜了。

主语落实层：　　　　B.

句式变换层：　　　　C. 我们打胜了敌人。

从属语扩展层：　　　D. 幸亏我们打胜了敌人。

我们幸亏打胜了敌人。

话题添加层：　　　　E. 这次战役，我们幸亏打胜了敌人。

　　总的说来，"得"型动词和"打败"类动词性质极为接近。我们在前面也说过，"打败敌人"和"打得敌人大败而逃"在最深层是相同的句式。它们的相同在上表中也可看出："打败"型动词和"得"型动词在一系列句式变化方面是完全平行的。

　　较浅层的格式在较深层格式的基础上派生出来。派生过程中允许层面跨越，如从水平基架层的"我们打胜了"，可跨过中间层面直接在话题添加层派生"这次战役，我们打胜了"。

　　如果把"把"字句、"被"字句所产生的层面，看作就是"我们打胜了敌人"中的"敌人"所产生的那个层面，那么就可以解释为什么"我们打胜了敌人"不能转换成"把"字句、"被"字句。换言之，"把"字句、"被"字句、"我们打胜了"所在的那个层面，这个层面中"打胜"的宾语尚未产生，所以也就无法借助于"把"字、"被"字提前。

　　"我们打胜了敌人"中的宾语"敌人"在最深层并不存在，可看作浅层宾语。

　　除了上述的浅层宾语外，还有一种更浅层的宾语，那就是§7.6中所谈到的像"吃它一天大米饭"中的"假宾语"。假宾语可看作表层加工层才产生的成分，它也同样不能参与先于表层加工层的句式变化，如"把"字句、"被"字句的产生。

　　总之，区分层面，有利于说明、解释一些语法现象。当然，具体如何分法，需要作很多研究，这也就向语法研究者提出了很多新的课题。

附　注

[1] 情态词"是"除了能和分布相同的"可能、应该"等重出外,还有一点跟一般情态词不同的地方,那就是它所强调的焦点比一般情态助动词明确、集中,通常仅包括直接跟在它后边的那个成分。所以"是"是一个很特殊的情态助动词。从这方面来看,邓守信(Teng 1978)称这个"是"为"焦点标记"(focus marker)是很确切的。不过这个"是"的动词性也是明确的(黄正德 1990),所以总的说来还是可归入情态助动词。

[2] "能够"不宜看作助动词的另一个原因,是它往往会改变句子的论元结构,如"这条路已经能够走人了,但还不能够开车"。"可以"的情况相似。这两个词偶有前置于主语的情况,如"可以他去,也可以你去"。不过这种情况下,"能够、可以"后仍不能出现时态词。这些现象比较复杂,很值得进一步研究。

[3] 成分的重复出现常常可作为不是移动转换而成的证据。如既然可说"他在床上躺在被子里",所以"他躺在床上"和"他在床上躺着"间有转换关系的说法就受到了动摇。

[4] 这句子中的"不"语音上和"在"连在一起,可看作一种表层的核心移动。转换语法中往往把"不"及其后置成分构成的结构体处理成以"不"为核心的"否定短语"。

[5] 这里所说的局部成分和全局成分是指结构上的。结构上属于局部的"不",其否定范围仍可以是全局性的,其否定焦点可以落在这个局部结构之外。如"他今天不会看书"中,结构上"不"只同"会"联系,是局部性的;但从语义上看,其"否定范围"及于全句。其中的"他"如重读,又使"否定焦点"聚集到"他"上。但"不"的否定范围似乎不能及于相隔"两个流程"的上位块。上例中的"他"和"不会"是个全句直属块,即第一流程中切出的成分,"不"又是"不会"中的直属块,为第二流程中的成分,这就是说,"不"和"他"中间仅相隔了一个流程。在"他不高兴地说"中,"不高兴"和"地"为第二流程成分,"不"和"高兴"是第三流程成分,同第一流程成分"他"相隔两个流程,所以"不"的否定范围不能及于"他"。关于"不"的否定范围、否定焦点和"聚焦手段"等讨论,见邵敬敏(1987)、饶长溶(1988)和钱敏汝(1990)。

[6] 偶然也有"不"在同一流程中后置于内层介词结构的情况,如"把它不当一回事""把这点困难不放在眼里",但基本上都是熟语性的(见吕叔湘等 1980:51—52),并且相应的前置格式仍可用,如"不把它当一回事"。两者的关系究竟是

"把"字短语后向前外移还是"不"字向后内移,有待于进一步探讨。

[7]"事件"相对于"动作",有较大的名词性(见§3.8.1),因此否定事件的时态词"没有"同否定领有事物的动词"没有"可能有某种内在的必然联系。可比较英语中的 have 也有相似的这两种用法。黄正德(1990)认为这种联系是一个动词的受格动词性质和作格动词性质间的联系。

[8]"进行"的宾语本质上是名词性的,因为这个宾语只能作名词性的扩展:加定语;而不能有动词性的扩展:加状语和宾语。"进行"也可带纯名词性的宾语,如"仪式、战争、手术"等(见§3.8.1)。事实上"进行"后的所谓动词宾语,原本就都是动、名兼类词,作"进行"的宾语时不过是体现和落实了名词性而已。

"喜欢、开始"后的宾语才是真正地既可是动词性的又可是名词性的。不过即使这样,对于一个具体的宾语,仍然或者是动词性的,或者是名词性的,两者只能取其一。"开始讨论"中的"讨论",离开语境来看,虽然可作两可的分析,但两种分析意义有别,不能说是"一个意义,两个形式"这种意义的差别,可从下例中看出:

(i) a. 开始　　严肃的讨论

　　b. 开始(了)　严肃的学术讨论

(ii) a. 开始　　严肃地讨论学术问题

　　b. 开始(* 了)严肃地讨论学术问题

"严肃 de 讨论"作名词还是动词,扩展方式不同。有趣的是,如例(ia)和例(iib)的区别所示,"开始"如带了动词词尾"了",宾语的动词性扩展就受到很大的限制。

[9]这里的"很难"应看作一个词,其中的"很"不能去掉,也不能换为"不""不很"等。在"很 | 难看/难听"中,"难看、难听"应看作词。

[10]后置动量语(下面以 K 表示)和名词宾语的顺序,有下面三种情况:

(i) VOK(O 为人称代词):

　　看他一眼/一天

(ii) VOK/VKO(O 为有生名词或处所名词):

　　看　老张/新来的同学/那只狗　一眼——

　　看　一眼　老张/新来的同学/那只狗

　　去过　上海　三次——

　　去过　三次　上海/那个城市

(iii) VKO(O 为普通名词)：

> 唱　三遍(*这只)歌，读了　五年　(*两本)书

可以假设 VOK 是基本形式。由于 K 总是不能自由扩展的词级单位，所以 VKO 格式就可解释成是通过"词块内移"而从 VOK 转换成的。

至于(iii)式中的 VKO，受到更严格的限制：宾语不能受指别词和数量词修饰。因此，前面的动量语可说在分布上同名词的指别定语和数量定语互补，不妨把它看成一种特殊的定语，这一点从"读了五年书"也可说成"读了五年的书"中看出。

进一步看，VKO 式中的宾语不但不能有自己的指别定语和数量定语，而且还很难带上一般的其他定语：

(iv) 看了　三天　(??外国的/有趣的/新出的)书
(iv) 看了　三遍　(*外国的/有趣的/新出的)书

(当然，属于复合词内部的黏合式定语在这种格式中是完全允许的，如把"书"改为"外国书""新书"。)这说明了其中的宾语在意义上已经相当虚化，带有比喻义(Tai 1989：193—197)，而动量语才是真正重要的表义成分。因此也不妨说其中的宾语仅是形式宾语，VKO 格式是 VK 格式的变体。

9　自然语言理解和同步组块

9.1　同步性动态分析

9.1.1　说话者、听话者角度和静态、动态描写

语言既是思维工具，又是交流工具。作为交流工具，需要有说话者和听话者双方(严格地说，把书面语考虑在内，这双方应该是发出者和接受者，或造句者和析句者，或表达者和理解者，或编码者和解码者。不过由于语言的基础形式是口语，不妨在一般场合沿用通俗的说法，例如说话者、听话者这两个名目)的参与。那么，分析语句自然也有说话者和听话者两个取向和角度。

传统语法和结构主义语法强调的是析句，主要是从听话者出发的。转换生成语法强调语句的生成，兼顾了说话者的角度。

传统语法是一种以分类为主的静态的分析。而转换语法所强调的转换过程，包含了动态分析的因素。但所谓动态也可从不同角度去理解。转换语法的动态，主要是指说话者角度的从深层到表层的造句编码过程，可说是垂直纵向的动态过程。这种纵向动态用于听话者，就是从整个表层追溯整个深层的过程。我们还可以从实际讲话、听话时一个词一个词这样从部分到整体处理下去，这是与真实时间流同步的动态过程，可说是水平横向的动态过程。这种同步性动态分析也可分别同说话过程和听话过程相结合，下面两小节先对早期的这两种语句同步分析作一介绍。

9.1.2　Yngve 从说话者出发的同步分析

Yngve(1961)曾提出过一种从说话者出发的同步性动态分析。

(1)

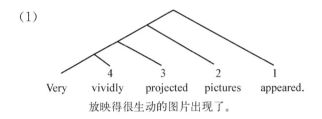

放映得很生动的图片出现了。

上例中,说话者首先明确自己要说一个句子,按照两分的短语结构,句子由一个主语和一个谓语部分组成。当他说出或进入主语表达的时候,他必须记住后面还要说一个谓语1。这个主语名词短语由中心名词和定语两部分组成,当他进入定语表达时,他必须记住后面还要说一个核心名词2,此时他需记住两个单位……这样,每朝左分叉方向向下降一层,就要多记住一个相应的右分叉成分。在说出 very 时,就需要记住四个成分:谓语 1. 主语中心词 2. 定语中心词 3. 状语中心词 4。Yngve 把说话者说到某处时所要记住的单位数称为"深度",上例中说话者说到 very 时的深度就是 4。他认为语言结构中必然有一种机制能使结构深度保持在短时记忆所容许的"七左右"这个范围内。

　　Yngve 提出的这种同步动态分析是富有开创性的。它的失误是建立在纯说话者的角度上。我们知道,一个听话者不必同时是个说话者,而一个说话者必然同时是个听话者:他必须"监听"自己的说话过程,知道自己已经说了些什么。所以,听话者的立场显然具有更普遍的意义。

　　此外,也没有充足的理由认为说话者对于自己将要说什么总有成熟的计划,或者说他总是在想停当了一个句子后再把它说出来的。在多数情况下,他都是在有了一个总的粗略的意向后,再边想边说的,前面的成分出来了,后面的成分往往还没有考虑好。因此即使从说话者的分析角度看,也没有必要一开始就对后面将出现的内容都事先记住。

9.1.3　Hockett 从听话者出发的同步分析

　　Hockett(1961)曾提出过一种动态的听话者语法。他的分析建立在听话者对语句的预期上。我们可以举汉语中的例子,大致描绘如下:

（2）语言 和 各种 抽象 符号 是 人类 最 重要 的 思维工具。

主			动	主	状	定	宾
定			助	定			定
并				并		并	并
题							
同							

当听话者听到并且理解了"语言"这个词时，他对它可能直接落实的句法功能有五种猜测：1.直接作主语。2.作定语，如后面出现"的功能主要是交际"。3.作并列语，如例（2）所示。4.作话题，如后面出现"我们每时每刻都离不开它"。5.作同位语，如后面出现"这种工具，是人类高度智力的产物"。这些可能，我们用"语言"正下方的文字表示。

当听话者听到并理解了"和"时，他把"语言"落实为并列语，与此同时，原来的主语、定语、话题、同位语可能并没有取消，只是"暂搁"起来，等到整个并列结构全部结束时再加以落实。

当听到"各种"时，原先的各种期望都没改变，只是又增加了由"各种"所激发的新可能……

当听话者听到并理解了"是"时，一方面，他知道前面的"语言和各种抽象符号"只能理解成主语，于是就取消了作定语、话题、同位语这三种可能。另一方面，他可以推测"是"后面可能出现一个宾语，此时"是"是主要动词；"是"后也可能出现一个谓语（如"给思维提供了最方便的工具"），此时"是"是语气性的助词。

在听到"人类"时，一方面，取消了"是"理解为语助词的可能；另一方面，"人类"本身作为宾语中一部分的同时，又可细分成三种可能的语法功能：1. 作宾语中的定语的主语，如后面跟着"表达思想的工具"；2. 作宾语中的定语，如后面跟着"的表达工具"；3. 作宾语中的并列语，如后面跟着"和其他智能动物的工具"。

就这样一路下去。总之是每听到一个词，在激发某些新的预期的同时，也给前面的某些成分落实语法功能，即取消一些原先预期的可能。这是一种同步的动态过程。

所谓已出现的词语能充当什么成分，当然是相对后面将会出现什么成分的词语而言的,因此这种分析可以说也是建立在对将出现的内容的预期上的。Hockett 原来的描写是记录将可能出现的成分,我们这里改为记录已出现的词语可能落实的成分。这主要是为了方便、简洁起见。如相对话题的是"陈述部分",这个名目平时不常用,记录已出现的成分,就可省去这些名目。

Hockett 所提出的同步动态分析和听话者角度无疑是很有意义的,但这种分析的具体运用极大地依赖于对语法功能的分类,而这种分类是很不明确很有分歧的:有些成分具体属于哪一类不明确,如"努力工作"中的"努力"到底是定语还是状语? 或"台上坐着主席团"中的"台上"到底是主语还是状语? 或"我喜欢他老实"中的"老实"到底是什么成分? 分类又有分粗分细的问题,如把定语、状语合并为"修饰语",上述"努力工作"就没问题。这些问题中的某一些也许能随着语法研究的深入而解决,有些恐怕永远不会(或实际上并不真正需要)有明确结论。不管如何,Hockett 的这种动态描写过多地依赖于"语法学意识",同自然语言理解过程的"语法学无意识"状态有很大距离。以下我们将讨论的组块分析,主要使用"块"这一最初始、基本的认知概念,而很少用到主语、宾语等语法术语。

9.2　同步组块的基本过程

9.2.1　自然语言理解和摄前的语句听析描写

听话者角度的、逐词展开的同步分析,比较接近理解自然语言的实际过程,所以一般也称为"自然语言理解研究",主要属于心理语言学的研究范围,是一个重要的专门领域,英语中也称为 parsing,如译为"析句""分析"等,不足以同一般的静态分析区别开,也许译为"听析"稍好些。

听析不同于一般析句的另一个特点是,它不太计较某个成分到底是话题还是主语,是宾语还是补语等名目、术语之争。一般人不懂这些语法术语,也能理解话语,听析正是要分析一般人不用语法术语的自然的语句理解过程。这种对语法术语不敏感的分析也可说是"语法学无意识"的分析。

　　我们可以看到，无论是 Yngve 从说话者出发的同步分析，还是 Hockett 从听话者出发的同步分析，所强调的都是后面将出现的成分，而不是前面已出现的成分，可以说两种分析都是"摄后"性质的。摄后的分析有很大的局限性。以说话者的立场来看，他可能对后面出现的内容并不都是事先心中有数的。以听话者的立场来说，对后面成分的预测实际上是猜不胜猜的，如例（2）中的听到"各种"时，虽然将出现的大成分很有限，不是定语就是核心名词，但定语内部的下属成分几乎没有限制。"是"后面的成分也是如此。听话者比较聪明的策略显然是抓紧对已出现的成分的处理。事实上，后面可能出现的成分在很大的程度上取决于实际上已经出现的成分，因此可说对已出现的成分的处理是更基本的处理。强调已出现成分的分析，可以称为"摄前"的分析。

　　后面从第三小节开始，我们将对从听话者立场出发的、同步性的、"摄前"的分析作一些探索。在正式进入这个话题前，先在下面 §9.2.2 中谈一谈有关语句难度数量化的问题。

9.2.2　以节点数和时间量为基础的语句难度计量

　　上述两种同步描写，都具有将结构难度加以数量化的特点。此外，Chomsky & Miller（1963）也曾提出过一种计量结构难度的分析法；虽然不是同步性的，但在其他某些方面也是很有启发的。他们以树形结构图上"节点"（分叉点）数同语句所含的词数之比作为衡量结构难度的指数。

（3）　a.　　　　　　　　　　　　　b.

　　按这种计量法，一个由四个词组成的语句，假如是例（3a）那样的结构，因为有 A、B、C 三个节点，所以可说结构难度是 3/4＝0.75；假如是例（3b）那样的结构，因为只有 A 一个节点，所以可说结构难度是 1/4＝

0.25。

这样得出的结构难度不是纯静态的。纯静态的结构难度是不牵涉时间量的,也就是节点、枝杈绝对量越大的语句难度越大,往往也就是越长的语句越难。但上述计量法,已考虑到所含总词数这个相对因素,最后结果是节点数绝对量除以词数得到的平均节点数所得到的相对量,而所含词数大致上反映了处理语句所需的时间量,也就是说,已包含了时间量这一因素,所以上述分析已有动态的性质。

9.2.3　同步组块和感知难度的计量

但上述具有初步动态因素的难度计量法又不是彻底的动态。彻底的动态,应考虑进动作者,也就是语句处理者这一听话者的因素。因此,这种结构难度不能反映听话者主观上所感受的处理语句的难度。一个心理学上广为接受的结论是,结构程度越高的材料,越容易为人脑信息加工机制所记忆和处理。按此结论,则例(3a)这样层次较丰富的结构也就是结构程度较高的结构,应该比例(3b)那样层次贫乏的结构更容易处理。这可以从下例看出。

(4)　a.

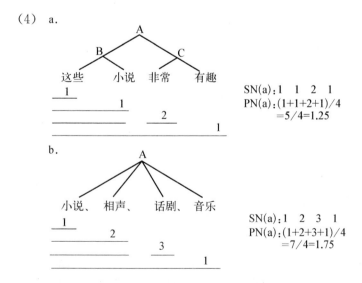

将例(3a)和例(3b)分别填入符合该结构的词语而成例(4a)和例

(4b)。如果考虑到语句听析者这一主观能动因素，并且以容易被听析者记住作为容易处理的主要标准，那么例(4a)这样的多层结构显然比例(4b)那样的并列结构容易处理。事实上并列结构的项目一超过七个左右，就难以听过一遍就记住，而一般层次结构丰富的语句则容易记忆得多，扩展时所受的限制少得多。

　　因此我们可以说，例(4a)比例(4b)在感知上更容易把握，或者说，就感知难度而言，例(4a)比例(4b)低。对于自然语言理解的研究来说，语句的感知难度显然是个更重要的标准，因为语句是否合格、是否通顺都是个感知上的问题。

　　为什么例(4a)比例(4b)在感知上更容易把握呢？总体上看，可说是因为处理例(4a)的过程中，听析者脑子里平均每时每刻要记住的板块比处理例(4b)时要少。我们可把处理过程中脑子里每时每刻要记住的平均板块数，作为衡量语句感知难度的基本指数，称为"平均感知难度"，或简称"平均难度"，用汉语拼音缩写 PN 来表示。

　　为了求得平均板块数，就先要求出各个点即各个时刻处理者脑子里所要记住的板块数。我们把各个时刻处理者脑子里所要记住的板块数称为"瞬时感知难度"，简称"瞬时难度"，用汉语拼音缩写 SN 表示。

　　例(4)中各个词正下方的数字就代表了听完该词时，包括该词在内、所有已出现的词所能组成的板块的数目，大致上也就是听话者脑子里要记住的板块数(SN)。在处理例(4a)的过程中，听话者听到"这些"时，脑子里只需记住这一块，可记为，SN(这些)＝1；在听到"小说"时，由于"这些"和"小说"可组成一个较大的语法块"这些小说"，所以脑子里仍只需记住一块内容(例图中用连接的断合表示块的分合)；到"非常"时是两块，"这些小说"和"非常"，即 SN(非常)＝2；最后，到"有趣"时，把全部词组成一个语句"这些小说非常有趣"。

　　而在处理例(4b)时，听完"相声"，由于整个并列结构没有完成，不能组成高一级的大块，所以 SN(相声)＝2。于是，SN(话剧)＝3，SN(音乐)＝1。

　　平均难度为语句中所有词的瞬时难度的总和除以词数的平均值，即 PN＝∑(SN)/m(m 为语句所含词数)。因此 PN(4a)＝(1＋1＋

$2+1)/4=1.25$,而 $PN(4b)=(1+2+3+1)/4=1.75$。

如果没有组块过程,那么,任何一处的 SN 值都应该比它前一个 SN 高 1。由于有边听边组合的过程存在,所以后一个 SN 可能等于或小于前一个 SN。如 SN(小说)=SN(这些),那是因为"小说"和"这些"一起组成了"这些小说"一块成分。SN(有趣)<SN(非常),那是因为"有趣"首先同"非常"组成"非常有趣"一块,然后这一块又同前面的"这些小说"组成更大的一块。后一个 SN 值若比前一个 SN 小 X,就说明新出现的这最后一个词使前面(X+1)块成分组合在一起了。

这种分析法,跟前述 Chomsky 和 Miller 以节点为基础的分析比较,主要的区别是从以节点为单位转为以板块为单位,并且强调了"组块"这一同步性动态过程。跟前述 Hockett 和 Yngve 的同步分析相比,主要在于它的摄前性。

总的说来,它最基本的特点是"整合性"的,而不是分析性的。像"台上坐着主席团"这样的句子,分析时有很多困难:到底应先两分还是直接三分,"台上"是主语还是状语等。但从整合的角度看,问题就简单得多。听话者只要听完三部分:"台上""坐着"和"主席团",就可把它们整合成一块,即一个句子。至于这三部分到底是直接三分所得到的同一层次的成分,还是先两分再三分得到的不同层次的成分,以及这三部分的名称到底是"主语·谓语·宾语""状语·谓语·主语"还是"存在处·存在动词·存在物"或是其他的什么名称,那并不重要。又如"乱七八糟"内部的结构关系,很难说清,但听话者听完这四个字就把它们组成一块,这却是不需弄清其内部结构就能轻而易举地做到的。因此组块过程实为一种更初始而基本的操作(陆丙甫1986a)。

组块分析看上去简单的更重要的一个原因,是因为听话者在听的过程中总是对听过的词语及时地进行加工,把能处理、清理的东西及时地处理、清理掉,其中最重要的一方面就是把能组合起来的较多的若干小单位及时地组合成少数较大的单位,从而把记存在短时记忆中的离散单位控制在一个极有限的范围内。因此这种分析法可说是十分强调听析者主观能动的信息处理能力。当然从另一方面也可以说,它对于听析者信息处理通道的局限性也是敏感的,下面就来谈这个问题。

9.2.4 瞬时难度和平均难度作为一种基础量和原始数据

当然,把是否容易听过一遍就记住作为衡量语句感知难度的标准,这肯定是很不全面的。不过这是我们目前唯一可用的能保持相对稳定的计量感知难度的方法。所谓相对稳定,这里是指瞬时难度和平均难度这两个基本指数都有比较明确的上限。事实和经验都表明,处理语句的过程中,听话者短时记忆中记存的离散单位——板块的数量,虽然不断地上下波动,但通常不会超过七(±2)左右,即瞬时难度的上限为七左右。也就是说,同步组块过程(语言解码过程)中从起点到任何一个时刻的言语片段中含有的离散板块都不会超过七块左右。既然平均难度为瞬时难度的平均值,那么它显然也不会超过七左右。如下面这个平均难度超过 4.5 的语句例(5a),已显得相当累赘,从消极修辞的角度看已很难被接受,改为例(5b)后就通顺得多,这种差别能够通过最高瞬时难度和平均难度看出[1]:

(5) a. 他 是 我 中学 时 就 认识 的,后来 和 我 一块儿 在
    1 2 3 4 4 5 3 3 4 5 5 5   6
    农村 插队,现在 又 在 同一个 大学 教书 的 朋友
    6 4   5 6 7 8   7 5 5 1

$$PN = (1+2+3+4+4+5+3+3+4+5+5+5+6+6$$
$$+4+5+6+7+8+7+5+5+1)/23 = 104/23$$
$$= 4.52$$

  b. 他 是 我 中学 时 就 认识 的 朋友,后来 我们 一块儿
    1 2 3 4 4 5 3 3 1   2   3   3
    在 农村 插队,现在 又 在 同一个 大学 教书
    4 4 2   3 4 5 6   5   1

$$PN = (1+2+3+4+4+5+3+3+1+2+3+3+4+$$
$$4+2+3+4+5+6+5+1)/21 = 68/21 = 3.24$$

无疑地,除了要记住的结构信息块的数量外,影响到感知难度的

因素还很多。但记忆因素是一个对语句处理来说无处不有、无时不在的普遍因素，它适用于所有的语句，并且它的上限又相当稳定。所以可把它作为衡量句子感知的"基础量"。其他影响语句感知难度的因素，或者是难以计量，或者是没有普遍意义。如结构的歧义，也许对于某些语句的感知难度影响重大，但由于不是所有语句都有结构歧义问题，所以不能拿来作衡量难度的主要和基本的标准。建立了感知难度的基础量后，可以以此为基础再加上其他因素导致的难度。好比可以根据一个人的基础新陈代谢去测量他每天所需摄入的基础卡路里，然后再根据他的工作量、运动量和所处年龄阶段等对所需摄入量作适当调整。其中基础代谢是个普遍起作用的基本因素，而其他因素则是多变的不稳定因素，尽管有时它们会在数量上占优势。如马拉松赛跑运动员的所需摄入热量中，由基础代谢所决定的热量只占很少一个比例，但这不否定基础代谢量是决定摄入热量的主导因素，因为它有普遍性。

影响语句感知难度的另一个重要而普遍的因素是语句意义的难易(包括听话者对语句所讨论的内容的熟悉程度)。部分意义难度可通过组块得以表达，或者说可转化为组块的难度(陆丙甫 1986b)。一个不熟悉汉语的人，听汉语时，对于本应组合起来的词语不能及时组合起来，这当然就直接增加了他要记住的块数。如果他对汉语一窍不通，因为完全不了解词语的意义，他就只能把每一个音节都当一个独立的块去记，感知难度很快超过七而无法处理下去。相反，如果他精通汉语并且熟悉语句所谈有关内容，听到某个短语的第一个词就猜到了这短语的最后一个词，也就是把整个短语当作一个现成的结构块，不需临时再去组合，整个短语的平均难度就是 1，相当于一个词。如果他听到句子的第一个词就能一直猜到最后一个词，那么整个句子的平均难度也就是 1。我们这里分析汉语时是基本上按词组块的，事实上也可以采取按字组块的方式。很明显，按字组块分析的结果，平均难度会稍高于按词组块的分析结果。按字组块反映的是不熟练的听话或阅读过程，正常的熟练的听、读过程基本是按词组块的。

最后要指出的是，SN 和 PN 两个量，虽然因其普遍性和上限的稳定性而可作为衡量语句感知难度的基础量，但它们仍是初始数据，严格地说来,在尚未作进一步技术处理前,还不能直接用来表达真正的感知难度。以 SN 来说,它同我们真正感知到的难度并不是简单的线性正比关系,即并非是 SN 每增加一分或一倍,我们主观上感知的难度也就同样地增加一分或一倍。例如某人每餐的饭量是十两左右,我们可以认为他吃一两饭是一分饱,吃五两饭是半成饱,吃九两饭就是九分饱,即吃入量和"饱度"成简单正比例关系。但吃入量和主观的"饱感"之间的关系,就不这么简单,因为他吃下前三、四两饭时仍不会感到饱(很可能第一两饭吃下去后感到更饿了),仍停留在感到饿的感觉中,此时处于饱感的不敏感状态;三、四两后进入敏感阶段,吃一两有一两的感觉,此时比较接近正比关系;到七、八两这个临界阶段时会很敏感,多吃一点就感到饱了不少;十两之后,就是过敏阶段,多吃一两甚至一口都是件难事了。处理语句的难度就好比吃饭的难度,也是开始的阶段对 SN 不敏感,后来越来越敏感,直到根本无法处理为止。这种客观(但又不是纯客观,因为组块毕竟是主观加工过程)测量和主观感觉间的关系,也许可用直角坐标系上的半截抛物线表示。

　　PN 和感觉上的难度关系也不单纯。假使有两个句子,第一个的 SN 值波动很大:虽然某处的 SN 很高,但多数 SN 很低,因此 PN 也不高;第二个的 SN 值波动很小,虽然没有很高的 SN,但多数 SN 值处于较高的水平,因而 PN 比第一个高。感觉上到底哪个句子更难呢? 我们在后面的分析中,只在同义异构句中作比较,这样可尽量减少其他因素的干扰;并且比较组中较难的那个语句,都是 PN 和最高 SN 较大或如后面例(13)那样 PN 不同但最高 SN 相同的语句。

　　我们对如何把 SN 和 PN 进一步作这类技术处理的问题暂不作讨论,为了阐述的简单,在指出 SN 和 PN 仅是初始数据后,仍不妨笼统地把 SN 和 PN 作为瞬时难度和平均难度的指数。

9.2.5　从同步组块看两分法和多分法

　　很明显,组块和树形图的分叉方式有密切联系。不过不是如 Yngve 所说的那样左分枝越多越难,相反,一般情况下是左分枝越多难度越低。例(1)这样的纯左分枝结构,从听话者来看,同步组块所反映的平均难度比包含了右分枝的同义异构体要低,这可以从下例看出。

（6）　a.

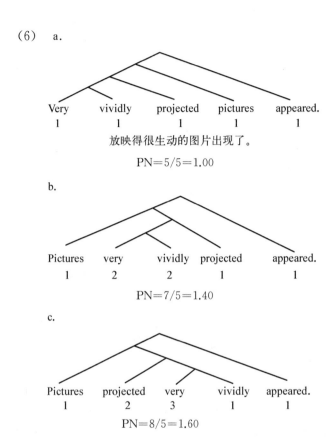

Very　vividly　projected　pictures　appeared.
1　　1　　　1　　　1　　　1

放映得很生动的图片出现了。

PN＝5/5＝1.00

b.

Pictures　very　vividly　projected　appeared.
1　　2　　2　　　1　　　1

PN＝7/5＝1.40

c.

Pictures　projected　very　vividly　appeared.
1　　2　　3　　1　　　1

PN＝8/5＝1.60

但是,分叉和组块间的关系并不是完全对应的,具体地说,并非所有分叉的节点都能组成一个板块。例如我们在§4.4中讨论过的例子：

（7）　a.

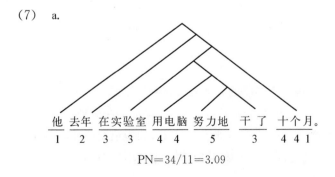

他　去年　在实验室　用电脑　努力地　干了　十个月。
1　2　　3　3　　4　4　　5　　3　　4 4 1

PN＝34/11＝3.09

b.

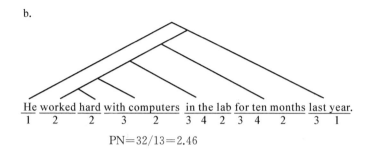

He worked hard with computers in the lab for ten months last year.
1   2   2   3   2   3 4 2 3 4   2   3 1

PN＝32/13＝2.46

若每个节点(上面例图中省略了短语内的小分叉)都算作一块的话,则这句子以左分枝为主的英语结构和以右分枝为主的汉语结构在处理难度上有相当大的区别,这同我们的直觉是不符的。

如果右分枝结构总比左分枝结构难处理的话,那么像日语这样核心总是据后因而右分枝占绝对优势的语言,处理起来应该比核心据前、左分枝占优势的语言难得多。这也是同人们的语感直觉不符的。事实上,人类语言中核心据后的结构数量上明显多于核心据前的结构。难道人类语言会全然不顾功能的便利而作出舍易就难的选择吗?

但假如我们从向心轨层和有限多项式的角度去定义"块",那么,例(7b)这个句子是直接由七个直属后块构成的,而"worked hard"和"worked hard with computers"等过渡性的节点并不构成板块[2],那么,该句子的汉语结构和英语结构在处理时的差别就小得多。换一个角度来看,如果要把节点和板块统一起来,使树形结构能适用于语句听析,则可把主干成分(见§2.3.2对"主干成分"的定义)所构成的树形图进一步简化为一个更直截了当反映有限多项式的多分叉树形图:

(8)   a.

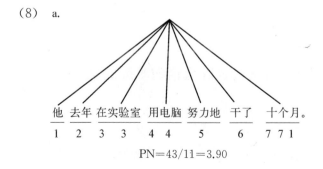

他   去年   在实验室   用电脑   努力地   干了   十个月。
1   2   3   3   4   4   5   6   7 7 1

PN＝43/11＝3.90

b.

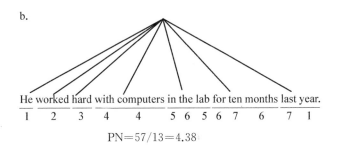

He worked hard with computers in the lab for ten months last year.
1　　2　　3　　4　　4　　5 6 5 6　7　　6　　7　1

PN＝57/13＝4.38

其结果，上面例句的汉、英结构的平均难度就相当地接近了。这种多分叉树形图，同 Dryer（1992：112—114）最近为解释语序普遍规律而提出的"主要成分树形图（major constituent tree）"基本上相同。除反映听析规律和语序规律之外，多分叉树形图还能避免两分叉的一些矛盾。如上述汉语例句似也可分析成下面这样的形式，即"干了"和"十个月"构成一对直接成分。

（9）

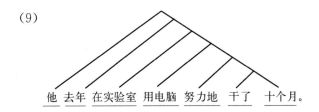

他　去年　在实验室　用电脑　努力地　干了　十个月。

这就发生了例（7a）和例（9）何去何从的问题。这个问题在例（8）那样的多分叉结构中就得到了化解而不复存在。由此可见，两分为主的树形图，在语句听析分析方面，常常导致一些不方便，甚至是误导作用。

9.3　自然语言降低语句难度的策略

9.3.1　及时组块

同步组块过程，能为某些同义异构格式的分析提供一些启发。

（10）　鲁镇　的　酒店　的　格局。

    a. <u>1　1　1　1　　1</u>

       PN＝5/5＝1.00

    b. <u>1　1　2　2　1</u>

       PN＝7/5＝1.40

（11）　复旦　大学　中文系　汉语　专业　毕业生。

    a. <u>1　1　1　2　1　　1</u>

       PN＝7/6＝1.17

    b. <u>1　1　2　3　2　1</u>

       PN＝10/6＝1.67

（12）　老师　的　老师　的　老师　的　老师。

    a. <u>1　1　1　1　1　1　1</u>

       PN＝7/7＝1.00

    b. <u>1　1　2　2　3　3　1</u>

       PN＝13/7＝1.86

　　例（10）的两种切分，听析处理时的难度是不同的。假如其他一切相同，那么，听话者会优先采用 a 结构，即"鲁镇的酒店的｜格局"。例（11）是个有多种切分可能的结构，a 的组块过程反映了"复旦[4]大学[3]中文系[2]汉语[3]专业[1]毕业生"这样的切分，而 b 组块过程则反映了"复旦[2]大学[1]中文系[2]汉语[4]专业[3]毕业生"这样的切分。两种过程的处理难度不同，这就为处理时的选择提供了一个参考标准。例（12）的情况也相似，它同时还说明了语言中容许递归结构的认知原因：因为这类结构从同步组块的角度来看，是并不难处理的。

　　上述分析显示，对于语句中既能同其前置成分直接结合，又能同其后置成分结合的中间单位，降低处理难度的一个基本原则是先同其前置成分结合起来，这可称为"及时组块"的策略。

9.3.2　大块前移

　　我们在§6.2 讨论过的大块前移的倾向，除了§6.4 中所说的便于空间感知，便于建立起移出成分同其语迹间关系这两层原因之外，也还可以从听析处理的角度获得另一层解释。下例显示将体积大的板块前移能降低平均难度。

(13) a. 他 为了 解决 机器 翻译 问题 努力地 研究 语言学。
　　　 1　2　　3　　4　　4　2　　3　　4　　1
　　　 PN＝24/9＝2.67

　　 b. 为了 解决 机器 翻译 问题 他 努力地 研究 语言学。
　　　 1　2　　3　　3　　1　2　　3　　4　　1
　　　 PN＝20/9＝2.22

我们可以用抽象的方式来表明大块前移降低平均难度的一般原理：

(14) a. (ABC)　　(DE)　　(F)……
　　　 1 2 1　　 2 2　　　3　　　PN＝11/6＝1.83
　　 b. (DE)　　(ABC)　　(F)……
　　　 1 1　　　2 3 2　　　3　　　PN＝12/6＝2.00
　　 c. (F)　　(DE)　　(ABC)……
　　　 1　　　 2 2　　　3 4 3　　PN＝15/6＝2.50

由三个直属板块构成的语句片段,如例(14a)那样将最大的三词块置于句首,并将最小的一词块置于最后,则可获得最低的平均难度。相反,像例(14c)那样将三词块置于最后而将一词块置于最前,平均难度最大。

9.3.3　超前组块

1. 大块置末

虽然如前面§9.2.5所言,原则上一个上位块的所有直属下位块都出现后才能组成这个上位块,但这个规则其实是无法贯彻到底的。

（15）张三 昨天 悄悄 说　李四 确实 知道　王五 认为　赵六 曾经 主张……
a.　1　2　3　4　　　5　6　7　　8　9　　10　11　12
b.　1　2　3　4
　　　　　　　　→(1)2　　3　　4
　　　　　　　　　→(1)　2　　3
　　　　　　　　　　→(1)　　2　3　4

　　这个语句的宾语可以无限扩展下去，由于宾语一直没完全结束，所以它的组块过程一直不能完成，即宾语这一块始终得不到封闭。全句直接宾语内部的宾语也是如此。上例(15)语句下 a 行瞬时难度数字不断上升，就反映了某些上位块始终不能封闭的现象。

　　但实际上在听析这类语句时，是容许边听边忘的，忘记前面的部分内容并不影响到后面部分的理解。我们可以把这种边听析边遗忘的过程，用上面例(15)b 行以下的调整后的瞬时难度数字表示。听析者听到"李四"时，即进入宾语子句时，他意识到母句由"张三""昨天""悄悄""说"和宾语"李四……"组成，于是他可以在宾语尚未完成的情况下将母句组成一块加以封闭，这用箭头后的(1)表示。此时他需记住两块：基本完成但未完全结束的母句"张三昨天悄悄说"和子句内的"李四"。也就是说，一个结构块的内部成分可以在"基本结束"的情况下得以"超前"组块。在语流节奏上，说话者会在"说"和"李四"之间作相当于分句间那么大的停顿，让听者有充分时间将"张三昨天悄悄说"组成一块而把"李四"纳入下一个组块过程。当进入再下一层子句的"王五"时，可以只记住直接母句"李四确实知道"和"王五"两块，而把更上层的母句"张三昨天悄悄说"从短时记忆中退出，化解融合进语境意义之中。再下去的过程也是如此。之所以处理到某个子句时在短时记忆中只保留直接上位母句，是因为听析过程通常不能处理两个以上未封闭的句子(Kimball 1973：33—35)。

　　因此，虽然语法上的静态切分应将上面的例句分成"张三""昨天""悄悄""说"和"李四确实知道王五认为赵六曾经主张……"五块，这反映了某种普遍、稳定的结构模式"主语·时间状语·方式状语·动词·宾语"；但一般人直觉的切分显然是分成"张三昨天悄悄说""李四确实知道""王五认为"和"赵六曾经主张"四块,这反映了动态的听析过程。

　　超前组块现象可用心理学中的"完形理论(gestalt theory)"加以解释。根据完形理论的"整体大于部分之和"原理,想象力能够根据各个组成部分推测出一个大于各部分之和的整体,即根据各个部分想象出整体中残缺的部分。如根据连续接近的一个个小点,很容易被想象成串在一根线上的点,这实际并不存在的"虚线"就是想象中添补出来的。又如多边形中少掉的一条边也是很容易被想象出来的。同样,少掉一个下位块的语言结构也是容易通过想象组成一块的。如同我们的想象通常只能给残缺多边形增添一条虚边一样,我们通常也只能在多项式残缺一个下位块的情况下去提前组块。这里也反映了多分法较两分法的一个好处:多项式中缺一项是容易根据已有的多项补出所缺一项的功能(不是具体内容),而两项式缺一项则因为已获信息比例太低而补不出残缺项。

　　这也可能就是不能同时处理两个句子的原因之一。因为假使能够在记住两个未完成的句子的情况下同时处理第三个句子,那就意味着要同时通过想象增补出两个成分,超出了我们通常只能想象一个成分的限制。所以此种情况下,只好把较早的那个不完整句子推出短时记忆。

　　根据可以残缺一个下位块而超前组合上位块的现象,那么,很自然地,将最大的下位块移到语句末端就能使上位块尽早地在"基本完成"的情况下提前组合,从而减少语句听析的感知难度,这正是例(15)中所显示的情况。因此可说超前组块的具体落实形式是"大块置末"。我们在§8.3.2中指出过,在汉语句子格局中,最复杂的成分,如直接宾语和补语,总是据于句末,这种安排显然是便于句子的超前封闭、组块的。例如:

　　(16)　他 昨天 下午 在图书馆里 给了 我 这两本最有趣的、关于猩猩学习语言的书
　　　　　a.1 2　　2　　3 4　　3 4　5 677 8 8　8　9　10 11　　9 9 1
　　　　　PN=117/20=5.85
　　　　　b.1 2　　2　　3 4　　3 4　5) 2 3 3 4　4 4　5　6 7　　5 5 1
　　　　　PN=73/20=3.65

通过残缺一块的超前组块,平均难度从 5.85 降为 3.65(我们用右括号
")"表示超前组块封闭处)。

当然,名词短语作宾语和句子形式作宾语,运用超前组块的情况
有所不同。句子形式作宾语时,尤其是核心动词为必带子句宾语的动
词如"认为、主张"等,超前组块的启动是自动的,不论这个子句是长是
短。而名词短语作宾语时,超前组块的运用不是自动的和必然的。一
般来说,宾语不是很长就不必超前组块。名词宾语句中超前组块的运
用,在口语中,同这个宾语前的停顿大小有密切联系;在书面阅读时,
很可能同宾语跟核心动词是否落在同一个"注视域(fixation)"有关,
宾语如果长到不能跟核心动词落在同一注视域,就要自成一组块过程
而将前面部分超前封闭。

英语句子的宾语后还能出现种种状语,不像汉语那样后置宾语严
格地限于出现在句末。但是,如果宾语是个句子形式,则这个子句宾
语后很难再跟直属母句的状语。并且,英语还广泛地使用 that、which
这类指示子句的标记,它们能够明确地提示听析者对母句作超前封
闭。所以,英语中对超前组块的运用,比汉语更广泛。

(17) a. He　knew　that *the*　*girl*　left.

    1　　2　　1　2　　2　　1

    PN＝9/6＝1.50

    '他知道那女孩离开了。'

   b. He　knew　the　girl　left.

    1　　2　　3　　3　　1

    PN＝10/5＝3.00

    '他知道那女孩离开了。'

   c. He　knew　that *the*　*girl*　*left* exactly.

    '他确切地知道那女孩离开了。'

根据直觉和实验(Hakes 1972),可知例(17a)比例(17b)容易处
理。这可以通过平均难度的计算加以说明。例(17a)因为使用了 that
提示听析者超前组块,所以感知难度比较低。例(17c)是个很难处理

的句子,主要是因为 that 先将母句封闭成一块,但后面又出现了一个语义上只能属于母句的状语,要使这个状语同母句动词建立联系,就要重新把封闭的母句打开,这就极大地增加了听析的困难。下面是另一个英语中应用超前组块的例子:

(18) a. He gave her a book that was about the skinning of cats in Alberta in 1898.

　　　 1　2　 34　4　 1　 2　 3　 4　 4　 5 4 5　 5　6　 1

　　　　　　　　　　 PN＝54/16＝3.38

　　 b. He gave a book that was about the skinning of cats in Alberta in 1898 to her.

　　　 1　2　3　3　 4　5　 6　7　 7　 8 7 8　8　 9　9　10 1

　　　　　　　　　　 PN＝98/17＝5.77

　　'他给了她一本关于 1898 年 Alberta 地区剥猫皮的书。'

　　例(18a)中,因为"that"出现在间接宾语"her"之后,所以具有标记着进入最后一块并提示超前封闭的作用。而在例(18b)中,由于"that"出现在间接宾语"to her"之前,所以不能起超前封闭的作用,整个句子的感知难度就增加了许多。换言之,句末的间接宾语"to her"阻碍了超前组块,断绝了把直接宾语这个大块放到另一个相对独立的组块过程的可能。

　　2. 动词偏后的功能解释

　　要运用超前组块的策略,听析者必须及时地知道语句是否已进入了最后一块。在汉语中,这是通过句子中主要动词来标示的。汉语句型有一个重要特点——动词后的成分不超过两个。因此听析者在遇到主要动词以后,就知道后面至多还有两个成分块,通常动词的类型还能明确提示后面到底是一个成分还是两个成分。动词如果处在比较靠前的位置,后面的成分块较多,预示最后一块的效果就比较差,因为听析者在听到动词之后和进入最后一块之前的这段时间内,要较长时间,花较多注意力去留心动词后出现了几块。因此可说像汉语这样"动词偏后"的句型格局,是方便超前组块策略的运用的。

　　若以动词和论元组成的基础句型来看,可说英语句型也是如此

（如 Hornby 等 1963），主要动词后出现的论元成分至多两个。汉、英两种语言的基础句型极为相似，区别主要在于状语位置的不同：汉语状语几乎全部（如不算所谓"动量补语"在内）前置，而英语状语前后置都有。不过英语句子如果动词后的论元成分很长，后置状语的出现就受到极大的限制，总是要前移：通常是移到动词前；偶然可移到动词和后置论元之间，这种移动限于一个后置状语。

动词后有两个后置论元的句型主要是 VO_iO_d 型和 VOC 型，它们在汉语中表现出一个共同点：都是离动词较远的那个成分，即 O_d 和 C，比较丰富复杂和多样化，而靠近动词的那个宾语通常很短小、简单，信息量不大（Ernst 1988，屈承熹 1990）。英语中的情况也相似。总之，无论汉语、英语，动词后结构复杂的大块只能有一个，并且总是在句末，可说汉、英句型都表现出主要动词偏后的倾向。

Greenberg（1966：81）曾指出，"我们总能知道别人何时开始说，但可悲的是：若不借助于某些标记，我们就不知道他将何时结束"。因此使用某种手段标示出某个语言单位的结束是至关重要的。他认为这个原理可解释一些表面上互不相关的语序共性，如，严格的 SOV 语言只有 OSV 这种替换形式，并且所有的状语都前置于动词。是非问句如仍凭句调区别于陈述句，则两种句调的区别性特征总落在句尾。形容词后置于名词时，形容词必然带有名词的所有屈折变化，此时名词倒不一定带这些屈折成分。这些现象中，动词、句调的区别性特征和屈折成分，都起着"结束性标记"的作用。

汉语句子的主要动词基本上处于倒数第二个句子成分的位置上，也具有"预示结束"的功能。为什么选择动词为预示结束的标记呢？若无专职的标记，而是在原有的句子成分中选一个去兼职，那最理想的当然是主要动词，因为几乎所有句子都有它在里面，永不缺席，最最可靠。

为什么说倒数第二这个偏后位置最理想呢？这个位置类似于并列结构"A，B，C……和/ and X"中的并列标记"和"[3] 和 and，它们基本也都是位于倒数第二位，即最末一项前。选择这个位置并非是偶然的。首先，并列标记若要定位（虚词总是定位的），则当然只能以首、尾两项为定位标准，因为这两项是必有的。

若以首、尾两项为定位标准，则并列标记可有四种位置：第一个并列项之前、后和末一个并列项之前、后（均指直接相连的前、后）。前两种位置没有预示并列结构结束的功能。最末一种位置又在并列结构完成之后，也只能宣告并列结构的完成，而不能预示并列结构的完成。但宣告并列结构结束并非只能靠并列标记，因为通常有其他方式可表示并列结构的结束，如"张三、李四、王五都认识赵六"中，并列结构的结束是一听到"都"就能知道；而"张三、李四、王五，赵六都认识"中，句首的并列结构可由它同"赵六"间较大的停顿表示出。所以，只有第三种位置，即末一个并列项之前的位置，能起到预示结构结束的功能，这个位置能提供最多的结构信息。

9.3.4 不同策略的互补

不难看出，上述三种降低语句感知难度的策略，是有共同之处的。及时组块和大块移前的区别在于及时组块是在本来两可的结构中选择哪个大块在前的分析，纯粹是听话者的手段；而大块移前牵涉移位，是说话者主要为照顾听析者（当然听话者同时也是听析者）的便利所采取的造句手段。但它们的结果都是使大块出现于较前的位置，不妨统称为"大块置前"的基本策略。

运用超前组块，实际上就要求把某个大块置于句末，因此也可称为"大块置末"的策略。大块置末，在汉语中主要是个听析手段（如说话者在语流间歇上加以控制，那也可有造句手段的性质）；在英语中，更多地表现为一种造句手段。大块置末是不是同大块置前的策略相矛盾呢？并不矛盾。大块置前是趁记忆负担尚轻时把大块处理掉，好比安排一天的工作顺序，趁精力较多时先把困难的工作做掉，困难的工作越早做越好，不过并不限于第一做。而将大块置于句末是在没有后顾之忧的情况下处理大块，好比是把困难的工作放到最后，注意必须是最后，等其他工作都完成后才无后顾之忧地安安心心去做。人类行为，也正如同物质世界，在宏观和微观上有很多共通之处。

大块前移实际上多数落实为将大块置于句首。因此两种策略都符合将大块置于两端的优势空间安排（见§6.4）。超前组块一方面是把某个大块置于句末，另一方面实际上也就是把其余的块都超前组成一大块先解决掉,仍有及时组块和大块置前的因素。

大块置前和大块置末这两种策略可以说是互相补充。在日语这种动词必须居于句末的语言中,超前组块的策略很难应用,因此就大量地使用大块前移的策略(Hinds 1986)。从另一个角度看,日语句子中最后的动词往往很复杂,包含了助动词、使动词、否定词、体态、时态变化等多项内容,一起构成一个很复杂的复合词。这也未尝不能说是大块置于句末策略某种程度的运用。而核心据前的英语,则大量地运用将大块置于句末的策略,例如双宾语构式中两个后置宾语的相互位置比较自由,像例(18)所示,因此就能够方便地将较长的那个宾语安排在句末。§6中例(4)—例(5)也都反映了英语中动词后置从属语位置灵活因而便于运用将大块置于句末的策略。§6中例(23)是将定语远离中心语搬到句末,更能说明将大块置于句末在英语中的运用之广。这些移位,只适用于最上位的句子环境(不包括不直接成句的"句子形式",如小句、子句等),不能把"句末"推广到"短语末"或"块末"等。这也从一个侧面反映了句子不同于其他结构单位的特点。

汉语似乎是对两种策略都用。汉语和日语一样同属所谓"话题突出"的语言,而话题化的成分如果是个大块,那就同时具有减少语句处理难度的效果。如例(13b),似乎也可看作是状语话题化。汉语、日语中话题化的广泛使用,很可能同语法上成分前移方便而后移困难有关。汉语中大块置末在运用时远不如英语自由,那么,遇到两个后置宾语中前一个间接宾语较长而感累赘时怎么办呢? 这可通过两个途径去解决:一是直接将间接宾语通过话题化或介词移到动词前,如下面例(19b)—例(19c)。二是通过话题化或"把"字把后面的直接宾语移到动词前,从而使间接宾语成为最后一块,如下面例(19d)—例(19e):

(19) a. 老师 送给了 那个 最近 对 猩猩 学 手语 产生 强烈

　　　　1   2   3   4 5 6 7 5 6   7

　　兴趣 的 学生 这 两 本 书。

　　 4 4 3 4 5 5 1

　　　　　PN=72/17=4.24

b. 那个 最近 对 猩猩 学 手语 产生 强烈 兴趣 的 学生 老师
   1   2   3   4   5   3   4   5   2   2   1   2

送给 了 他 这 两 本 书。
  3   4 5 6 6 1

$$PN=59/18=3.28$$

c. 老师 向 那个 最近 对 猩猩 学 手语 产生 强烈 兴趣 的
  1 2 2   3   4   5   6   4   5   6   3   3

学生 赠送 了 这 两 本 书。
  2   3   4 5 5 1

$$PN=64/18=3.56$$

d. 这 两 本 书 老师 送给 了 那个 最近 对 猩猩 学 手语
  1 2 2 1 2   3)   2   3   4   5   6   4

产生 强烈 兴趣 的 学生。
  5   6   3   3   1

$$PN=53/17=3.12$$

e. 老师 把 这 两 本 书 送给 了 那个 最近 对 猩猩 学 手语
  1 2 2 3 3 2 3)   2   3   4   5   6   4

产生 强烈 兴趣 的 学生。
  5   6   3   3   1

$$PN=58/18=3.22$$

"把"字句的使用受多个因素的启动,降低语句的结构难度看来也是其中之一。

(20) a. 我 雇佣 的 那个 花匠 请来 的 那个 医生
   1 1 1 2   1   2 1   2   1

留下 的 那本 书 失踪了。
   1 1 2 1 1

b. The book the doctor the gardener I employed
   1 1   2   2   3   3   4   3

Invited left disappeared.
  2   1   1

c. The book disappeared that was left by the doctor who

   1   1   1   2   3   3   4 5   1   2

was invited by the gardener I employed.

   3   3   4   5   1   2   1

例(20a)虽然有三层句子形式,但理解时并不困难,因为是一个句子形式完全结束了才进入另一个句子形式。结构对等的英语译文例(20b)就几乎无法理解,它的困难倒并不在于 SN 或 PN 太高,而是因为它把三个句子形式的主语都排列在一起,听析者要同时对付三个未完成的句子形式,我们在 §9.3.3 中已说过同时听析三个句子是不可能的。要把例(20a)译成能够理解的英语,可能的方法之一就是把定语移到句末,然后再把两个定语改成被动式,以便动作者能出现在小句的句末,能方便地带上可不断扩展的长定语。看来,除了其他因素之外,降低语句结构的难度也可能是英语中较多使用被动式的原因之一。

9.4　组块计量的改进

9.4.1　自封闭和待封闭的区分

我们在 §9.2.3 中对 SN 的定义是,"听完该词时,包括该词在内、所有已出现的词所能组成的板块的数目,大致上也就是听话者脑子里要记住的板块数"。实际上这个定义是不严密的,因为所出现的词群如何组块,很多场合取决于后边究竟跟着出现什么样的词语,例如:

(21)　桌子上的　小说我都看过了许多遍。

    a. 1 <u>1</u> <u>1</u> 1 2 3   4   5 1

    b. 1 <u>1</u> <u>1</u> 2 2 ……

"上"和"桌子","的"和"桌子上"组成一块,那都是不需要等待后面词语的出现就能自行决定的。但是,"小说"跟"桌子上的"是否能组成一块,严格地说,要等到后面的"我"出现后才能知道。假如后面跟着出现的是"笔记"或"和杂志",则"小说"就不能直接同"桌子上的"组成一块,而应先跟后继成分组成一块。因此,可以说听到"小说"时,实际上是进入了一种"待定"的状态。或者说,"小说"下的 SN 值严格地说应是例(21b)中的 2,例(21a)中的 1 是朝后再听了一个词的结果。在通常的情况下,往后多听一个词就足以使前面的待定状态明确下来,这在自然语言处理研究中称作"朝前多看一词(look ahead of one word)"(Fodor 1987)。若要作更精确的计算,看来应把"上""的"下的"<u>自封闭</u>"SN 数值和"小说"下的"<u>待封闭</u>"SN 值加以区分。当然具体执行起来,还要考虑很多细节,并非简单的事。

9.4.2 实词和虚词的算法分化

区分自封闭和待封闭,很重要的一个方面,就是区分虚词和实词(Lu 1991)。作为表示语法关系的显性标记的虚词,能直接帮助我们把握句法关系,它们理应能够降低语句的感知难度。但按我们前面所说的计量方法,对虚词和实词的处理并无不同,因而也不能保证虚词的使用总是表现出降低语句难度的效果。

(22) a. 他 是 我 中学 里 就 认识 的,后来 和 我 一块儿 在
　　　 1 2 3 4 4 5 3 3 4 5 5 5 6

　　　 农村 插队,现在 又 在 同一个 大学 教书 的 朋友。
　　　 6   4   5 6 7   8   7   5 5 1

PN = (1+2+3+4+4+5+3+3+4+5+5+5+6+6+4
+5+6+7+8+7+5+5+1)/23 = 104/23 = 4.52

b. 他 是 我 中学 里 就 认识 的,后来 和 我 一块儿 在
　 1 2 3 4 0 5 3 0 4 0 5 5 0

　 农村 插队,现在 又 在 同一个 大学 教书 的 朋友。
　 6   4   5 6 0   7   7   5 0 1

PN = (1+2+3+4+5+3+4+5+5+6+4+5+6+7
+7+5+1)/23 = 73/23 = 3.17

c. 他 是 我 中学 里 就 认识的,后来 和 我 一块儿 在 农村
　 1 2 3 4   5 3   4   5 5 6

插队,现在 又 在 同一个 大学 教书的 朋友。

$$4 \quad\quad 5 \quad 6 \quad\quad 7 \quad\quad 7 \quad\quad 5 \quad\quad 1$$

$$PN = (1+2+3+4+5+3+4+5+5+6+4+5+6$$
$$+7+7+5+1)/17 = 73/17 = 4.29$$

如例(22a)所示,两个"的"字给语句增加的 SN 量分别是 3 和 5。也就是说,虚词的 SN 值随着位置的变化而变化,在某些位置,它们的值可能接近最大值七左右,这个数字远超过平均难度,也即必然会增加语句的 PN 值。这就不符合虚词作为句法结构的标记应降低数值的实际情况。因此就需要对语法虚词作不同于实词的算法处理。

事实上,虚词不同于实词的一个特点是它们都是"定位语素"(朱德熙 1982:10),不是前置性的就是后置性的,总之是位于它们所参与的那个直接上位块的边缘。所以,虚词具有标记板块边缘和帮助组块的作用。后置性虚词直接标记着一个块的封闭,如方位词标记着方位结构的封闭,"的"字标记着"的"字结构的封闭,都是自封闭性质的;前置性的虚词标记着一个新块的开始,如介词标记着介词结构的开始,也间接标记了前一个块的封闭。

将虚词和实词的算法分化,一是沿着前面对例(21)分析的路子,进一步明确区分自封闭和待封闭,增加待封闭状态的 SN 值。二是可考虑如例(22b)所示那样,减少结构虚词下的 SN 值,结构助词"的"下的 SN 值都不算,但在统计总词数时仍算一个词。这样的结果,虚词的使用必能降低平均难度。这种算法实际上就是假设处理虚词时,听析者的脑子处于放松和相对休息的状态,虚词的增加使用也就是增加了处理机制相对松懈的时间量,于是就减少了平均难度。第三种方法是如例(22c)那样,SN 的计算同例(22b)一样,但在求 PN 时,虚词不算进总词数。这种处理是假定短时记忆中的信息块主要是由实词构成的,虚词表示那些实词信息块之间的关系,本身不构成独立信息块。事实上,虚词,特别是后置性虚词,往往在语音上也缺乏独立性,紧附于其前置成分,同后缀的界限不明,是不是词也常常是个问题。像例(22c)这样的处理,能够较大程度地消除以形态词缀、词尾为主要语法手段的屈折语、以虚词为主要语法手段的黏着语和主要以语序为语法手段的孤立语这三类语言在语句处理方面的差异。

当然虚词里面也分种种不同的情况,恐怕也不能简单化地一刀切,如 Culter&Hawkins(1985)认为后置性虚语素(包括后缀、词尾、后置词)处理时比前置性虚语素(包括前缀、词头、前置词)方便,这种差别恐怕也是很值得考虑的。

9.4.3 最表层的重组

前面讨论例(15)时已指出过,语句的静态切分和动态的听析切分并不总是相等的。静态切分和动态切分的区分还表现于下面一类例子中。

(23)　　这　几本　最　有趣的　小说
　　　a. 1　2　3　　3　　1
　　　b. 1　<u>1</u>　2　　2　　1

这里我们把后附性的虚词"本"和"的"不看作独立的词。按静态的语法分析,例(23)由四个直属块:"这""几本""最有趣的"和"小说"。"这"和"几本"并不能直接构成一块单位,这一点也可从它们之间可插入其他的定语如"最有趣的"等看出。这样的话,组块过程应如例(23a)所示。但实际语流中,这两个成分间结合很紧,在数词为"一"而省略的情况下,尤其如此,指别词和量词可紧缩成一个词,如"这本"。如把"这几本"看作一块,那么组块过程就应如例(23b)。

同类的小块合并现象,还有"不+动词""特别是""尤其是""确实是""仍然是""总是""还是""更是""快要""全亏""全不"等近似于词的组合。在例(5)中,我们把"教书"处理成一个类似于词的单位(见本章附注[1]),这也反映了小块在一定条件下可以或宜于合并的情况。

这样地把小块合并成较大的块,具有减少结构块和简化处理过程的效果。当然,这样的小块合并除了参与合并的两块都很小外,还得要有一些其他的条件。主要条件是这两块都是不能自由扩展的词级单位(见§2.6.2和§5.6)。此外,汉语是种节奏性很强的语言(吕叔湘1983:415—444,吴为善1986,1989,1990),节奏规律对于语句听析肯定也有相当的影响。

　　虽然"语法的块"是我们计量语句感知难度的基本单位,但要建立更精确的计量方法,必须根据块的位置和语法性质等作不断地调整、改进。事实上,我们的组块计量目前为止还只能说仅是一种原则性的方向而已,还需要有许多的辅助性细则,调整、改进的余地是极大的。但无论如何,将语法分析加以数量化是一个值得我们追求的重要目标。

附　注

　　[1] 正文中的例句分析并不是严格以词(主要指词汇词,见§2.6.1、§2.6.3)为基本单位去进行的,如"插队"是不是词可能有争议,"教书",通常认为是动宾词组,但我们把它们一视同仁地都看作是语句听析的基本单位。从听析的角度看,通常看作词的"插队、教学"和通常看作词组的"教书"是没有什么区别的。正如"每天洗衣、吃饭",一般人并不会感到其中的两个动宾结构存在"词还是词组"的区别。

　　双音动宾结构中,"鞠躬"是一个词没问题,但"走路、洗衣、插队"呢? 因为其中的"路"并无多少实义,"衣"也单独不成词(不说"一件衣"而要说"一件衣服"),所以有人认为"走路、洗衣"是词,尤其是"洗衣机"中,"洗衣"不看成是词也不好办。至于"吃饭",一般认为是个词组,不过在"吃饭问题"中,"饭"的意义是虚化的,"吃"和"饭"都不能自由扩展(如不能说"吃了饭问题、吃这顿饭问题"),这里的"吃饭"正如"洗衣机"中的"洗衣",以看成词为宜。"教书"的性质类似于"吃饭"。

　　我们把所有双音节动宾结构都不加区分地看作同其他词一样的基本听析单位。双音节化是现代汉语中一个极为突出的倾向,考其原因,很可能同汉语的单音字歧义可能性太大有关。通常我们听话时,听到一个单音节时并不会马上去猜它的意义(在脑词典中检索词义),因为猜不胜猜;而在双音结构中,绝大部分歧义都会消解。因此我们听话往往是两个两个音节去听和理解。这种听话节奏也必然反映于说话节奏。语句听析实际上更多地是根据语流节奏单位,而不是语法单位去进行的。

　　汉语拼音文本中,从方便阅读的角度来看,双音节动宾结构似以连写为宜,因为这合乎我们理解语句过程的自然节奏。文字写出来主要是让人读的,读得顺口了,才便于理解。拼音文本的连写法应尽量同口语语流节奏相一致,这样念起来才顺畅,否则的话,叫人念起来疙疙瘩瘩必然大大妨碍理解。这就好比我们听人说话疙疙瘩瘩,理解起来自然比节奏自然的表达要困难得多。

　　古人学文章很强调句、逗。句、逗念对了,读顺了,就说明已对文章内容有了基本的理解。古书没有标点,所以古人学句读,即学会正确诵读,正确把握语流中间歇、停顿的节奏是很难的事情。印刷中引进了标点符号后,诵读的困难大大减少。但标点主要解决的是句子间的大停顿、大节奏,基本不管句子内的小停顿、小节奏。"一个半劳动力"和"美国会通过新移民法案"这样的歧义语句,读时内部小节奏不同,表达意义就不同。标点没告诉我们在具体上下文中究竟如何读,只能靠理解上下文去猜。分词连写实际上详细指明了句内的小节奏,能帮助解决这类问题。所以可说连写法在本质上是标点符号指示句逗的功能的延伸、扩展和深化。明乎此,考虑连写时应主要看是否同实际说话节奏相一致,而不必多拘泥于语法的分析。为了明确连写的实用原则,不妨干脆把"按词连写"改为"按基本连读单位连写"。至于这种"基本连读单位"是不是词,那是另一个问题。

　　在自然发展成熟的拼音文字中,我们可以发现大量语音节奏压到语法的连写法。如英语中"I'm working",从语法上说"'m working"一起充当谓语,内部的关系比主语"I"和助动词"'m"间的关系密切,但语音节奏上主语"I"和助动词"'m"间的关系更紧密,所以就把它们连在一起了。"the King of England's daughter(英国国王的女儿)"也是同样的情况,这个领格标记"'s"从语法、语义上看是附在整个"the King of England"上的,不能把它只同"England"连成一个词,要写成"the King of England daughter's"或"the King of England 's daughter"才合理,但这样不便诵读。上述的"'m"和"'s"从语法理论上可看作是一个词(因为它所附加的对方是个名词短语),或看作是加在整个短语上的"(短)语缀",但语音上没有独立性,所以写法上不便独立开来。

　　把中文中大量的双音节连写,可能会增加双音节的同音词。双音连写过多,也令人有连写法太单调的感觉。弥补的方法之一是将双音连写的方式适当分化一下,如可把相对来说结合较松的动宾结构双音节写成用间隔号"·"或隔音号"'"隔开的半连写,如"洗衣""吃饭"写作"xi·yi,chi·fan",或"xi'yi,chi'fan"。这样既反映了两部分在语法上的相对独立性,又反映了它们在诵读时必须紧连一起,一起处理的节奏特点。

　　这样从语法上分化双音连写,犹如德文中所有名词起头字母都大写一样,能增加文字的语法、语义信息。文字的信息要足够,才便于阅读。方块汉字语义信息丰富,拼音汉语语义信息大大减少,但作为补偿,它的语音信息丰富而精确,也许这还不足以完全弥补它语义信息的不足,所以又用大、小写字母的区分和分词连写来增加一些语义、语法信息。区分不同的双音连写也是增加语义、语法信息的手段之一，值得研究、开发。

回到"分词连写"这个说法。其实从历史上看，可以说是先有分写然后才有词的概念，是先分写了才成为词的，而不是先有了词的划分然后用于分写的，分写法的发展主要是受实用、方便原则的引导而不是受语法理论的指导。汉语拼音连写法产生于语法学很发达以后的年代，反而多受了不少额外的干扰，不能像古代拼音文字那样在实用中自然而然地发展。

我们当然不必完全否认语法理论的指导作用，但必须注意这种指导只能是引导性、建议性的，而不能是强制性和指令性的。在理论和实用发生冲突的情况下，应该解放思想，根据实际修改理论，或至少是请这种理论靠边站，不干扰实际使用。理论可能暂时同实用无关，这是可以容忍的（否则就是狭隘的实用主义了）；但至少不应妨碍实用。宁保理论而舍实用，那是不能容忍的教条主义。不是有句名言吗：几何公理如果违背人的利益，也会被人们抛弃的。

[2] 转换语法认为，只有词（X^0 单位）完全的短语（X^{max} 单位，最大投射单位）才是移动分析中"看得到"的单位，即只有这两类单位才能移动（Chomsky 1986：4）。这种处理实际上也包含了在某种程度、某些方面排除中介性单位的倾向。

[3] "和（与）"置于最末一个并列项前这种习惯，以前认为是模仿西洋语法，特别是受英语"and"影响的结果。但据吕云九（1991）所说，这种用法我国早就有了，如明代笔记小说中有这样的句子：

> 唯给事中、御史与两侍仪官，傍南楹作一行，东西各三人。（朱国祯《涌幢小品·经筵词》）
> 床橱几桌，皆用花梨、瘿木、乌木、相思木与黄杨木，极其贵巧。（范濂《云间据目抄·记风俗》）

吕文认为这种用法同西方语言并列连接词的格式相同，只是一种巧合。这个结论恐怕过于简单化了一些。其实，即便是模仿而来，要在本民族语言中扎下根来，也总得合乎本民族语的内在规律，有内在的需要和可能性。至于"和"和"and"用法上的"巧合"，恐怕不会没有原因的。

10 一致性作为语法推导的 初始起点和终极目标

10.1 科学体系和初始起点

科学是从简单到复杂的推导体系：用简单现象、规律去推导、解释复杂现象和规律。其起点越简单越好。"简单性"又蕴涵着"普遍性"，简单的也往往就是普遍的，因为任何复杂事物、现象都由简单事物、现象构成的，或者说任何复杂事物都可以分化、还原为简单的构成单位。而普遍性越大，意味着能概括、解释的现象的范围越大，由此建立起来的理论就越强有力。此外，最简起点的确定，有利于从简单到复杂的程序的明确化，这是避免各种形式的循环论证的有效保证之一。因此，选择最简单的"初始起点"，是构建理论体系的第一步。

我们以欧几里得几何学第一条公理为例，其表述是"由任意一点到任意一点可作并且只能作一条直线"。这是一个简单得不能再简单的现象，平凡得形同废话。构成这条公理命题的概念"点"和"直线"也都是最简单的概念。"点"是没有面积和体积的，当然是最简单的空间概念。"直线"就是方向保持不变的线条，比起不断改变方向的曲线当然是更简单的。整个欧氏几何学的宏伟理论大厦就是以这样一些简单公理为起点，加上演绎逻辑的推理而构成的。

代数学的基础也是这样一些极为简单的公理："等量代换公理"（若 $a=b$ 且 $b=c$，则 $a=c$）、"等量加法公理"（若 $a=b$ 且 $c=d$，则 $a+c=b+d$）、"等量减法公理"（若 $a=b$ 且 $c=d$，则 $a-c=b-d$）。

牛顿力学的第一定律是惯性定律：物体如果不受到外力作用，保持原来的运动速度和方向。换言之，在没有外力作用下，物体保持原有的运动状态。不变化，是最简单状态。保持原状，是最普遍状态，因为任何物体都有原状。这就说明了这条定律是具有最简单的初始起点的特点的。

热力学的第一定律是"能量守恒定律",不变和守恒,同样是最简单的现象。

达尔文生物演化理论建立在"遗传""变异"和"自然选择"这三个常识性现象之上。之所以说是常识,因为人类在畜养动物和培植植物方面,都是对前两个常识的运用,所用的"人工选择",其原理与自然选择也是本质一致的。达尔文的伟大在于他自觉地将这三个常识提升为原理,运用、发挥到了极致的程度。

经济学的最基本原理就是"边际效用递减律(the law of diminishing marginal utility)",其基本意思就是任何可用之物,在越是稀缺的情况下价值越高。因为如此,人们可以把自己富余的东西去换取自己稀缺的东西,由此导致商品交换和社会生产的分工。而亚当·斯密对此定律的领悟是受到"人是唯一会进行交换的动物,没有两只狗会交换它们的肉骨头"这个简单现象的启示。

可以说,科学就是有组织的常识而已。因而爱因斯坦说,"整个科学不过是日常思维的提升(The whole of science is nothing more than a refinement of everyday thing)"。所谓"日常"思维,就是"常识性"的思维。

遗憾的是,正因为初始起点的简单、普遍和平凡,往往受到忽视。正如人们往往忽视空气、重力对我们生存的影响一样。因此,发掘最简单、普遍现象的价值和意义,是科学研究中不可忽视的第一步。

最简单的初始起点,也就是一般所说的"公理"和"公设"。两者之间并无严格区分。一般而言,"公理"比"公设"更合乎日常经验,而"公设"具有更大假设性质。那么,语法学中的初始起点是什么呢? 下面两节分别介绍。

10.2　语法学中的基本公理:语言结构跟人类信息处理能力的一致性

我们在上一章比较过说话者和听话者的处理过程:一个听话者不必同时是个说话者,而一个说话者必然同时是个听话者:他必须"监听"自己的说话过程,知道自己已经说了些什么。所以,听话者的立场显然具有更普遍的意义。

听话者的立场不仅有更普遍的意义,显然也是更简单的过程,因此更适合作为句法分析的初始起点。生成语法强调是生成合格的句子,这是从说话者的立场出发的。这个立场比起理解,显然更为复杂。

听话者的解码、理解过程也就是"同步组块"的过程。这个过程中的任何时刻,人脑中保持的离散单位数目不会超过七块左右。既然语言解码过程中从起点到任何一个时刻的言语片段中含有的离散板块都不会超过七块左右,那么,<u>任何一个句法结构体(包括短语、句子)也都不会超过七块左右</u>,即不能超过七个左右的结构成分,因为句法结构体属于"从起点到任何一个时刻的言语片段"。这就是我们根据人类语言接受短时记忆限度限制这一基本所推导出的结果之一。

§5.2 谈到 Chomsky 曾正确地指出了语言学研究的是理想的编码/解码者:正如 Chomsky(1965:3)所强调那样:

> 语言学主要研究在某个单纯的话语社区的理想的说话—听话者,他充分掌握了这种语言,并且不受影响于那些跟语法无关的因素,如记忆限制、分心、兴趣转移以及其他种种在具体运用中发生的失误(包括偶然性的或特色性的)。

这一说法,一方面纠正了 Miller 对定义语言结构中的"板块"之可能性的消极看法,但是另一方面,却没有看到像"短时记忆限制"这类在人类语言处理过程中时刻存在并发挥作用的限制因素。这与偶发性的注意力转移等不同,应该看作是语言机制或者语法的一部分。正如 Du Bois (1987)所说,"语法所编码的是说话者最常用的"。

形式语法认为语法规则具有先天性和自主性,这一点在数量限制上表现得最明显。"七个左右"就反映了人类语言结构的先天性限制。

任何句法结构体的直属成分(核心词及其从属语)不会超过七个左右,这不仅反映了人类语言受制于人类信息处理的限度,同时也反映了人类语言结构对人类信息处理限度的充分利用。总而言之,这反映了人类语言结构跟人类信息处理机制的一致性。

一致、和谐,当然是比冲突、矛盾更简单的关系,因为后者的表现更加多种多样。托尔斯泰在《安娜·卡列尼娜》中那个著名的开场白中说,"幸福的家庭都是一样的,不幸的家庭各有各的不幸"。所谓"幸福"家庭,当然是关系和谐的家庭。可见和谐、一致关系比矛盾、冲突关系更为单纯,因为矛盾冲突可能的形式比和谐一致多得多。

从这个角度看,我们不妨把这种作为最简单形式的一致关系,看作句法分析的初始起点。换言之,同步组块是最基本的一种语言行为。

10.3　语法学中的基本公设：语法 形式与交际功能的一致性

另一种最简单的一致关系就是语法形式与交际功能的一致性。

我国语法学界从 20 世纪 50 年代起,就强调意义与形式的一致性。传达意义,是语言的基本功能。因此这一原则实际上也就是形式与功能的一致性原则。

各种语法理论,可以说都是从不同角度,使用不同的分析法,去解决功能和性质之间的表面的不一致,力图透过表面的不一致去发现深藏背后的一致性,即从种种形式和功能之间找到匹配一致的形式和功能。这些都代表了从简单向复杂推导的科学研究程序。

其实,无论功能和形式,都有许多不同的方面和表现。关键就是要找到彼此一致的功能和形式。例如与短时记忆功能相一致的语言形式显然不是词,也不是短语,而是结构体的"直属成分"。

例如,轨层结构就反映了：各从属语和核心词之间的距离跟它们同核心词语义联系的远近的一致性。通过轨层结构这一形式表达,汉语各类状语和英语相应状语的相反语序,从距离核心动词的远近差别这一角度来看,就完全一致了。

"客人来了"跟"来了客人"的语序差别,则反映了语用意义与语序的一致性。传达旧信息的"客人"前置而传达新信息的"客人"后置。由于旧信息的获得先于新信息的获得,这种语序差异就反映了语用信息的先后获得跟有关成分的前后位置的一致性。

另一方面,位置的变化和意义的变化都集中在"客人"上,而意义稳定的"来了"位置也稳定,这种分析又反映了功能变化和形式变化的一致性(见§1.1.3的分析)。

　　总之,只要我们善于选择观察问题的角度,就会发现各种功能与形式的一致性。可以说,许多不一致现象的存在,只是因为我们尚未找到正确的观察角度。

10.4　从简单共性推导到复杂共性

　　我们以最简单的一致性为初始起点,并且以发现更多一致性为研究的目标。这反映了科学探索的基本特点之一:要透过纷繁复杂、眼花缭乱的表面现象,去发现有限的基本规则,从而提纲挈领地简化我们对客观世界的认识。而从表面的不一致现象中发现隐藏的一致性,正是这一简化认识的重要方面。

　　寻找一致性,这从来都是科学研究的基本方向。"世界是统一的",是科学研究者的基本信念。所谓"统一",也就是一致。

　　总而言之,要提升语法研究的科学性,必须注意其从简单到复杂的推导性。而做到这一点的前提是,确立作为初始起点的最简起点。

　　所谓一致性,除了上面所强调的两个或若干相关现象之间的一致性外,也可以指普遍的共性规则。

　　科学体系总是从简单的共性推导到复杂的共性。如欧式几何学中,"过直线外一点只能做一条平行线"这个公理,对于任何相关的点和直线都是适用的,这就反映一种概括和共性。欧式几何学就是根据这样一些简单、概括的公理,一步步地推导出"三角形三条角平分线(或中垂线、或中线、或高)交于一点"(四种交点分别为三角形的内心、外心、重心、垂心)这样的定理。这样的定理既然适用于所有形状的三角形,也就是一种一致性和共性的概括。但这样的共性,就不是一目了然的常识性共性了,而是高度抽象的,属于复杂共性。

　　语言学也应该走这样的推导路线。当代语言类型学所强调的蕴涵共性,就属于不是那么一目了然,需要调查大量语言中的相关语料才能获得的复杂共性。

　　对这种复杂共性的强调,必将为语言学研究提供强大的动力。

参 考 文 献

巴　南.谈谈层次分析法[C]//汉语析句方法讨论集.上海：上海教育出版
　　社,1984：92—98.

陈建民.汉语口语里的追加现象[M]//语法研究和探索（二）.北京：北京大学出版
　　社,1984：157—184.

曹逢甫.从主题——评论的观点谈中文的句型[C]//第二届世界华语文教学研讨
　　会论文集：理论与分析篇（下册）.台北：世界华文出版社,1990：125—146.

范岱年等.科学传统和文化[M].西安：陕西科学技术出版社,1983.

范继淹.汉语语法结构的层次分析问题[M]//语法研究和探索（一）.北京：北京大
　　学出版社,1983：157—184.

范继淹.无定 NP 主语句[M]//语法研究和探索（三）.北京：北京大学出版
　　社,1985：44—59.

胡附,文炼.句子分析漫谈[J].中国语文,1982(3).

胡裕树（主编）.现代汉语[M].上海：上海教育出版社,1987.

胡裕树,陆丙甫.关于制约汉语语序的一些因素[C]//第二届国际汉语教学讨论会
　　论文选.北京：北京语言学院出版社,1988：271—276.

金立鑫.成分的定位和状语的顺序[J].汉语学习,1988(1)：11—15.

金立鑫.语法研究的精密化和主语内涵的嬗变[J].汉语学习,1991(3)：3—7.

黄正德.汉语正反问句的模组语法[J].中国语文,1988(4)：247—263.

黄正德. 中文中的两种及物动词和两种不及物动词[C]//第二届世界华语文教学
　　研讨会论文集：理论与分析篇（上册）.台北：世界华文出版社,1990a：
　　39—60.

黄正德.说"是"和"有"[C]//李方桂先生纪念论文集,1990b：235—256.

李临定."判断"双谓句[M]//语法研究和探索（一）.北京：北京大学出版社,
　　1983：9—31.

李临定.现代汉语句型[M]北京：商务印书馆,1986.

李升召.试论成词语素和不成词语素的区分[J].现代语言学,1985(10)：
　　122—127.

刘月华.状语的分类和多项状语的顺序[M]//语法研究和探索（一）.北京：北京大

学出版社,1983:32—56.

刘月华等.实用现代汉语语法[M].北京:外语教学与研究出版社,1983.

陆丙甫. 主干成分分析法[J].语文研究,1981a(1):30—39.

陆丙甫. 动词名词兼类问题[J].辞书研究,1981b(1):151—155.

陆丙甫. 句法因素的分化和推导[D].复旦大学,1982.

陆丙甫. 无限递归的条件和有限切分[J].汉语学习,1983a(3):23—29.

陆丙甫. 人脑短时记忆机制和人类语言结构的关系[J].世界科学,1983b
(9):21—30.

陆丙甫. 词性标注问题两则[J].辞书研究,1983c(5):2—10.

陆丙甫. 流程切分和板块组合[J].语文研究,1985a(1):36—42.

陆丙甫. 关于语言结构的内向、外向和核心的定义[M]//语法研究和探索(三).北
京:北京大学出版社,1985b:338—351.

陆丙甫. 语句理解的同步组块过程及其数量描述[J].中国语文,1986a(2):
106—112.

陆丙甫. 组块理论的完善化及其在自然语言理解中的应用[J].思维科学,
1986b(2):77—83.

陆丙甫. 语言研究中的归纳主义和证伪主义[J].语文导报,1987a(1):59—61.

陆丙甫. 语言结构的切分及其数学基础[J].思维科学,1987b(4):47—50.

陆丙甫. 从心理学角度看汉语句型问题[J].动词和句型,北京:语文出版社,
1987c:39—51.

陆丙甫. 研究汉语语序的形式化推导方法[M]//文字与文化(2).北京:光明日报
出版社,1987d:145—155.

陆丙甫. 结构、节奏、松紧、轻重在汉语中的相互作用[J].汉语学习,1989a(3):
25—28.

陆丙甫. 汉语定语的分类及其顺序[J].华文世界,1989b(4):44—52.

陆丙甫.加强共性研究更是当务之急——对汉语研究的反思的反思[J].汉字文
化,1990(1):55—57.

陆俭明.周遍性主语及其他[M]//动词和句型.北京:语文出版社,1987:79—93.

陆致极.从言语的短时记忆看汉语句子结构的特点[J].语文研究,1984
(2):62—65.

陆致极.计算语言学导论[M].上海:上海教育出版社,1990.

陆致极.论完全短语[J].语文研究,1990(3):16—22.

吕叔湘.汉语语法分析问题[M].北京:商务印书馆,1979.

吕叔湘.中国文法要略(新1版)[M].北京:商务印书馆,1982.

吕叔湘.汉语语法论文集(增订本)[C].北京：商务印书馆,1983.

吕叔湘.说"胜"和"败"[M]//语法研究和探索(四).北京：北京大学出版社,
　　1988：1—10.

吕叔湘.未晚斋语文漫谈(二二)[J].中国语文,1991(4)：312—313.

吕叔湘等.现代汉语八百词[M].北京：商务印书馆,1980.

吕云九."和(与)"字的位置[J].中国语文,1991(5)：416—417.

孟　琮.口语里的一种重复——兼谈"易位"[J].中国语文,1982(3)：174—204.

缪锦安.汉语的语义结构和补语形式[M].上海：上海外语教育出版社,1990.

钱乃荣等.现代汉语[M].北京：高等教育出版社,1990.

钱敏汝.否定载体"不"的语义——语法考察[J].中国语文,1990(1)：30—37.

屈承熹."功能语法""形式语法"在华语教学中的应用[C].第二届世界华语文
　　教学研讨会论文集：教学与应用(中册).台北：世界华文出版社,1990：
　　137—151.

饶长溶."不"偏指前项的现象[M]//语法研究和探索(四).北京：北京大学出版
　　社,1988：163—171.

邵敬敏.基础短语分析法[J].杭州大学学报增刊,1982：144—151.

邵敬敏.副词在句法结构中的语义指向初探[J].现代语言学,1987(11)：71—89.

申小龙.中国句型文化[M].长春：东北师范大学出版社,1988.

史存直.句子结构和结构主义的分析[J].中国语文,1981(2)：91—97.

史存直.句本位语法论集[C].上海：上海教育出版社,1986.

史有为.语言的多重性及层—核分析法[C]//《中国语文》杂志社编：汉语析句方
　　法讨论集.上海：上海教育出版社,1984：263—278.

施关淦.现代汉语里的向心结构和离心结构[J].中国语文,1988(4)：265—274.

汤志真.汉语的移位、"承接条件"与"空号原则"[C]//第二届世界华语文教学研讨
　　会论文集：理论与分析篇(上册).台北：世界华文出版社,1990：83—118.

王维贤.句法分济的三个平面与深层结构[J].语文研究,1991(4)：5—12.

文　炼.与语言符号有关的问题：兼论语法分析中的三个平面问题[J].中国语
　　文,1991(2)：83—88。

伍铁平.论内向结构和外向结构[J].现代英语研究,1984(1)：72—76.

吴为善.现代汉语三音节组合初探[J].汉语学习,1986(5)：1—3.

吴为善.论汉语后置单音节的粘附性[J].汉语学习,1989(1)：16—19.

吴为善.主谓结构前的单音节能否站得住？[J].汉语学习,1990(2)：10—12.

徐烈炯.生成语法理论[M].上海：上海外语教育出版社,1988.

徐烈炯.结构层次的心理基础[J].汉字文化,1989(1,2)：82—92.

学　问. 形容词的序位及其意义[J].现代语言学,1984(10)：23—30.

俞　敏. 汉语的句子[J].中国语文,1957(7)：7—11.

张　斌,胡裕树.汉语语法研究[M].上海：上海教育出版社,1989.

朱德熙. 现代汉语语法研究[M].北京：商务印书馆,1980.

朱德熙. 语法讲义[M].北京：商务印书馆,1982.

朱德熙. 关于向心结构的定义[J].中国语文,1984(6)：401—403.

朱德熙. 语法问答[M].北京：商务印书馆,1985a.

朱德熙. 汉语方言里的两种反复问句[J].中国语文,1985b(1)：10—20.

朱德熙. 语法丛稿[M].上海：上海教育出版社,1990.

朱晓农. 差异·统一性·科学主义——汉语研究中的认识记和方法论[J].北方论
丛,1988(4)：5—16.

《中国语文》杂志社.汉语析句方法讨论集[M].上海：上海教育出版社,1984.

Bybee, J.L. *Morphology: A Study of the Relation between Meaning and Form*.
Amsterdan：John Benjamins, 1985.

Baker, M. *Incorporation: A Theory of Grammatical Function Changing*.
Chicago：University of Chicago Press, 1988.

Bloomfield, L. *Language*. New York：Henry Holt, 1933.

Chao, Yuan-Ren. *Mandarin Primer*. Cambridridge：Harvard university
Press, 1948.

Chao, Yuan-Ren. *A Grammar of Spoken Chinese*. Berkeley：University of
California Press, 1968.

Chomsky, N. *Syntactic Structure*. Mouton：The Hague, 1957.

Chomsky, N. *Aspects of the Theory of Syntax*. Cambridge, Mass.：MIT
Press, 1965.

Chomsky, N. Remarks on nominalization. *Readings in English Transformational
Grammar*, ed. By R. A.Jacobs and P.S. Rosenbaum. Boston：Blaisdell, 1970.

Chomsky, N. *Barrier*. Cambridge, Mass.：MIT Press, 1986.

Chomsky, N & G. Miller. Introduction to the formal analysis of natural
Language. In R. D. Luce, R. R. Bush &E. Galanter (eds.) *Handbook of
Mathematical Psychology* Vol.2. New York：Wiley, 1963.

Culter, A. & J. Hawkins. The suffixing preferences：A processing explanation.
Linguistics, 1985, 23：723 - 758.

Dryer, M. S. The positional tendencies of sentential noun phrases in universal
grammar. *The Canadian Journal of Linguistics*, 1980, 25.2：123 - 195.

Dryer, Matthew S. The greenbergian word order correlations. *Language*, 1992, Vol. 68: 81 – 139.

Du Bois, John W. The discourse basis of ergativity. *Language*, 1987, 63: 805 –855.

Emonds, J. E. *Transformational Approach to English Syntax*. New York: Academic Press, 1976.

Ernst, T. *Structure vs. Function in the Chinese Verb Phrases*. Bloomington: Indiana University Club, 1988.

Fodor, J. D. Parsing strategies and constraints on transformations. *Linguistic Inquiry*, 1978, 9.2: 427 – 473.

Gaifman, H. Dependency systems and phrase-structure systems. *Information and Control*, 1965, 8: 304 – 337.

Gil, David. Definiteness, noun phrase cnfigurationality and the count-mass distinction. *The Representation of (in) Definiteness*, ed. by Eric J. Reuland and Alice G.B. ter Meulen, 254 – 269, Cambridge, Mass: MIT Press, 1987.

Greenberg, J. H. Some universals of grammar with particular reference to the order of meaningful elements. In J. H. Greenberg (ed.) *Universal of Human Language* 4: Syntax. Cambridge, Mass: MIT Press, 1966.

Hakes. D. T. 1972. Effects of reducing complement construction on sentence comprehension. *Journal of Verbal Learning and Verbal Behavior*, 1972, 11: 278 – 286.

Hawkins, J.A. *Word Order Universals*. New York: Academic Press, 1983.

Hawkins, J.A. The suffixing preference. *Linguistics*, 1985, 23: 723 – 758.

Hawkins, J. A. A parsing theory of word order universals. *Linguistic Inquiry*, 1990, 21: 223 – 261.

Hays, D. G. Dependency theory: A formalism and some observations. *Language*, 1964, 40: 511 – 525.

Hinds, J. *Japanese*. London: Croom Helm, 1986.

Hockett, C.F. Grammar for the hearer. *Proceedings of Symposia in Applied Mathematics*, 1961, Vol. 11: 220 – 236.

Hornby, A. S., E. V. Gatenby & H. Wakefield. *The Advanced Learner's Dictionary*. Oxford: Oxford University Press, 1963.

Huang, C.-T.J. *Logical Relations in Chinese and the Theory of Grammar*, MIT

Ph.D. dissertation, 1982.

Huang, C.-T.J. On the distribution and reference of empty pronoun. *Linguistic Inquiry*, 1984, 15: 531-574.

Huang, C.-T. J. Wo pao de kuai and chinese phrase structure. *Language*, 1988, 64: 275-311.

Huang, C.-T.J. 1991. Verb movement and some syntax-semantics mismatching in Chinese. Taipei: *Proceedings of International Symposium on Chinese Languages and Linguistics*, 1991, Vol.2: 587-613.

Jackendoff, R. *X' Syntax: A Study of Phrase Structure*. Cambridge, Mass: MIT Press, 1977.

Kimball, J. 1973. Seven principles of surface structure parsing in natural Language. *Cognition*, 1973, 2: 15-46.

Langacker, R. Nouns and verbs. *Language*, 1987, 63: 1.53-94.

Lasnik, H.& Saito, M. *Mova* Alpha: *Condions on Its Application and Output*. MIT Press, 1992.

Lee, J.-S. Extraction from Complex NP constructions in Chinese. The Third Northeast American Conference on Chinese Linguistics Paper. Cornell University, 1991.

Li, C. N. and S. Thompson, 1989. *Mandarin Chinese: A Functional Reference Grammar*. Berkeley: University of California Press, 1989.

Li, Yafei. *Conditions on X^0-movement*. MIT Ph.D.dissertation, 1990.

Li, Yenhui A. Order and Constituency in Mandarin Chinese. Dordrecht: Kluwen Academic Publishers, 1990.

Liu, F.-S. On topic traces in Chinese. WCCFL, 1986, 5: 142-153.

Lu, Bingfu. A quantification of sentence complexity: A study of the relation between "nodes" and "chunks". Papers of International Symposium on East Asian Information Processing. Philadelphia, 1990.

Lu, Bingfu. A comparison between English and Chinese parsing. *Proceedings of 1991 International Conference on Computer Processing of Chinese and Oriental Languages*, 1991, 270-275, Taipei.

Miller, G.A. Human memory and the storage of information. I.R.E. *Transaction on Information Theory*, 1956a, Vol: IT-2,No.3.

Miller, G. A.. The magical number seven, plus or minus two: Some limits on our capacity for processing information. *The Psycological Review*,

1956b, 63: 81 - 97.

Radford, A. *Transformational Grammar*. Cambridge: Cambridge University Press, 1988.

Robinson, J. J. Dependency structures and transformational rules. *Language*, 1970, 46: 259 - 285.

Ross, John R. *Constraints on Variables in Syntax*. MIT Ph. D. dissertation, 1967. [1985. *Infinite Syntax*. Norwood, NJ: Ablex].

Tai, H-Y. Towards a cognition-based functional grammar of Chinese. In J.H.-Y. Tai (ed.) *functionalism and Chinese grammar*. Chinese Language Teachers Association Monograph Series, 1989, 1: 187 - 226.

Tanenhaus, M. K. Psycholinguistics: An overview. In newmeyer F. J. (ed.) *Linguistics*, 1988, Vol.3: 1 - 37.

Tang,Chih-Chen. *Chinese Phrase Structure and the Extended X'-theory*. Cornell University Ph.D. dissertation, 1990.

Teng, Shou-Hsin, Remarks on cleft sentences in Chinese. *Journal of Chinese Linguistics*, 1978, Vol.7 101 - 113.

Tesnière, L. *Éléments de Syntaxe Structurale*. Paris: Librairi C. Klincksieck, 1959.

Wang, William S.-Y. Conjoining and deletion in mandarin syntax. *Monumenta Serica*, 1967, 26: 224 - 236.

Wells, Rolon. Immediate constituent. *Language*, 1974, Vol.23: 81 - 118.

Xu, Liejiong. Free empty category. *Linguistic Inquiry*, 1986, Vol.17: 75 - 93.

Xu, Liejiong &. Langendoen, D.T. Topic structure in Chinese. *Language*, 1985, Vol.61: 1 - 27.

Yngve, V. H. Depth hypothesis. *Proceedings of Symposia in Applied Mathematics*, 1961, Vol.11: 130 - 138.

Zhou, Xinping. *Aspects of Chinese Syntax: Ergativity and Phrase Structure*. University of Illinois at Urbana-Champaign Ph.D. dissertation, 1990.

附录一　从语义、语用看语法形式的实质

　　提要　根据从简单到复杂的推导过程,本文首先指出,语义、语用和语法三个平面中,语义是最基本的,它主要反映结构内的意义关系;语用则主要反映结构内成分与结构外因素(语境、说话者态度等)的联系。而语法是兼顾语义和语用的编码形式,是最复杂的。因此许多语法现象可以通过语义和语用的相互作用加以解释。然后,本文以语义的亲疏层次和语用决定的线性前后位置这两个因素的相互作用,来分析跨语言的句子基本语序和名词内部语序的变化和限制。最后,本文也简单地介绍了语法研究形式化的可能性和重要性。

1　从语义到语法

1.1　序列结构化程度的发展:语义关系是结构体的基础

　　从简到繁,一步一步定向地推导下去,这是科学体系避免循环论证和得以进行有效分析的前提。下面我们就从最简单的结构谈起。

　　所谓"结构",就是互相之间有联系的若干单位的组合。组合是个最原始的概念。内部单位之间有联系的组合才是"结构(体)"。内部单位之间有空间顺序的结构才称为"序列"。从"组合"到"结构"再到"序列",一个比一个复杂,因为受到的限制越来越多。

　　最简单的多项组合体是一个由若干单位组成的随意组合,如若干彼此无关的词语的罗列。这种组合根本没有结构,不是结构体,所以不是我们研究的对象。心理学证明在一定程度内,越是结构化程度高的组合越是容易处理和记忆(Miller 1956),因此没有结构的随意组合我们很难记住(当然超过一定程度,过分结构化也会妨碍处理,这里面有一个抛物线,过了顶点后效果又开始下降)。

　　最简单的结构是并列组合,其中所有单位之间的关系是平等的

"同类"关系,没有主次之分。这种组合从结构上看是无序的,线性性质并没有任何结构上的约束。当然其顺序可能受某些韵律和文化的影响,但那不是结构限制。并列结构因为结构化程度低,项目一多顺序就难以记住。

沿着结构复杂度再发展下去,比并列结构再稍微复杂些的多项结构是一个核心和若干附属成分构成的结构体①。核心和附属成分之间最起码、简单的关系是什么呢? 是狭义的语义关系,即广义的论元关系(thematic relation)②。以动词为核心成分来说,是指动作者(施事),接收者(受事),工具等。对名词核心而言,如果它是具体物体,这起码关系的意义关系就是"形状、颜色、原料、用途"等(如"大型彩色塑料民用飞机")。以下我们来说明,同语用关系和语法关系相比,语义关系是最简单的。

首先比较语义关系和语用关系。语义关系是反映结构内部(structure-internal)的关系,而语用关系则反映了结构成分同外部世界具体事物之间的联系,是结构外(structure-external)的关系。语用意义中的指别意义部分主要反映成分和外部世界事物之间的联系(有所指还是无所指,定指还是不定指);语用意义中的话题性/焦点性主

①　为什么说比并列结构稍微复杂些的多项组合是由一个核心和若干附属成分构成的组合? 这可以解释如下。比并列多项组合稍复杂些的是其中只有一个与众不同的成分(以下暂称为异类成分)的多项组合。一旦有个异类成分,要保持多项式的身份,其余成分间不能再有并列关系。因为这样会导致一个两项式:所有其他成分先组成一个并列结构再同那个异类成分发生联系。由此可进一步推出,一个非并列的多项结构中,所有其余成分都必须同那个异类成分发生直接联系。如果某个成分跟其余成分都没有直接联系,那么它就不是整个结构体的一个组成部分。如果某个成分只同异类成分之外的某个成分发生联系,而同异类成分没有直接联系,那它就必然先同那个某个成分组成一个复合成分,然后作为一个成分进入这个结构。既然这个异类成分必须同所有的其他成分有直接联系,它可以看作是整个结构的凝聚力所在,换个说法,它就是结构核心。

更直截了当的解释是,所有其余成分都同一个固定的结构中心建立直接联系,比没有明确中心的联系要简单。

其实,凡是非并列的多项式结构,都只能有一个核心。因为如果有两个核心,结果是所有其余成分分别跟自己的核心先结合起来,结果就是一个两项式。

②　"论元关系"(thematic relation,也有译成"论旨关系"的)主要用在生成语法的著作中。在功能主义的著作中,既然语义(semantic)是狭义的,就往往用 semiotic 去表示广义的语义。因此,semiotic-semantic 与 semantic-thematic 实际上是对应的两对术语。我国关于三个平面的讨论中,所用的"语义平面"一词,是狭义的,而其他场合所用的"语义"往往是广义的。

要反映了说话者对成分的处理态度(当作话题还是焦点)。就语用意义牵涉结构之外的其他因素这一点而言,当然比作为结构内关系的语义关系复杂。

大致上说,语义关系是社会群体对客观世界的共同认知在语言上的体现,是比较客观和稳定的;而语用关系所反映的则是说话者个人对语言单位的具体运用和处理态度,是比较主观和临时性的。确定一个句法成分身份的根据是语义,而语用意义是在确定了的成分上增添某些临时的意义。语用意义的添加有两种方式。一是隐性的,如同样一个光杆名词"客人",在某个句法位置是有定的,在某个句法位置是非有定(不定和无指)的。二是显性的,如用重音表示强调的焦点,用形态成分或词汇成分添加到语义成分上,如"这个"加在非有定的"人"上就构成了有定的"这个人"。

另外,能否省略也是衡量简单性、基本性的标准。语义关系是理解句法结构不可缺少的,所以更为基本、单纯。而语用功能中的话题性、焦点性等意义,不是成分所必需的、不可缺少的意义。如有的成分形式上并没有标记出是否话题、焦点,语用上可以是中性的,或者需要根据具体语境而定。所以说,语用意义不是起码的、不可或缺的基本意义。

总之,"皮之不存,毛将焉附",离开了语义角色,语用意义就无从落实。既然语义功能可以独立于语用功能,而语用功能却离不开语义功能,当然是语义比语用更基本了。

事实上所谓语序(板块顺序),无非就是由一个核心及其若干语义上直接相关的从属语构成的。切出语序成分的"向心切分"也是以核心为切分的深入方向的。也就是说,语序结构和语义结构都是核心导向的,因而体现了结构内(structure-internal)的关系,因此两者是同构的。无论从结构上和意义上看,语义关系都是最基本的关系。

朱德熙(1980a)曾把语义关系称为"隐性语法关系",同主语、宾语等"显性语法关系"相对而言。隐藏在深处的东西往往是事物更稳定的本质,而表面现象则往往是多变而不稳定的。从这个角度说来,所谓"隐性语法关系"实际上是语法结构中最基本的关系。

转换语法中作为推导起点的深层结构,按照 Chomsky 的说法,就是排除了浅表层运用(performance)因素的、"与语义相关的语法功能之纯粹的表达"(Chomsky 1981：43)。实际上也是语义结构。

至于语法关系，是兼顾语义表达和语用表达的编码形式，当然是最复杂的。这一点在后面的§1.3会具体讨论到。

1.2　从语义到语用：轨层和线性

我们可以用互相之间以逗号隔开的曲线括号之间的单位来表示这种一个核心加若干附属成分的无序结构，其中的核心成分加底线表示。如动词加施事、受事可以表示为 {V, A, P}（verb, agent, patient），这个序列代表了六个派生序列，因为它没有线性内容，所以仅比并列结构复杂些，而比线性顺序有具体规定的任何序列要简单（衡量简单性可以有两个标准。一个是内在的简单性：包含多少内容；一个是外部的条件性：需要多少条件）。

各个附属成分同共同核心的语义关系往往不是等同的（如果等同的话就先组成一个并列结构，然后这个并列结构再同整个核心发生关系），有的关系固定、密切，有的比较临时而疏远。这种亲属关系，直接反映到结构上，可以用曲线括号表示的层次来代表。例如，在区分了亲疏关系之后，上述 {V, A, P} 就可以进一步具体化为 {{{V} P} A}。（为什么说跟施事相比，受事同动词的关系更密切？因为受事往往受动作的影响而变化，直接反映动作的效果，跟动词的分类有更直接的关系。）为了感觉上简化，可以省掉最内层的括号，就成了 {{ V P} A}。这个轨层概括了四个有线性的语序（我们用方括号表示落实了线性的层次）：[[VP]A]、[A[VP]]、[[PV]A] 和 [A [PV]]。从六个到四个，受到了更多的条件限制，也意味着复杂性又有了进一步的提高。

语义关系密切的成分倾向于靠近在一起，这可以称为"亲疏等级"(Proximity Hierarchy) 的原则。增加了亲疏等级这个因素的结构 {{V P} A}，是比单纯地只有语义关系的多项式又复杂了一层的结构。为了把仅仅表达亲疏、近远关系而在线性方面没有规定的层次和一般的直接成分分析中的层次区分开来，必要时可以把前者称为"轨层"。

但是最后具有表层线性的语序是如何落实的呢？这同语用功能有密切关系。人类思维和交际都倾向于由近推远，由已知、稳定的旧信息到未知、多变的新信息,表现为语言的线性上就是已知旧信息到未知新信息,落实到文字上,就多数语言而言,就是从左到右。这个倾向可以称为"指别性领前"(referentiality precedence) 的原则(Lu 1996a)。

指别性(referentiality) 不是个单纯的概念,但主要是个"可确定性"(identifiability) 的问题(如 Lambrecht 1994),越是容易确定所指的内容指别性越是强,指别性越强的内容越容易先出现。通常可以把可确定性分为七个左右的等级(如 Lambrecht 1994, Gundel 1993 等),这里不作详细讨论。

由于施事通常是比较有定而变化少的事物,而受事往往是不定而多变的事物(因为往往直接受动作的作用而改变状态,见下面§1.3),所以语用上理想的顺序应该是施事出现在受事前面。如在遵守{{V̲ P}A} 这个轨层的同时,又要满足指别性领前的要求,那么就只有[A[V̲P]] 和 [A [P̲V]] 两个序列能做到这一点。

我国语法学界曾经热烈讨论过的层次分析法和句子成分分析法、语言结构的层次性和线性的关系问题,实际上这些很大程度上也就是语义性的轨层和语用性的线性前后的关系问题。要反映语义亲疏关系,不能离开轨层,要反映语用,不能离开线性的前后关系①。

既落实了亲属等级,又在线性方面落实了指别性领前序列,已经是高度结构化的序列。但是语序还可以进一步结构化,这最后一步的结构化就是所谓语法平面的落实。这就是我们在下一节中要讨论的。

1.3　语法平面的本质

让我们沿着从简到繁的步骤继续下去。现在来看看三个平面之间的关系。

---

① 直接成分分析法,可以说是混合了语义轨层和语用线性的一种分析。因此它的层次性,是表层的临时的个别结构的层次;而语义轨层的层次性,是深层的比较稳定的层次。运用向心切分法(陆丙甫1993),可以排除直接成分分析法中最表层的因素,其结果是一个只反映同核心有关的"直系成分"之间的顺序的线性序列。语序研究中的语序和句型成分语序,实际上都是直系成分间的语序,即一个核心所决定的成分间的顺序。

我国传统上将"immediate constituent"译成"直接成分"。这个翻译其实不确切,因为汉语的"直接"意义较广,涵盖了"immediate""direct"等意义。其实,译成"直连成分"或"相邻成分"等,更能反映"immediate"指表层线性上直接连接这个意义。

从语言作为交际工具的角度来看,语义、语用的功能是显而易见的,而语法关系(所谓句子成分如"主语、宾语"等)的作用就不是这样了。关于语义、语用和语法三个平面之间的关系,一般认为语法是介于语义、语用之间的中间平面,如胡裕树、范晓先生很生动地把语法和语义、语用分别比作躯干和两翼(胡裕树、范晓 1985)。具体说来,语法是对语义、语用功能的形式反映,是对语义、语用功能的"编码"(coding)。例如关于主语的功能定义,可以是说"典型的主语是施事和话题的交集"(Keenan 1976,Comrie 1989:104—123)。既然语法是语义和语用的中介平面,它要兼顾另外两个平面,所以可以说它的情况在三者中最为复杂。

语义和语用的一些基本范畴的分类在人类语言中有极大的普遍性,而语法范畴的表现各种语言相差很大(施关淦 1991),事实上有的语言并没有间接宾语这个范畴,有的语言连直接宾语也没有,某些语言中甚至主语这个范畴是否客观存在都是问题(Shopen 1985,Kibrik 1997)。

说语法范畴是语义和语用的中介平面并没有告诉我们为什么需要这个中介范畴。这个问题,我们可以从五个角度去解释。

首先把两个平面的某些范畴结合在一起有简化结构分析的作用。例如,既然施事在多数的情况下适合充当话题,把施事和话题统一在一个语法形式中就可以有简化语言编码的效果。那么,为什么施事最适合充当话题呢?其原因在于相对而言,动作、行为对施事的影响比对受事的影响小,也就是说施事本身的状态比较稳定,而受事则通常在受到动作、行为作用后本身状态发生变化。人类认知倾向于从稳定的事物为话题去引导出多变的、往往也就是新的信息[1]。

但是主语作为施事和话题的交集,不能解答有些既非施事也非严格意义上的话题的"主语",例如"张三,他的钱都被别人偷光了"。其中主语"他的钱"是被动句的主语,却是受事,并且它也不是严格意义上的话题(表层居于句首的话题),因为这个句子的话题是句首的"张

___
① 存现句中主体通常发生位置和存在的变化,所以存现句中的主体名词通常后置于动词,在汉语中就是宾语,尽管在许多语言中根据形态上的一致关系把它是作为主语的。

三"。要解决这个问题,我们可以区分不同层面的"话题"。不妨说既是施事又是表层话题的主语是"无标记话题",或"内部话题",或"常规话题"(default topic),或"后台话题"(background topic)。而上面这个"张三"却是表层的"临时话题""有标记话题""外层话题""前台话题"等。

关于宾语(如不特别注明,一般是指直接宾语)的功能,有关著作中讨论很少。根据主语是施事和常规话题的结合,我们也可以相应地说:典型的宾语是受事和常规焦点的结合。在没有临时凸显的有标记焦点的情况下,宾语就自动地担任起焦点的功能。

人类语言之所以倾向于选择受事作焦点,可能是因为受事直接受动作影响而改变状态,往往是表达中的新信息,而新信息倾向于成为交流的焦点。下面例(1)和例(2)、例(3)可以说明"受影响"(affectedness)是宾语的重要内容。

(1) a. Howard robbed Frank of 50 dollars.
　　　　　'H 抢了 F 五十元钱。'
　　 b. Howard stole 50 dollars from Frank.
　　　　　'H 偷了 F 五十元钱。'

意义相近的两个动词,为什么受损者落实为 rob"抢"的宾语,而没有落实为 steal "偷"的宾语? 区别主要在于被抢者必然知道抢的事实,是行为有意识的过程参与者,比被偷者受到动作过程更大程度、更直接的影响(如精神受到刺激等)。当然在相应的汉语句子"张三抢/偷了李四五十元"中,直接宾语都是"钱",而被抢者和被偷者都是间接宾语。但是,虽然两者基本上都是间接宾语,仍然有不少重要的区别,如"张三抢了李四""张三把李四抢了""李四被张三抢了"成立,而"张三偷了李四""张三把李四偷了""李四被张三偷了"就不成立,至少非常勉强。如果说,"把"字句和"被"字句替换是宾语的典型特征,那么,在汉语中虽然同样作为间接宾语,被抢者在某些方面比被偷者更接近典型的直接宾语。

这个例子不仅显示了各种语言在语法化编码上很不相同,并且也表明，所谓"主语、宾语"等语法范畴，不是绝对的范畴，而是不同程度的"主语性、宾语性"的问题。在英语、汉语中，被抢者的宾语性都高于被偷者的宾语性，这是共性。但是这种宾语性的程度的差别，在英语中落实为宾语和非宾语的区别。在汉语中，则都落实为间接宾语，但是被抢者较接近典型的直接宾语，因此可以转换为"把"字宾语和"被"字句的主语，而被偷者不可以。

下面再看一些反映宾语"受动作影响"的例子：

（2）a. I have found a place for John.
　　　'我替 J 找到了一个地方。'
　　b. I have found John a place.
（3）a. I have found a place for the pine tree.
　　　'我替这棵松树找到了一个地方。'
　　b. ?? I have found the pine tree a place.

例（2a）能说成例（2b），同时受益者 John 变成间接宾语。但是如果受益者是非动物，就很难以间接宾语出现，如例（3）所示。这是因为动物受益后会感到高兴，在更大程度上受动作影响。

（4）a. Mary threw the ball to John.（But he wasn't looking.）
　　　'M 把球扔向 J。'（但是 J 没有看它。）
　　b. Mary threw John the ball.（* But he wasn't looking.）
　　　'M 把球扔给 J。'（但是 J 没有看它。）

例（4b）的 John 是宾语，而例（4a）中的 John 不是宾语，区别在于作为宾语的 John 必须是行为的自觉参与者，球没到达他之前在心理上已经受到扔球这一行为的影响。

在形态变化丰富的语言中，典型的宾语表现为宾格（accusative），而宾格的使用往往同宾语的是否受动作影响而改变状态有关。例如芬兰语中，宾格的使用必须满足三个条件：1. 宾语所指的事物必须受动作作用而发生变化。2. 动词不能是否定式。3. 宾语不能是泛指的。其实后两个条件可以由第一个派生出来。否定式动词所代表的动作当然不能作用到宾语。泛指的宾语也不大可能真正受到动作的影响,如"他喜欢吃水果"中的"水果"是泛指的,"他"当然不可能吃到泛指的所有的水果。许多其他的语言中都有类似的表现。如俄语中的否定式及物动词的宾语可以用宾格,也可以用所有格。但是宾语为特指时更倾向于用宾格(Wade 1992：95)：

(5) a. Он не получил письмо.
　　'他 没 收到　　这封 信。'("信"是宾格)

b. Он не получил письма
　　'他 没 收到　　　信。'　("信"是所有格)

　　总之,典型的宾语是受到动作影响(而发生变化)的事物,因而通常反映了新信息。

　　除了能将语义和语用合并在一起而提高效率之外,语法范畴还有增加结构化程度的功能。一个句子标记出主语、宾语后,就进一步凸显了句子的主要信息,听话人只要抓住这些主要成分,也就把握住了句子的主要信息,特别是结构信息。没有主语、宾语之分(例如仅仅标记出施事、受事、工具等语义格)的结构,各个附属成分的地位就比较接近,有点类似于并列结构,结构化程度又低了一些。事实上语法化程度最高的最普遍的也只是主语、宾语而已。其他成分如状语,其实内部很少编码形式上的共同特征。所谓"状语是大杂烩"的说法,主要是指形式。从语义上看,主语、宾语也杂得很,但是各自在形式上有很大的一致性。

　　语法范畴的第三个功能是可以精简句型,获得更大程度的概括。例如"他在挖墙"和"他在挖洞",仅从语义上看,这里的"墙"是受事,而"洞"是结果,两个句子属于两个类型。但是在建立了宾语这个语法范畴之后,就可以概括动作的受事和结果,把两个句子看作同样的句型,从而简化我们的认知。

　　语法范畴的第四个功能是可以应付某些语义角色不很明朗的情况。如"走路"中的"路",可以说是受事(脚所踩踏的对象),但也可以说是处所，此时采用宾语的说法就可以避免这个两难的局面。

最后，语法范畴的第五个功能是可以作为其他次要成分的"定位"标准。当然语序的主要定位基准是核心词。但是光靠一个核心词有时不管用，因为有些成分可能离核心已经比较远，无法一目了然地加以定位。例如汉语的动词前可以出现各种各样的状语，这时就可以根据他们同主语的相对位置来区分"主语前"和"主语后"的状语，而位置的不同反映了表意功能的不同。这就好像我们要识别城市中某个地区，首先要找到一个作为参考标记的最引人注目的主要建筑物，然后其他地区的定位可以以此为标准。而在离这个中心建筑物太远的地方，就可以建立一些次要的定位标记。但是次要标记必须有普遍性，像主语这样在句子中普遍存在的范畴，就可以为多数句子提供一个方便的次要定位标准。

Comrie（1988：277—278）在谈到句法的存在基础时说："语言中的语义、语用对比是极其广泛的。如果要求说话者在所有场合表达出这些对比，交际行为将成为无法想象的累赘，特别是在存在着种种交际方面的制约（如人类对线性信息的处理方式）的情况下。这种复杂性因句法化（syntacticization）而大大减少。句法化使说话者不必将面临的所有语义、语用选择都表达出来。"

前面说过，各种语言的语法范畴有所不同。那么，我们如何确定那些普遍的语法范畴呢？汉语的主语，当然不等于英语的主语：汉语的主语很难是不定指称的名词，而英语对不定主语比汉语容忍得多。那么，两者共用一个"主语"名称的条件是什么呢？Comrie 1989 指出，在具体语言中确立一个普遍的范畴有两个标准。一是本语言内的标准，即看这个范畴的确立是否有必要。如说汉语中有主语，就要找出一系列鉴别标准，使它能够和本语言中其他范畴如"主题""时间处所状语"等成分相区别。也就是说，确定一个成分是主语，应该能够因此而预测它其他一系列的性质。这个标准使一个范畴和其他范畴能够区分开来。但是这个范畴是否就相当于其他语言中的"主语"呢？这就要看第二个标准，即跨语言的标准，看这个范畴的成员（在翻译中），是否和其他语言中主语所概括的成员至少有很大程度的重叠。

既然施事和受事通常落实为主语和宾语,那么{{V̲ P}A} 这个轨层结构也就可以落实为{{ V̲ O}S}。而主语倾向于成为旧信息和常规话题,宾语倾向于成为新信息和常规焦点,理想的顺序应该是施事主语出现在受事宾语前面。那就是[S[VO]] 和 [S [OV]]。这样的结构中,一方面,话题主语和整个陈述部分谓语[VO] 或 [OV] 发生联系,可以看作一个两项式;另一方面,从语义上看,主语和动词也有直接的联系。因此才有必要把动词和宾语切分开来,成为一个三项式。所谓成分分析法和层次分析法的矛盾,就部分地根源于语用和语义的差异。

根据前面§1.1 中的讨论,可知语义关系比语用关系更基本。事实上有些语言以 VSO 为基本语序,V 和 O 并不构成一个成分,这又证明了语义关系比语用关系更有普遍性。

关于三个平面的主次关系,通常认为语法平面是最重要的,是基础。但是如果从推导和解释的过程来看,却也不妨把语义看作是基础。语法学之所以成为语法学,当然要以语法平面的范畴为基础,否则就成了语义学或语用学了。从描写的角度来看,需要先找出解释的对象,即语法形式、关系和范畴。但是从解释的过程来看,是语义和语用决定了语法形式,提供了解释语法形式的基础。语义和语用是语法形式的构成内容,我们通常根据构成部分去推导出整体的性质,而不是相反。换一个说法,语法形式是比较表层的现象,比较容易直接观察到,而功能是隐藏在深处的本质。当然,同是形式,也有深浅之分,我们将在最后一节讨论这个问题。

能否这样说,学科的区分取决于有待解释的现象,而不是解释的依据。语法学首先要对语法形式进行描写,然后不妨从各种角度去解释,解释的角度不影响它作为一门学科的基本性质。语义学首先要对语义进行描写,然后可以从各种角度去解释语义范畴。

事实上,如同 Comrie 所说,"大部分语法现象只能通过同语义和语用的联系去理解。更具体地说,语法关系只有同语义、语用联系起来才能得到完整的理解"(Comrie 1989:66)。

下面我们举一些用语义和语用的相互作用来解释语法的例子。

2　语　序　问　题

2.1　句子平面的语序问题

本章用亲疏等级和指别性领前的相互作用来解释一些基本的语序现象。

前面说过,根据亲近等级,就动词、施事、受事之间的位置关系,可以得到 {{ $\underline{V}$ P} A} 这样的轨层结构,它使可能的语序从六个限制到四个。由于施事通常作主语,受事通常作宾语,所以这个轨层也可以表达成 {{ $\underline{V}$ O} S}。亲疏等级规定了 [S [$\underline{V}$ O]]、[S[O$\underline{V}$]]、[[$\underline{V}$ O] S]和[[O $\underline{V}$] S] 四个可能的表层语序。作为基本语序,它们在人类语言中都能发现。

但是除了符合亲疏等级的这四个基本语序外,人类语言中还可以发现 VSO 的基本语序,但是却没有发现过 OSV 语言(Hawkins 1982)。原因何在呢?

我们可以看到,其实这是指别性领前在起作用。由于主语通常是有定、已知旧信息(同它的话题性有关),而宾语常常可以是不定、未知新信息,根据指别性领前的原则,如果没有其他因素干扰的话,主语应该出现在宾语前面。而 VSO 语序,虽然违背了亲疏等级,但是却符合指别性领前的原则,所以也能存在。只有既违反亲疏等级又违反指别性领前的 OSV,在人类语言中才不能作为某种语言的基本语序而存在。

在实际存在的五种基本语序中,[S [$\underline{V}$ O]]、[S[O$\underline{V}$]] 是大量存在的。原因是它们既合乎亲疏等级原理,又合乎指别性领前原则。其他三种就比较少见。而同时违反亲疏等级和指别性领前的 OSV,作为基本语序就不存在。

类似的情况也存在于时间状语(T)、时段/频率(duration/frequency, D)成分和动词之间。传统上把 D 看作副词性成分,但是 Li(1990)认为至少在汉语中,D 完全是个名词性的成分,它跟一般时间词 T 的区别仅在于它是不定指的而一般时间词是有定的。因此我们可以根据指别性领前的原则去比较 D 和 T 的位置关系。就亲疏等级来说,D 应该比 T 离动词 V 更近,因为 D 成分和动词的次范畴分类有更密切的关系:有些动作可以延续相当时间,有些动作却是瞬间性的。但是就指别性来说,T 是有定的而 D 却是不定指的,所以 T 倾向于出现在 D 前面。亲疏等级和指别性领前相结合的结果,就是同时满足两个要求的 [T [V D]] 和 [T [D V]] 语序很常见,而同时违反两个要求的 DTV 语序,据笔者目前调查的语料中,没有发现过(初步的调查可以参考陆丙甫 1993:88)。

双宾语的位置也反映了两个因素的相互作用。就亲疏等级来说,应该是直接宾语比间接宾语更靠近动词,但是在两个宾语都后置的语言中,往往会出现间接宾语离动词更近的变体。据 Foley & Valin (1985:345)调查,基本语序中间接宾语和直接宾语交换位置的情况,都发生在宾语后置的语言中,原因是间接宾语(往往指人)通常是有定的而直接宾语(往往指物) 常常是不定的;亲疏等级的作用就被指别领前的这个因素压倒了。在宾语前置的语言中,基本顺序都是"间接宾语-直接宾语-动词",因为这个顺序同时满足两个基本语序倾向,比较有定的间接宾语已经在直接宾语前面了,两者之间的交换位置就失去了推动力,变得没有必要。

再看看一个更复杂些的语序现象:

(6) 他 讲了 我 三次 坏话。

(7) He spoke ill of me three times.

汉语的三个动词后置成分的顺序是"我、三次、坏话",这个排列符合从比较有定到比较无定的顺序:"我"是有定的,"三次"是不定的,"坏话"是无指(non-referential) 的。而英语的排列却按照亲疏等级:ill 是直接宾语,of me 是间接宾语,three times 是状语。关于 ill"坏话"是无指成分这一点,从例(7)这个意思也可以说成 He spoke of me illy /badly three times 中看出,因为它主要是描写说话者对"我"的态度,而不是具体内容。

关于语用顺序的作用,还可以从以下的对比看出:

(8) 他 讲了 我 三次 坏话。

(9) 他 讲了 三次 我*(的)坏话。

因为例(9)的"三次、我、坏话"中有定的"我"出现在不定的"三次"后，违反了语用顺序的倾向，所以要用一个"的"去补救。加了这个"的"之后，"我的坏话"成了一个表层成分，而这个成分可以看作无指的，正如"他是我的朋友"中的"我的朋友"实际上是无指的，说话者的目的不是为了确定所指，而是描写性质。"我的朋友"是对"他"作描写，意思是"对我友好的人"。

也许有人会说"讲坏话"是固定的熟语性结构，情况特殊，没有代表性。但实际上这种对比在通常的双宾语结构中也存在：

(10) 他 送过 我 三次 礼物。

(11) He gave gifts to me three time.

例(10)中，有定的间接宾语出现在不定的"三次"之前，而"三次"又前置于无指的"礼物"之前，符合语用顺序①。当然例(10)有"他送过三次礼物给我"的变体，那是迁就亲疏等级的结果，而例(11)有 He gave me gifts three times 的变体，那是迁就语用顺序的结果。

相当于例(8)、例(9)的核心后置的结构有日语：

(12) a. kare-wa san-kai watashi-no koto-o waruku itta.

　　　　他　　三次　我的　　　事情　　坏　说

　　 b. kare-wa watashi-no koto-o san-kai waruku itta.

　　　　他　　我的　　事情　三次　　坏　　说

---

① 也可以说"礼物"在例(10)中是所指没有具体规定"非专化"(unspecified)的成分，可以根据需要理解为有定、不定和无指。如果非专化的成分按照最低程度去处理，就可以把"礼物"看作常规的(default)无指，即没有其他条件，自动作无指解释。事实上在例(10)中，说话者对礼物的所指并不关心，也不想传达礼物的所指信息给听话者。所以指别并不仅仅指"事实上的所指"，而是说话者对所指的态度。

例(12a)符合语义亲疏等级,例(12b)符合指别性领前原则。这两个语序是最自然的,日本人感到难以决定哪个更基本,而其他语序的自然程度则相去甚远。注意,在日语中,"坏话"落实为状语,但这并不影响到它作为同动词最密切的成分的地位。

相当于例(10)、例(11)的日语句子最常用的语序是:

(13) a. kare-wa watashi-ni san-kai purezento-o kureta.

　　　　他　　我　　三次　　礼物　　　　送

　　 b. kare-wa san-kai watashi-ni purezent-o kureta.

　　　　他　　三次　　我　　礼物　　　送

例(13a)合乎指别顺序,例(13b)合乎语义顺序①。

2.2 名词内部的语序问题

从上一节可以看出,主语、宾语间的基本顺序和双宾语的基本顺序,在动词前较稳定而在动词后较多变。与此相似的,名词内部的语序也是前置定语的顺序比较固定而后置定语的顺序比较不稳定。以指别词 D、数词 Q 和形容词 A (也可包括其他描写性定语) 三项定语来说,一起前置时总是 DQAN,而一起后置时却变化很多(Hawkins 1983:117—123,中文可参考陆丙甫 1993:91)。不仅跨语言的语料表明如此,某些语言内部的语序变化也是如此。在西班牙语中,形容词可以前置于也可以后置于名词,前置时的顺序相当稳定而后置时的顺序相当自由。

(14) a. el primer buen capítulo

　　　 冠词 第一　 好　 章节

---

① 关于例(13),日语还有一个较常用的语序是

(i) Kare-wa watashi-ni purezento-o san-kai kureta.

　 他　 我　 礼物　 三次　 送

这可能同"puresento"仅是常规无指有关,因此也可以理解成有定的。关于这三个语序意义上差别,还有待于进一步研究。

'第一个好章节'

b. * el buen primer capítulo

c. el capítulo primero bueno

d. el capítulo bueno primero

当 primer(o)"第一"和 buen(o)"好的"都前置时,只有一个语序,而当两者都后置时,却有两种顺序(形容词"primero"和"bueno"在名词前要删除词缀"-o")。

这个现象,我们可以"这三本有趣的书"为例解释如下。一方面,D同名词的关系最疏远,完全是临时性的(同样"这三本书",换一个场合就是"那三本书"了),A 同名词的内在属性有最密切的联系,所以DQAN 的顺序符合亲疏等级的原理;另一方面 D 是表示有定的定语(事实上,D 本身在许多语言中是有定代词),Q 是无定定语,而 A是描写性无指定语,所以 DQAN 的顺序又符合指别性领前的倾向。两个倾向都满足的语序当然就相当稳定①。

不仅意义决定位置,位置反过来也影响意义解释。这可以从下面的例子中看出:

(15) a. 艺术家的一双手

　　　b. 一双艺术家的手

"艺术家"在例(15a)中是有定的,特指的人,而在例(15b)中则是无指的,不是指别性而是描写性的,意思上相当于"艺术家般的,灵巧的"。并且"艺术家"的不同位置直接影响到整个名词短语的指别性:例(15a)是有定的,而例(15b)是不定的。光杆名词在数量词前为有定,

───────────

① 指别性通常是指名词性成分而言。名词的指别性实际上很大程度上是由定语决定的。因此可以根据定语对所属名词短语的指别性的贡献而说定语(包括形容词定语和小句定语)也有指别性大小的区别。事实上定语对所属名词指别性的贡献大小往往直接反映自身的指别性大小。如使所属名词成为有定的指别词往往本身也是有定代词。有冠词的语言中把冠词分为有定冠词和不定冠词,也说明了这一点。例(15)也说明了这定语本身的指别性和所属名词指别性之间的关系。因此,对指别性贡献大的定语倾向于前置于贡献小的定语,事实上就是指别性大的成分前置于指别性小的成分的一种表现。

在数量词后为非有定,这个现象类似于光杆名词在动词前为有定,在动词后为非有定。可见名词内部的语序规律和句子内部的语序规律有许多相似的地方。

在三个定语都后置的情况下,两个倾向不能同时满足。亲疏等级要求 NAQD 顺序,而指别性领前要求 NDQA 顺序。两个要求冲突,冲突可以有多种结果,结果就难以稳定下来。

两个倾向都满足的名词内部语序,不仅有[D[Q[AN]]],还有[D[Q[NA]]],这也是人类语言中大量存在的语序,罗曼语言大多如此。

定语分据名词两旁的语言只能 D、Q 在前而 A 在后,没有 A 在前而 D、Q 反而在后的语言。这也是因为 D 和 Q 的指别性比 A 大,所以比 A 具有更大的前置倾向。A 在 N 前而 D、Q 反而在 N 后的情况,就好像成绩差的学生通过了考试而成绩好的学生反而没有通过考试一样不大可能。

在三个定语都后置的语言中,实际存在的语序有 NAQD,NDQA,NDAQ 和 NADQ。数学上可能的 NQAD 和 NQDA 没有发现。这四个存在的语序中,第一个完全服从亲疏等级 [[[NA]Q]D],第二个 NDQA 完全符合指别性领前。从第二个到第四个,可以概括如下:D 和 Q 的相对顺序是固定的,D 总在 Q 前;区别仅在于 A 的位置变化而已。A 的位置为什么不稳定,因为形容词的意义相差很大,有的指别性相当强,有的描写性相当强。指别性强的形容词往往会偏离形容词的常规位置而前移。如英语中形容词通常必须后置于数词,但是指别性的 aforementioned(前述)、left(左边)、next(下一个)等形容词通常前置于数词(如"the left three lanes""the next three points"等),最高级形容词也可以前移,如:

(16) the biggest three balls

最高级形容词因为隐含着"唯一性"的意义,"可确定性"很强,所以尽管有描写性,同时也具有很强的指别性。英语名词如带最高级形容词,通常必需用定冠词,可说明这一点。

在汉语中,几乎所有带有一些指别性的定语都能前移到数词甚至

指别词前,而且其中那些指别性特别强而甚少描写性的定语,在指别词前通常应该或至少可以省略"的"字。如:

（17）他/张三（的）那 三 本 书。
（18）左边/桌子上（的）那 三 个 球。
（19）前述 / 以下（的）那 三 个 问题。
（20）最大（的）那 三 个球。
（21）去国外旅行（的）这 个 计划。

例（17）—例（21）中的定语都不是描写核心名词性质而是区分所指的,例（21）是所谓"同一性"定语,其性质是指同而不是描写。根据这个观察以及其他的证据,我们认为"的"在现代汉语中是个"描写性"的标记,而不是一般的定语标记（Lu 1996b）。事实上纯指别性的定语如指别词定语和数量词定语都不能带"的"。带"的"定语多少有些描写性。

前面说过三个定语 D、Q 和 A 都后置于核心名词时,NDQA,NDAQ 和 NADQ 三个语序的不同可以理解为 A 的位置不同,这情况与汉语非 D 非 Q 的一般定语的位置变化相似:

（22）a.　　那　　三个 红的球
　　　 b.　　那 红的 三个　　球
　　　 c. 红的那　　三 个　　球

区别仅在于汉语形容词位置的变化。例（22）中的形容词的位置可以说从常规的例（22a）中的位置逐渐前移到例（22c）中的位置。前移的过程也就是指别性功能增强的过程。而 NDQA,NADQ 和 NDAQ 三个语序中,可以说起点是 NDQA,这是由指别性程度决定的常规顺序,然后 A 逐渐前移。那么为什么在完全由语义亲疏决定的 NAQD 中,A 的位置不能后移而产生 NQAD 和 NQDA 呢? 因为前移可以增加指别性,而语用指别性相对语义描写性,是结构在使用中后来加进去的内容。但是后移没有功能上的理由,如果后移的话只能减少有定性,而形容词常规上就其本身而言就是不定性的,不能靠后移去减少它本来没有的特征。

2.3　语序变化左右不对称现象

　　根据以上句子平面和名词内部的语序比较,我们可以看到人类语言的基本语序有一个总的倾向是核心在后的(head-final)序列比核心在前(head-initial)的序列更稳定。其原因是核心在后的结构中,亲疏等级和指别性领先这两个原则往往互相和谐。表层的事物、性质往往同事物的内在性质关系较疏远,所以倾向处于外层。表层现象往往比内在性质更容易识别,因而容易成为已知、有定的内容。在核心在后的结构体中,越外层也越领先,两个定位因素互不矛盾。相反,在核心在前的结构体中,两个因素往往互相冲突,难以同时满足。

　　这个倾向也存在于多项形容词定语中,如前面的例(14)就是一个例子。跨语言的形容词语序调查也证实了这一点。Hetzron(1978:165—184)注意到这个现象,并提出这样的疑问:"形容词之间语序自由的情况,都发生在形容词后置于名词的情况中,我不知道这是不是巧合。"

　　不过,也有相反的情况,即前置于核心的成分比后置成分在语序上更不稳定的情况。如一个宾语 O 和一个状语 Adv(可以以方式状语为典型),如果一起后置,在所有语言中都是 V O Adv 占明显优势。在英语中是严格的 V O Adv 语序,除非宾语体积很大时才会发生宾语移到句末的情况。相反,如果宾语和状语都前置,则就倾向不明了:有些语言(Bhoipuri 等)以[Adv O V]为基本语序,另一些(Kanuri,Harar Oromo,Kannada,Balti,Siane,Wambon,Suena,Amele 等)则以[O Adv V]为基本语序,其余许多是倾向不明的(Lu 1998)。如在汉语中,前置的"把"字宾语和状语的位置就很自由,难以决定哪个顺序是基本的:

　　(23) a. 把他 狠狠地 打了 一顿。
　　　　　b. 狠狠地 把他 打了 一顿。

但不管前置稳定还是后置稳定,都反映了共同的左右不对称现象。而这种不对称都是语义和语用互动的结果。以宾语和状语的顺序来说，后置的［V O Adv］既符合语义亲疏等级，又符合指别领前原则（作宾语的名词比作状语的单位指称性更强），所以必然占明显优势而显得稳定。而从属语前置的［O Adv V］符合指别领前但违背语义亲疏等级；从属语前置的［Adv O V］虽符合语义亲疏但违背指别领先，各有所长所短，所以就倾向不明朗了。

亲疏等级和指别领前都是所谓镜像原则（Iconicity Principles）在语言结构中的反映。镜像原则反映了内容和形式的一致性、和谐性。两种现象，可能和谐，也可能不和谐。和谐比不和谐简单，因为和谐、一致通常表现为一种方式，而冲突、不和谐却可以有种种不同的表现。这正如同托尔斯泰在小说《安娜·卡列尼娜》那著名的开头第一句话所说的"幸福的家庭都是相似的，不幸的家庭各有各的不幸"。这也就是说，互相冲突比互相和谐更复杂，会表现为更多的形式。语法研究，如果从简单的和谐一致关系推导到复杂的矛盾冲突关系，那就意味着以形式和功能的相统一为出发点，这就是我国语法学界历来所强调的基本原则。

3 语法化和形式化

以上我们用语义、语用的相互作用来说明一些语法现象。这些分析进一步表明了语法是兼顾语义和语用的形式化编码手段。

有没有完全没有语义、语用功能基础的语法形式呢？可能会有，但即使有的话也很少。汉语语法界通常用"突然""忽然"的语法分布的不同（前者可以作定语、谓语、补语、状语，而后者只能作状语）来证明语法的独立自主性。其实，这两个词即便在作状语的时候意义也并不完全相同（陆丙甫 1992），深入的研究也许能发现它们分布的不同跟语义的区别有着某种必然的联系。所谓"句法独立自主性（syntax autonomy）"，要看独立自主于什么。世上万物互相关联，完全独立不受其他事物影响的事物是不存在的。因此，提出句法独立性，主要是为了强调某些句法现象独立于通常认为有关的因素，绝对不是指独立于一切因素。即使某些语法形式独立于语义、语用，但恐怕还是很难独立于更广义的认知功能,因为 Chomsky 本人也强调语言系统是人类整个认知系统的一部分。

例如一个成分的长短往往影响到它的位置:长成分在某些中介位置上干扰两头成分间的联系,就需要把长成分移到边缘部位,以减少干扰。但是一个成分没有说出之前事先难以判断长短,可以操作的就是根据范畴来判断。我们看下面的例子。

(24) a. * Did [that John failed his exam] surprise Mary?
　　　b. Did [this fact] surprise Mary?
　　　c. Did [this fact that John failed his exam] surprise Mary?

例(24)这样的结构中,did 在语义上和 surprise 直接联系,在中间插入太长的成分会干扰这种联系。但把这个道理语法化的结果,能够出现在这两个成分之间的成分,其限制并不是以长短为标准,而是以范畴为标准:在这个中介位置出现的可以是名词短语而不能是小句。这种形式限制,其功能的基础则是小句通常比名词短语要长。像这种成分长短对语法形式的影响,既无关语义也无关一般意义上的语用,但仍然关系到语言的交际功能。

因此,语法的形式化,本身也是根源于交际中便于操作的功能需要。

虽然大多数语法现象最终能够从基本的语义和语用及其他的功能得到解释,但是这决不等于说语法形式在语法分析中毫无价值,至少,如上例所示,作为描写手段是不可缺少的(文炼 1992)。既然语法是对语义和语用的编码,那它主要也就是一个形式的问题。所以语法的描写,应以形式作为解释的对象。而且如同表层形式化的规律在实际运用中便于操作一样,在描写和研究中,也是同样便于控制和操作的。

当然,语法形式不仅仅是指表面的形式,还包括一些隐含的形式。20 世纪 50 年代讨论汉语的词类问题时,胡裕树、张斌先生就提出过“广义形态”这个观念(胡附、文炼 1954)。这广义形态,就是一种广义的包括分布在内的抽象的语法形式。如今形式语法中的形式,比起当时的广义形态，当然有很大发展，但是精神实质还是一致的。

例如关于语法位置，就不仅包括了表层直接看得到的位置，还包括了一些表层不能直接看到的抽象的位置。请看下面四个句子：

(25) a. 他 真的　　已经　　　　离开了。
　　 b. 他　　　　已经　　真的 离开了。
　　 c. 他 真的　(已经)　　　　离开了。
　　 d. 他　　　　(已经) 真的 离开了。

例(25a)中的"真的"是语气性的，而例(25b)中的"真的"是表示方式的。两句中的"真的"意义不同，同它们位置的不同直接相关。这种不同，根本上是跟核心动词"离开"的距离不同，但从描写的角度，也不妨说同"已经"的位置关系不同。两句中的"已经"意义没有变化，因此，从形式和意义一致的原则来看，也可以说位置也没有变化。"他真的离开了"中的"真的"有歧义，方便的解释就是它实际上有两个可能的位置，如例(25c)和例(25d)所示。这样，就把语法位置和表达意义对应起来了：一定的语法位置表达一定类型的意义。在"已经"之前可以出现许多有语气性的词语如"大概、的确、想必、看来"等；在"已经"后的位置中可以添入表示方式的状语如"悄悄地、愉快地、依依不舍地"等。反过来也就是说，虽然在例(25c)和例(25d)中"已经"的位置在表面上看不出，但我们为了保持语法位置和意义的一致关系，应该承认这个位置即使没有添入具体词语，也是始终存在的。当然能够出现在这个位置的不是具体的词语"已经"，而是包括了所有时态性的词语，如"曾经、一向、一度、从来、不曾、没有、即将"等。

可见抽象位置的建立，有助于在一定的语法意义和一定的语法位置之间建立一一对应的简单关系。除此之外，还可以大大简化语法描写。如描写一个句子从 SVO 变为 OSV 的过程，如果没有任何抽象位置，那就只能说 S 从第一个位置移到第二个位置，而 V 和 O 分别从第二个、第三个位置移到第三个、第一个位置。何其麻烦，而且还说不清楚位置变化和意义变化间的对应关系。但是，如果假设在原句 SVO 前本来就存在一个抽象的位置，那么就只要说仅仅 O 从（包括这个抽象位置在内的)第四个位置移到句首的那个抽象空位,而这个位置的意义是话题,所以 O 移到这个位置后就增加了话题的语用意义,而原来的受事意义并没有因移动而丧失。所以移位通常只能增加意义,不能减少意义。

　　将这个原则推而广之,就可以建立起许许多多的抽象形式。在汉语的形式学派中,比较有影响的就是 Huang(1982)关于汉语在逻辑式中也存在像英语疑问词提前到句首那样的"wh-"移动的假设,和 Li(1990)关于汉语中存在具有印欧语"变格"相同功能的抽象"格"的假设。这些印欧语中的显性形式,运用到汉语中就成了隐性形式,乍看十分牵强附会,其实从功能的角度去看倒比较容易理解。印欧语中的 wh-移动和表层格,肯定是有某些交际功能的。这些现象在其他语言中相当普遍地存在,说明这些现象背后有着重要的功能基础。"需要是创造之母",任何功能都需要通过某种形式去落实,只要产生表层 wh-移动和格变的功能基础和机制具有普遍性,那么在汉语中,这个机制即使没有产生同样的表层现象,也必然会产生某些相关的现象。这些现象既然同"wh-"移动和格变根源于同样的功能需要,那么就不妨看作是某种形式的"wh-"移动和格变,或者说是抽象的"wh-"移动和格变。总之,导致某种现象的机制只要存在,必然会有某种表现。具体表现可能不同,但既然背后的机制相通,这些不同的表现就具有相同的本质。要把背后机制相通而具体表现不同的现象统一起来,就需要有从具体表现中概括出来的某些抽象的形式。这样,就有了汉语在某个抽象层面具有 wh-移动和抽象格的说法。

　　可见,抽象形式实际上是功能的体现,是功能的形式化。因此建立起抽象形式,实际上也已经提供了某种间接的解释。

　　让我们仍以前面已经讨论过的名词的指别性为例,进一步来说明这个问题。就普通名词来说,其指别性取决于两个因素。一是内部所带的定语类型,二是在句子中的句法位置。能否把两者统一起来呢?人称代词和专有名词的有定性似乎是由本身决定的,这同上面两种情况也有矛盾。Li(1997)就企图通过抽象形式的手段把这些现象都统一起来。

　　先看人称代词和专有名词的处理。可以说他们之所以有定指意

义,是因为它们本身已经占据在指别词或指别词前的位置。这可以从下面的例子得到证实:

(26) 他们(这)两个人/懒鬼

(27) 张三、李四(那)几个乖孩子

上述两例中,如果指别词"这、那"不出现,"他们"和"张三、李四"就可以看作占据了指别词的位置,如果指别词出现,"他们"和"张三、李四"就可以看作占据了指别词前的位置。在这个观察的基础上,即使人称代词和专有名词在通常不带后面那些成分的情况下,也可以认为他们仍然出现在指别词和指别词之前的位置。这两个位置都是使名词短语获得了有定性的位置。甚至光杆普通名词在某些位置上表现为定指的,也可以认为是移动到了指别词或指别词前的位置。事实上人称代词和专有名词不能像普通名词一样出现在数量词后,如"这两个他们/张三、李四"。这也说明他们即使单独出现的话,也应该视为在数量词之前的位置。

　　这个假设可以把有定名词的三种情况统一起来。Li(1997)总结认为:汉语的普通名词就其自身而言,都表示一类事物的抽象名称,是无指的。量词把抽象名称个体化(individuate),数词把个体数量化,而指别词(或指别词前的成分)把整个结构和话语环境中的具体事物联系起来。任何有定的名词短语都必须包含指别词这个位置。

　　这样,在名词短语的句法位置和内部的结构之间建立起了对应统一关系:一定的句法位置要求一定的结构成分,一定的外部环境要求一定的内部结构。主语位置通常要求有包含指别词位置的名词短语。动词后的频率/时段成分必须带有数量词位置的名词性单位,而一般的宾语则不受限制。有些语法位置的名词性单位,指别词和数量词都不能带,如"<u>石头桥梁</u>"中的"石头","他们两个经常<u>电话联系</u>"中的"电话"。近年来的生成语法,把传统的名词短语区分成了不含指别词的、无指的名词短语,含有数量词的数量短语 NumP(number phrase)和含有指别词的定指的"指别短语"DP(determiner phrase)(比较新近的讨论参看 Longobardi 1994,联系汉语的讨论见 Li 1996,1997)。这样,上述差别就可以表达为有些位置要求名词短语,有些要求数量短语,有些则要求指别短语。指别性的差别具体落实为内部结构的差别。这情况正如同"希望"的宾语位置只能出现小句单位,"情愿"的宾语必须是动词短语,而"喜欢"的宾语可以是名词短语或动词短语一样。

　　这个例子进一步反映了形式语法实际上也没有否定意义和功能的作用,不过是把意义、功能更加形式化而已,往往把一定的意义和一定的句法位置、内部结构严格对应起来。这些例子也都说明了抽象形式的建立是语法研究中的重要手段。

　　由此也可看出,语法形式在一定程度上也可用来作为解释的原因,既然一定的形式已经成了一定的意义、功能的代名词。

　　在几何学中,虽然所有定理都可以从极少几条公理推出,但是如果任何现象都从公理开始去解释,未免太麻烦。多数情况下,就可以以已经得到证明的定理为推理的起点。某些语法形式,如果有充分的根据成立,确实可靠,作为进一步解释的基础未必不是方便的途径。并且,形式化的东西往往也比较容易把握而具有较强可操作性,更容易严格控制。

　　问题是我们在运用这些形式标准的同时,不要忘记背后的功能基础,并且在形式化的推导过程中,一旦发现勉强之处,就不要忘记回过头去反省更本原的语义和语用。

主要参考文献

胡附,文炼.词的范围、形态、功能[J].中国语文,1954(8).

胡裕树,范晓.语法研究的三个平面[J].新疆师范大学学报,1985(2).

胡裕树,范晓.有关语法研究的三个平面的几个问题[J].中国语文,1994(4)。

陆丙甫.从"跳舞""必然"的词性到"突然""忽然"的区别[J].语言研究,1992(2)。

陆丙甫.核心推导语法[M].上海:上海教育出版社,1993.

吕叔湘.汉语语法分析问题[M].北京:商务印书馆,1979.

施关淦.关于语法研究的三个平面[J].中国语文,1991(6).

文　炼.与语言符号有关的问题——兼论语法分析中的三个平面[J].中国语

文,1992(2).

朱德熙.汉语句法中的歧义现象[J].中国语文,1980(2).

Chomsky, N. *Lectures on Government and Binding*. Foris, Dordrecht, 1981.

Comrie, Bernard. Topics, grammaticalized topics, and subjects. *Berkeley Linguistics Society*,1988, 14: 265 - 279.

Comrie, Bernard. *Language Universals & Linguistic Typology* (2nd. Ed.). The University of Chicago Press, 1989.

Foley, William A. & Robert D. Van Valin, Jr.. Information packaging in clause. In Shopen (ed.) Language Typology and Syntactic Description, 282 - 364. Cambridge: Cambridge University Press, 1985.

Haiman, John. *Natural Syntax*. Cambridge: Cambridge University Press, 1985.

Hawkins, John. *Word Order Universals*. Academic Press, 1982.

Hetzron, Robert. On the relative order of adjectives. In Hansjakob Seiler (ed.) *Language Universals*, 165 - 184. Tübingen: Gunter Narr Verlag, 1978.

Huang, C.-T. James. *Logical Relations in Chinese and the Theory of Grammar*. MIT Ph.D. dissertation, 1982.

Keenan, Edward L. Towards a universal definition of subject. In Li (ed.) Subject and Topic, 303 - 333. New York: Academic Press, 1976.

Kibrik, Aleksandr E. Beyond subject and object: Toward a comprehensive relational typology. *Linguistic Typology*, 1997, 1: 279 - 346.

Miller, A. Human memory and the storage of information. *I.R.E. Transaction on Information Theory*, 1956, Vol: IT - 2, No.3.

Lambrecht, Knub. *Information Structure and Sentence Form*. Cambridge: Cambridge University Press, 1994.

Li, Charles N. (ed.). *Subject and Topic*. New York: Academic Press, 1976.

Li, Y.-H. *Order and Constituency in Mandarin Chinese*. Dordrecht: Kluwer Academic Publisher, 1990.

Li, Y.-H. A number projection. To Appear in *ICCL - 5 Proceedings*, 1996.

Li, Y.-H. Structure and interpretations of nominal expression. Papers to the Ninth North American Conference on Chinese Linguistics. Victoria, Canada, 1997.

Longobardi. Reference and proper names: A theory of N-movement in syntax and logical form. *Linguistic Inquiry*, 1994, 25: 609 - 665.

Lu, Bingfu. The internal word order of NPs: Inherence proximity and referentiality precedence. *Proceedings of the Eighth North American Conference on Chinese Linguistics* Vol. 1: 229 – 246. Los Angeles: GSIL, University of Southern California, 1996a.

Lu, Bingfu. DE as a descriptive marker. Papers to the Fifth International Conference on Chinese Linguistics. Taiwan, 1996b.

Lu, Bingfu. Word order variation in *ta shuo-le wo san-tian huaihua*. *Journal of the Chinese language teachers association*, 1998a, Vol.33, No. 2: 21 – 30.

Lu, Bingfu. *Left-right Asymmetries in Word Order Variation: A Functional Explanation*. University of Southern California Ph.D. dissertation, 1998b.

Gundel, Jeanette K. &. N. Hedberg, R. Zacharski. Cognitive status and the form of referring expressions in discourse. *Language*, 1993, 69: 275 – 307.

Shopen, Timothy. *Language Typology and Syntactic Description. Cambridge:* Cambridge University Press, 1985.

Wade, Terence. *A Comprehensive Russian Grammar*. Cambridge: Blackwell, 1992.

（原载《中国语文》1988 年第 5 期：353—367）

附录二 语序优势的认知解释：论可别度对语序的普遍影响

提　要　Greenberg(1966)用来解释语序蕴涵共性的最重要的两个因素是"优势"和"和谐"。"和谐"原理的解释和应用后来受到了广泛的重视，但是对"优势"的研究相对来说极为薄弱。本文认为语序优势主要跟语言单位的可别度(identifiability)有关：其他一切因素相同的情况下，越是符合可别度等级排列的语序越是占有优势。为进一步扩大优势概念的应用，本文提出"跨范畴可别度等级"这一概念。

关键词：类型学　语序共性　优势语序　可别度　语用

1　"和谐"和"优势"概念简介

Greenberg(1966)提出的语序共性理论开创了当代语言类型学。在描写方面，他最大的贡献是提出了"蕴涵共性"的观念。蕴涵共性所描写的不是表面上一目了然的共性(如"任何自然语言都有元音系统"等)，而是比较隐藏的相关性。对这种相关性的发掘，大大扩大了共性研究的范围。

蕴涵共性的基本表达方式是：

(1) 如果一种语言有 X 现象，必有 Y 现象，但反过来不一定成立。

从逻辑上来说，就是 X 现象为 Y 现象的充分条件，或者说 Y 现象是 X 现象的必要条件。

Greenberg 用语序"优势(dominance)"和语序"和谐(harmony)"这两个概念去解释语序蕴涵共性。所谓优势，从一般意义上理解，就

是"某种特定语序压倒其交替语序的优势"。但他的语序"优势"特有所指,是用语序"和谐"概念去定义的:

(2) 优势语序(dominant order)总是可以出现,而与其相反的劣势语序(recessive order),只有在与其相和谐的语序也出现的情况下才出现。

Greenberg 当时提出的语序蕴涵共性中,一个典型的例子是:

(3) Greenberg(1966)共性二十五: 如果代词性宾语后置于动词,那么名词性宾语也同样后置。

Greenberg 强调地指出,蕴涵共性可以表达为"四缺一"的格式。这样,共性二十五可以表达为(后一栏为字母化表达):

(4) a. [前置代词宾语,前置名词宾语]　　[Pro V, N V]
　　 b. [后置代词宾语,后置名词宾语]　　[V Pro, V N]
　　 c. *[后置代词宾语,前置名词宾语]*　 [V Pro, N V]
　　 d. [前置代词宾语,后置名词宾语]　　[Pro V, V N]

即共性二十五只排除例(4c)那样代词宾语后置而名词宾语却前置的搭配。也就是说,人类语言中不可能存在一种同时以后置代词宾语和前置名词宾语为基本语序的语言。属于例(4a)的例子有日语、朝鲜语等,属于例(4b)的例子包括现代汉语,属于例(4d)的例子有法语等罗曼语系语言。占汉语中,代词宾语一定条件下通常前置,而同样的条件并不能导致名词宾语前置,也部分地符合例(4d)。

　　Greenberg 也强调指出,决定一种语序是否优势的,不是出现率,而是在这四分表格上的分布。由于前置代词宾语既可以像例(4a)那样跟前置名词宾语搭配,也可以像例(4d)那样跟后置名词宾语搭配,而后置代词宾语只能如例(4b)那样跟后置名词宾语搭配,却如例(4c)那样不能跟前置名词宾语搭配,因此,代词宾语前置相对于代词宾语后置是优势语序。根据同样的逻辑，名词宾语后置相对于前置是优势语序。格式例(4)可以总结成：两个劣势语序的组合不可能存在，一优一劣的组合和两者皆优的组合都会存在。

所谓互相"和谐"的语序，就是核心位置相同的语序。如后置代词宾语跟后置名词宾语是和谐的，因为都是核心动词前置的结构。又如〔前置词＋宾语〕跟〔动词＋宾语〕和谐，因为都是核心前置的结构。

语序和谐的概念后来得到了广泛的研究和运用，例如Lehmann(1978)的"统辖语和被统辖语和谐"理论、Hawkins(1983)的"跨范畴和谐"等。类型学中后来关于"核心前置"的语言和"核心后置"的语言之划分，就是根据核心的位置来划分语言的。在形式语法中，也把核心前置或后置看作一个重要的参数。

这些，都反映了自然语言中各种核心成分的位置趋向和谐一致的倾向。Greenberg用心理上的概括化(generalization)简单解释了一下"和谐"。后来的研究对这种倾向从不同角度作了解释，包括从语言习得的角度所作的解释，这就是所谓"认知上的经济性"(Shibatani & Bynon 1995：8)。还有从语言运用的角度所作的解释，如 Kuno(1974)从避免"中心嵌套(center-embedding)"角度，Hawkins(1994)从"直接成分尽早确立(early immediate constituents recognition, EIC)"的角度，说明了各类结构保持和谐、一致的好处。

但是，对"语序优势"这一概念的研究，则进展甚少。Greenberg(1966)当时就意识到，要解释优势则困难得多。类型学后来的发展也证实了这个预测。语序优势在类型学研究中相对来说一直很薄弱，至今没有全面、深入的探讨。Comrie(1989：99—100)已经指出了这种研究的偏向，并指出单靠和谐只能解释双向的蕴涵关系(有 P 必有 Q，反过来也成立，即有 Q 也必有 P)；而不能解释 Greenberg 的单向蕴涵现象。刘丹青(2003：35)也强调了这一点，把那些忽视优势的和谐理论称为"纯和谐主义"。沈家煊附在刘著中的评审意见也特地说到刘著在这一点上的正确把握(刘丹青 2003：368)。可见，对"语序优势"的研究滞后是当代类型学界一个公认的事实。本文拟对"语序优势"概念进行初步的探讨，主要阐明语序优势的功能本质。

首先要澄清，虽然 Greenberg 对"优势"的定义是狭义的，即根据四分表上的分布所作的定义,但文献中对"优势"的运用往往超出这个狭义的定义,而采取比较常识性的更广泛的理解,跟"四缺一"格局所反映的蕴涵现象没有直接关系。例如"优势语序"往往也指某一种语言中的无标记语序或基本语序(basic orders、canonical orders)。有时也指一种跨语言的总倾向,如主语前置于宾语的总倾向,即 S-O 相对于 O-S 占绝对优势。类似的有 Greenberg 的共性十四:"条件从句在所有语言中都以前置于主句为正常语序"。还有所谓"后缀、后置词总体上的优势现象":许多基本上是核心前置的语言也会用后缀、后置词。如作为前置词语言的英语中有了前置的 of,还有同样表示领属关系的后置虚词-'s。汉语基本上是前置词语言,但也有大量的后置词(刘丹青 2003)。相反,核心后置的语言用前缀、前置词的情况相对来说极为稀少(Hawkins 1988)。这些,虽然跟蕴涵共性没有直接、明显的联系,但也属于跨语言的共性现象,本文也会有所分析。

本文的结论是,根据四分表和蕴涵关系所定义的狭义"语序优势",可以还原、简化为一般的广义语序优势现象。四分表中的优势语序,总是更符合一般优势语序的序列。而所谓语序蕴涵共性,无非是不那么符合一般优势语序的序列的存在,蕴涵着更符合一般优势语序的序列的存在。

本文的分析也将显示,这种种语序"优势"现象,除了"条件从句前置于主句"等少数明显具有其他特殊原因的语序优势外,大多数语序优势,几乎都跟"可别度(identifiability)"这个概念密切相关。

在进入这个主题之前,让我们对蕴涵共性的一般解释作一个介绍。

2 蕴涵共性的功能解释

陆丙甫(2001:254—255)用需要的程度来解释形态蕴涵共性(如"第一第二人称反身形式蕴涵第三人称反身形式"),用处理的难度来解释关系子句中名词提取的蕴涵等级(如"间接宾语的提取蕴涵着直接宾语也能提取")。具体地说,也就是"不太需要的、比较难处理的形式的存在蕴涵着更需要的、比较容易处理的形式的存在"。刘丹青

（2003：34）也指出，"在蕴涵共性中，被蕴涵项（后件）相对于蕴涵项（前件）是优势项"。把两者结合起来，结论是，优势项就是比较需要的或比较容易处理的形式。因此，蕴涵共性的本质是劣势形式的存在蕴涵着优势形式的存在。

需要程度的解释可比喻为购物：就常人来说，购买了奢侈品蕴涵着也购买了生活必需品。困难程度的解释可比喻为跳高：能跳过一米五的人当然也跳得过一米，因为前者比后者难。

两种情况有时是一致的，例如走路比跳高容易，也比跳高更需要，因此人总是先学会走路再学会跳高。两种情况如果不一致，就有个权衡得失的问题。

这里我们需要注意，分析蕴涵共性时，我们只能考虑最小配对（minimal pair）的对比。如反身形式的区别也是只体现在人称一个特征上。

这也就是说，我们只应该在其他一切因素都相同的情况下，或至少在最大可能地排除其他因素干扰的情况下，对两个相关变数作比较。换言之，在其他一切因素都一致、和谐的情况下考虑一对变数的区别。这里已经有和谐的因素。而 Greenberg 在语序蕴涵共性分析中所运用的"和谐"观念，本质上也起着限制所比较的语序之间差异的功能。

本文的分析将显示：类似的功能解释，完全适用于语序蕴涵共性。

3 "优势语序"和"可别度"

3.1 "可别度"概念

语法学界广泛承认定指性成分比不定指成分更容易出现在前。我们把这个倾向引申并理想化为"可别度领前原理"。"可别度（identifiability，Lambrecht 1994）"这个术语跟"定指性（definiteness）"或"指称性（referentiality）"很接近，可以说是广义的指称性。它把某些在语序分布上跟指称性表现相似的因素概括在一起。首先，信息的新旧对立跟指称性的高低对立，在分布上表现相似，"对门终日坐着个杨二嫂"中的"杨二嫂"，虽然是有定的，但因为是新信息，其分布就类似于不定指成分。又如,指称性也跟生命度在分布上密切相关,指称性大的成分和生命度高的成分的分布基本相同,而且也往往有共同的形态表现(Comrie 1979,其解释见陆丙甫 2001)。此外,像"来了一部分/少数学生"和"*来了全部/多数学生"的对比,以及"*一部分/少数学生都没有出席"跟"全部/多数学生都没有出席"之间的对比,则显示了"多数、少数"在分布上的对立也跟定指、不定指的对立相似。陆丙甫(2004a)认为,多数、大部分比少数、小部分具有更高可别度。[①]Ariel (1988) 指出指称性跟可及度(accessibility),即"(可)激活的程度",或可推导(inferable)密切相关。最后,有界性跟指别性也在某种程度上相关。有界概念的指称性往往比无界概念的指称性高,专有名词、定指名词一般都是有界的,而抽象名词一般是无界的(沈家煊 1995)。"可别度"这个术语可以将种种对分布产生相似作用的因素都概括进来。

如果把"可别度"看作一个"原型"概念的话,那么,指称性是它的核心内容,而新旧、生命度、数量、有界性等则是其边缘的内容。我们之所以采用"可别度"这个概念,除了它具有较高的概括性,最能反映分布形式和功能的一致性之外,还因为它突出了"识别"这一人类认知活动中最初始的基本因素,突出了人的主观能动性。

3.2 "可别度领前原理"的各种表述

"可别度领前原理"可以首先表述为(陆丙甫 2004a,陆丙甫 1998 "指别性领前原理"):

(5) 可别度领前原理(表述一):
    如果其他一切条件相同,可别度高的成分前置于低的成分。

下面是一个可以直截了当用例(5)解释的语序共性现象:

---

① 陆俭明(1985a)很早就注意到:"不多一点儿"和"很少一点儿+名词"只能出现在宾语位置上。Liu (1990) 也注意到"都"可以指向 51% 的比例量而不能指向 49% 的比例量。曹秀玲(2004)进一步指出,根据统计,"多数+名词"大部分出现在主语位置,而"少数+名词"大部分出现在宾语位置上。但他们没有把数量大小跟可别度大小联系起来。

（6）Greenberg 共性一：

　　带有名词性主语和宾语的陈述句中，优势语序中几乎总是主
　　语处于宾语之前。

例（6）显然跟可别度领前直接有关，虽然这里的"优势语序"跟四分表
并无直接关系。主语通常比宾语可别度高，这就导致了基本语序[（x）
S（y）O（z）]。[①]

　　注意，例（5）是针对同一序列中的两个成分而言的。这个原理可
以引申到针对相同格式中两个并非同时出现的相似成分，那就应该表
述为：

（7）引申的可别度领前原理（表述二）：

　　如果其他条件相同，可别度越高的成分越倾向于前置。

这个引申是很自然的，或者说是无标记的引申。典型的例子是"客人来
了"对"来了客人"，"雨下了"对"下雨了"（前提是既然"来了"和"下"在相
关两个句子中意义没有变，那么可假设其位置也没有变，因此可以作为
另一个成分的定位参照点）。这说明同样的语义角色，有定的往往比无
定的在更靠前的位置。再引申一下，假设我们收集了大量只有主语而无
宾语和只有宾语而无主语的句子，自然的预测就是主语的前置倾向比宾
语大。在反映例（5）的 SVO 语言中，没有宾语只有主语的句子多数是
SV，没有主语只有宾语的语序多数是 VO。如果以 V 作为定位标准，结
果就是例（7）。在 SOV 语言中，要寻找其他的定位标准，可能是某些表
示时态的副词等。总之，除非另有原因，表述例（5）的无标记引申应该是
例（7）而不是相反，即可别度高的成分前置倾向更大。

　　抽象地看，如果定位标准是成分 C（英语"constant"，汉语"常数"
"changshu"的首字母），并且 X 的可别度高于 Y，则在排除其他因素干

---

　　① 后来的调查证明，这条共性的反例相当多，因此只能作为倾向。反例主要发生在句
子基本语序中主语、宾语都后置于动词的语言中，见本文后面的例（14）。至于主语、宾语分
别在动词两旁的反例，只有一种语言，那就是 Hixkaryana 语，其基本语序是 OVS
（Hawkins 1983）。

扰的情况下,可能的优势语序就是:

(8) a. X C Y
　　b. X Y C
　　c. C X Y
　　d. X Y
　　e. X C 和 C Y

例(8a)—例(8c)可以根据数学中消除公因数的方法概括为例(8d)。或者可以反过来说例(8a)—例(8c)都可从例(8d)推导出来。当然,例(8e)也可以看作例(8d)的自然延伸,或无标记延伸。例(8a)—例(8d)都可以用可别度领前原理例(5),即表述一来描写;而例(8e)却需要用(7),即表述二来描写。实际上例(8e)可以覆盖例(8d)而例(8d)不能覆盖例(8e),因此例(8e),即表述二例(7),是更高程度的概括。

　　让我们来看 Greenberg 的共性二十五,"代词宾语的后置蕴涵着名词宾语的后置"。代词跟名词的主要区别之一,是典型代词宾语(排除不定代词,如英语"somebody""有人"等)的可别度比名词宾语高:前者必然是定指的,后者则不一定。[①] 由于在论元相同的情况下,代词宾语跟名词宾语不可能同时出现在同一个序列中(排除复指的情况),那么,如果这条共性跟可别度有关的话,直接适用的是可别度领前原理表述二,即例(7),而不是表述一例(5)。

　　根据例(7),很明显,如果前置倾向比较大的代词宾语都后置了,前置倾向比较小的名词宾语当然更应该后置了。自然的结论就是,"可别度高的代词宾语若后置蕴涵着可别度低的名词宾语也后置"。换言之,连本来更倾向前置的代词宾语都后置了,本来不那么倾向前置的名词宾语当然更应该后置了。总之,反映了代词比名词有更大的

---

　　① 当然也有其他一些区别,如代词通常比名词短小,代词往往有更丰富的形态标记等。长度跟可别度有相关关系,因此有时不易分清到底哪个因素在起作用(Arnold 2000)。因此,不妨说两个都在起作用。至于丰富的形态标记,这倒可以看作代词宾语容易偏离无标记位置的另一个原因。不过,这只是个"容易适应移位"的消极因素,而不是推动移位的积极因素。

前置倾向。

　　例(7)的逆反命题,即"可别度低的成分的前置蕴涵着可别度大的成分的前置",当然也成立。换言之,共性二十五可以表达为"名词宾语的前置蕴涵着代词宾语的前置"。说白一点:连前置倾向低的名词宾语都前置了,蕴涵着前置倾向更高的代词宾语当然更得前置了。

　　同样的解释可以用于下面这条共性:

(9) Ultan(1978)关于所有格位置的共性:
　　如果所有格代词后置于核心名词,则所有格名词也后置。

　　现在我们再回到前面所说的需要度大小和难度大小的问题。根据上面的分析,共性二十五跟其中哪个功能解释有关呢? 可别度领前原理,本质上反映了信息结构优化的需要,因此可以说是个需要程度的问题。但也可以从另一个角度说,符合优化信息结构的顺序比较容易处理,那就是一个难度问题了。对于功能学派来说,多个功能解释的并存并不矛盾,一个现象的产生受到多个功能因素的驱动,就意味着实现的可能性更高。

　　下面是另一个可以用例(7)解释的语序共性:

(10) Greenberg 共性五:如果一种语言,以 SOV 为优势语序,并且领属语后置于核心名词之后,那么,形容词也后置于核心名词。

这一条共性实际上是说,SOV 语言的名词短语中,领属语相对于形容词定语,在前置于名词方面有优先权;因此,或者两者都前置,或者都后置,如果只有一个前置的话,那一定是领属语。换言之,不可能出现[NG - AN]这样的配合(G、A、N 分别表示领属语、形容词定语和核心名词),即领属语后置而形容词反而前置的情况。也就是说,领属名词后置更困难,因此领属语后置就蕴涵着形容词定语的后置。这种现象,只要假设名词的可别度高于形容词,就很容易解释(跨词类范畴的可别度比较,我们在后面§4、§5 会加以专门讨论)。

顺便可以提一下,共性五例(10)中,前提"如果一种语言,以 SOV 为优势语序",是多余的话,后置领属语蕴涵着后置形容词定语这一共性,并不以 SOV 为条件;因为它是独立地直接地从可别度领先原理中推导出来的,无需以 SOV 语序为条件。例如我国壮侗语,是很典型的 SVO 语言,形容词定语通常后置,但是领属名词却前置(刘丹青 2002:2)。这也是领属语比形容词更容易前置的例子。甚至在作为 OVS 语言的 Hixkaryana 语中,也是如此(Hawkins 1983:64)。换言之,无论在(S)OV 语言还是 VO 语言中,都可能出现如下的四缺一格局:[NG-NA, GN-AN, GN-NA, *NG-AN]。

3.3 语序优势的本质

我们可以看出,Greenberg 根据四缺一格式定义的优势语序,完全可以还原到一般常识意义的由可别度领前原理直接决定的语序优势。正如从刘丹青(2003:34)所说的"在蕴涵共性中,被蕴涵项(后件)相对于蕴涵项(前件)是优势项"。现在我们可以进一步把"优势语序"解释成更符合可别度领前原理的语序。如名词宾语前置蕴涵着代词宾语前置这条蕴涵共性中,后件"代词宾语前置"比前件"名词宾语前置"更符合可别度领前原理,因为代词比名词可别度高,有更大前置倾向。这样,就能把语序蕴涵共性还原为代词前置于名词的一般语序倾向。

如果说结构成分按照可别度等级顺序排列是临摹信息流方向的自然结构,那么,我们可以说,蕴涵共性往往表现为"**不太自然/临摹性弱的形式的存在蕴涵着更自然的形式/临摹性强的形式的存在**"等,总之,是"**不容易发生的现象的存在蕴涵着更容易发生的现象的存在**"。

和谐是一种对称现象,而语序优势是不对称的。和谐的本质是语义性的,而语序优势的本质是语用性的。我们可以看到,Greenberg 提出的这两个解释语序共性的基本因素,反映了语义功能和语用功能对语序这一最不可省略,因而也是最基本、最普遍的语法形式的决定性影响。

3.4 可别度领前原理的普遍性

为了加深对可别度领前原理的认识,我们可以再举一些相关的例子。有关指别性跟语序的关系,文献中已有足够的讨论。下面再举些跟大小单位相关的语序现象。

(11) a. I loaded the (whole) truck with (*all) the hay.

我 把(整辆)卡车 装上了 (*所有)干草。

b. I loaded (all) the hay onto the (*whole) track

我 把(所有)干草 装上了 (*整辆)卡车。

英语和汉语在这些表达中都显示出表整体(因而可别度较高)的论元前置于表部分(因而可别度较低)的论元的倾向,尽管这些句子的结构很不相同。

当然,违反可别度等级顺序的反例也不少。不过违背可别度等级顺序的逆反顺序都受到更多限制,或者说付出代价。如:

(12) a. He worked for six days last week.

他上星期工作了六天。

b. Last week, he worked for six days.

c. *For six days, he worked last week.

例(12a)中较小时间单位 six days 反而前置于较大时间单位 last week,另一方面 six days 是不定指的而 last week 是定指的。从两方面衡量,这个语序都违背了可别度等级顺序。这个逆反语序付出的代价就是不稳定,很容易转换成符合可别度等级的例(12b)。

这个对比中,可别度领前原理在英语中表现得不如汉语中那么直接、明显,仅仅间接反映在前移的可能性上(事实上,定指的时间状语在各种语言中,都是最容易前置的状语),而不像汉语那样直接反映在基本语序上。具体表现的层次不同,但基本原理没有变。

需要强调一下的是,可别度领前原理通常应用于属于同一核心的各个从属语(姐妹成分)之间,如跟同一核心动词联系的各个论元之间,或修饰同一核心名词的不同定语之间。前面所说的 S、O 跟 V 之间的关系,是从属语跟核心间的关系。这本身也是对可别度领前原理的另一种引申。一些现象显示,这一引申是可能的。一个明显的例子是领属定语跟核心名词之间顺序,也受到可别度领前原理的作用。例如"他的朋友"或英语的对应格式"his friend"中,"他"和"his"前置于"朋友"和"friend"。用一个所指明确的事物去修饰、限定一个所指不那么明确的事物,是很自然的。其中表达明确所指的词语出现在表达不明确所指的词语之前,也是很自然的。陆俭明(1985b)指出在指人名词互相组合并表示领属关系时,顺序是[人称代词 — 姓名/姓+职位 — 其他名词]。这里的排列顺序其实也是按照可别度等级排列的(陆丙甫 2004b)。

　　当然,表面上的反例也不少,如英语中人称代词领属语也可以出现在核心名词后。但是,使用逆反顺序是有代价的,代价之一是形式上往往更复杂,如"a friend of mine/John's"比起领属语前置的"my friend"和"John's friend",形式上额外地复杂。这种形式上的复杂化,可看作对违背可别度领前原理的一种弥补手段,或者说额外惩罚。其次,这种违背可别度领前原理的"逆反顺序"在使用上受到较多的限制。如"我的父亲",在英语就不能说"the father of me/mine",仍然要采用"my father"。事实上,在领属语是具有很高可别度的人称代词、指人专有名词和时间处所名词时,并且整个名词为定指时,必须使用"G's N"格式。[①]

　　还有一点值得注意,"a friend of mine/John's"是不定指的。导致这一点的原因有两个。一、后置的"mine"和"John's"本身的可别度比较小;二、同样的修饰语位置越靠后给整个名词短语的可别度的贡献越小(陆丙甫 2003)。这些都符合我们的可别度领前原理。

　　既然违背可别度领前的逆反语序总要付出代价,那么,我们也可以说事实上可别度领前总在直接或间接地起作用,因此,它是一条语言共性。

————————

　　① 俞敏(1957)认为汉语中指人名词、时间表达和处所表达都是主语。就汉语中的分布上说,三者的确是同大于异。在名词短语中也是如此,如"他/昨天/桌子上 那份报纸"。在英语中,就句子层面来说,指人主语跟处所、时间表达在分布上大不相同,但在名词短语内部作定语,却也表现出非常相似的分布。这也可算是一个当代语言类型学"异中求同"的例子。

　　其实，关于大小观念跟语序的关系，最直接的例子莫过于数目表达。人类语言的数量表达，都是按照"千、百、十"这样从大到小的位数顺序排列。就计算而言，其实是从小位数到大位数比较方便，因为计算时，总是从小位数开始，逐渐进位到大位数。从小到大，大大便于心算，因为可以一边计算一边读出结果，而不必从低位到高位计算完后，再倒过来报出结果。我们之所以采用从大到小的位数顺序，主要是因为大数目更重要、更凸显，或者说，我们对大单位更敏感。

4　可别度领前的进一步引申
以及名词短语内部语序

4.1　从句子语序到名词短语内部语序

　　在动词短语和句子层面，可别度领前有着广泛的表现，这是很明显的。那么，名词短语内部的语序是否也受这个语用原理的影响呢？上面的例（9）（如果所有格代词后置于核心名词，则所有格名词也后置），已经显示了这一点。这里牵涉的定语还都是体词性的，而体词具有可别度。但是，名词定语内部的定语大部分不是体词性的，可别度领前是否可以应用到那些非体词性的定语上呢？本节对此做出肯定的回答。

　　名词短语内部最基本的定语有指别词、数词和形容词，它们组成的基本语序的跨语言变化，可总结如下。

　　（13）Hawkins（1983：119—120）对名词短语内部指别词、数词、
　　　　 形容词的语序的总结：
　　　　 指别词、数词、形容词前置于名词时，就以这个顺序排列。
　　　　 如果这些成分后置于名词，其语序无法预测，虽然最常用的
　　　　 顺序是前置时的镜像（mirror-image，即相反顺序——译者
　　　　 注）。任何情况下，不可能形容词前置于核心名词而指别词
　　　　 或数词却反而后置于名词。

其中最后一句启示我们，指别词跟数词相对于形容词来说，有前置的

优先权,好比例(10)中领属语相对于形容词有前置优先权一样。

　　此外,指别词、数词这两个成分跟核心名词组成的基本语序的跨语言变化,跟句子基本语序跨语言变化极为相似。在下面的比较中,句子中主语和宾语的地位分别对应于名词短语中的指别词和形容词定语。

　　(14) a. 小句中的主语 S,宾语 O,核心动词 V 的语序:
　　　　　　如果动词在后,那么基本语序几乎总是 SOV;如果动词在前,那么 VOS 和 VSO 都可能是基本语序。
　　　　b. 在名词短语中,指示词 Dem、形容词 A 和核心名词 N 的语序:如果名词在后,基本顺序就总是[Dem A N]。
　　　　　　如果名词在前,那么[N Dem A]和[N A Dem]都可能成为基本语序。

首先要指出,例(14a)后半部"如果动词在前,那么 VOS 和 VSO 都可能成为基本语序",显然跟 Greenberg 认为主语总在宾语前的共性不相符。Greenberg(1966)的语种样本比较有限,后来的深入调查显示,在动词前置的语言中,VSO 和 VOS 都存在,数量没有明显的差别,并且有些语言很难判定到底是 VOS 还是 VSO(Dryer 1997)。

　　陆丙甫(1998)曾在 Tomlin(1986)的基础上,根据语用上的"可别度领前原理"和语义上的"语义靠近原理"的相互作用,对例(14a)作了如下的解释。语义上宾语跟动词的关系比主语跟动词的关系更密切;按照语义靠近原理,在结构上,宾语也应该比主语更靠近动词。语用上主语的可别度通常比宾语高;按照可别度领前原理,主语应该在宾语前面。当主语和宾语都前置于动词时,这两个原理作用的结果是和谐、一致的,都应该落实为 SOV,因此这个语序极为稳定。当这两个成分都后置于动词时,语用上要求落实为 VSO,而语义上要求落实为 VOS;结果互相冲突、抵消,于是规则就不明显了,没有优势语序可选择。这表现出一种核心位置不同所导致的"语序变化左右不对称现象"。在例(14a)中具体落实为,两个从属语在核心前相互位置稳定,而在核心后位置不稳定。

例(14b)显示,句子内部语序和名词短语内部语序平行地存在这种左右不对称现象。跟这种不对称相联系的还有下面这种平行性。

(15) 当两个从属语分列核心两侧时:
　　　a. 小句中的基本语序总是 SVO。
　　　b. 名词短语的基本语序总是 Dem N A。[例(13)的一部分]

是否能把对句子层面的这种语序变化不对称应用到名词短语上呢? 我们前面在解释共性例(10)"领属语后置则形容词定语也后置"时,已经假设了名词的可别度比形容词高。此外,语义上形容词定语应该比指别词定语更靠近名词,因为前者通常反映名词所指事物的内在稳定性质,而后者是反映语境的临时指别标记,不反映事物内部性质。这样,根据可别度领前原理和语义靠近原理的相互作用,就能用跟解释句子语序一样的方法,来解释例(14)—例(15)中的名词短语内部语序。并且,还能解释如下这条共性。

(16) Greenberg 共性十八:
　　　当描写性形容词前置于名词时,除了偶然出现的情况外,绝大多数情况下指别词和数词也前置于名词。
(17) Greenberg 共性二十:
　　　当指别词、数词、描写性形容词中两个以上前置于名词之前时,它们总是以这种语序(指别词-数词-描写性形容词)出现。如果它们是后置,语序则依旧,或者完全相反。

例(16)以及例(17)的前半部完全可以直接用形容词的(潜在)可别度比指别词和数词小来解释。至于例(17)的后半部,当这些成分落实为[N Dem Num A](Num 表示数词)时,可以说是可别度领前原理完全压倒了语义靠近原理;落实为相反的[N A Num Dem]时,可以说语义靠近原理完全压倒了可别度原理。

不过,后来更多的语料显示,例(17)后半部的描写并不充分。Greenberg(1966)的语序共性文章发表后不久,就发现了关于共性二

十的反例(如 Heine 1980)^①。因此 Hawkins (1983)对共性二十的后
半部修改如下(中文的介绍和讨论见陆丙甫 1993：91,222—223)：

(18) 指别词、数词、描写性形容词都后置于名词时语序：
　　当指别词、数词、描写形容词都后置于名词时,语序无法
　　预测。

后置修饰语间的顺序难以预测,可以解释为两个基本语序原理的
作用结果互相抵消。
只要我们把可别度领前原理例(5)作如下的引申,就能直接解释
名词短语内部定语的语序规律：

(19) 可别度领前原理(表述三)：
　　如果其他一切条件相同,那么对所属名词短语可别度贡献
　　高的定语总是前置于贡献低的定语。

指别词使名词短语成为定指的,而形容词主要增加名词短语所指
的内涵,不直接作用于外延的指别性(如果说也起了缩小外延的作用,
那是间接的派生作用,见陆丙甫 2003)。数词性质比较复杂,但它至少
在属于外延性定语这一点上跟指别词相同。此外,它也可以使名词短
语成为不定指的^②,因此,[Dem Num A] 的排列也符合例(19)。表述
例(19)可以看作可别度领前原理的自然的、无标记的延伸。事实上,
指别词中的"这、那"这类指别代词,本身具有最高的可别度,它们对所
属名词短语的可别度贡献可以看作自身可别度的直接转移。
刘丹青(2002)指出决定这些成分顺序的有两个因素,一是这些定

---

① 戴庆厦、傅爱兰(2002)调查了我国的 10 种藏缅语(安多藏、羌、普米、景颇、独龙、纳
西、凉山彝、哈尼、白、克伦),也发现大量有关定语后置时既非[N Dem Num A]又非相反的
[N A Num Dem]的情况,认为"藏缅语中三类定语和核心名词的语序基本不符合 Greenberg
指出的第二十条共性","这两种语序的限制可能突破"。
② 英语的不定冠词,在这方面可以归入数词。虽然它在分布上既跟定冠词和指别词
互补,也跟数词互补。折中的办法也许是把它看作两个位置的合并。不过,从历史来源上
看,它显然更接近数词。

语跟核心名词的亲疏程度，相当于我们的"语义靠近原理"；二是指别词、数词、形容词的相对位置。刘丹青的观察完全正确，但是没有提供功能的解释。他坦承，"至于他们彼此之间的相对位置，为什么应当指别词领头，形容词殿后，目前还找不到解释"。本文例(19)的"可别度领先原理表述三"可以说为这一观察提供了一个可能的功能解释。

4.2　跨语言形容词定语语序规则的解释

例(19)不仅可以解释例(18)，还可以将可别度领前原理直接应用到若干形容词定语内部的顺序。大量观察证明存在如下这一条共性：

(20) 形容词定语内部语序共性：
　　　当形容词定语都前置于名词时，顺序相当稳定，而它们都后置于名词时，顺序非常自由。

Hetzron(1978：165—184)指出："形容词之间语序自由的情况，都发生在形容词后置于名词的情况中，我不知道这是不是巧合？"

我们认为这不是巧合。其原因是，形容词实际上也直接和间接地具有潜在可别度，而这种可别度跟它们与核心名词的语义紧密度大致上成反比。例如英语的形容词"previous(前面)""next(后面)"不反映任何所属名词短语所指事物的内在、稳定性质，完全起指定方位的指别作用；因此分布就接近指别词，语序上跟其他一般描写性形容词的关系，也就跟指别词、形容词间的关系相似。英语中这种纯指别性的形容词位置总在数词前，如"the previous /next three weeks (前面/后面 三个星期)"。汉语的翻译也显示了这点，虽然汉语的"前面/后面"一般并不认为是形容词。但我们既然考虑语义和语用对语序的影响，词的语法性质、形态范畴在这里就没有直接的关系。

又比如汉语的"大型-白色-自动-**洗衣机**"，英语中也是"big white automatic **washers**"，颜色总在功能表达之前。在大部分罗曼语系语言中，因为形容词定语基本后置于名词，顺序就很不稳定，可以是"**洗衣机**-自动-白色-大型"也可以是"**洗衣机**-大型-白色-自动"，以及"**洗衣机**-白色-自动-大型""**洗衣机**-白色-大型-自动"等。这是因为形容词前置时,语义紧密度原则和可别度领先原则都要求"大型-白色-自动-**洗衣机**"顺序,两个原则互相和谐、强化,因此这一顺序表现出跨语言的稳定性。相反,形容词后置时,语义紧密度原则要求"**洗衣机**-自动-白色-大型",可别度领先原则却要求"**洗衣机**-大型-白色-自动",两个原则的作用互相冲突、抵消,因此结果就倾向不明。下面我们具体解释一下两个基本语序原则在这些词项中的落实情况。

先说语义靠近原则。所谓语义上关系密切,主要根据"稳定性"和"内在性"两个标准(陆丙甫 1993:92—96)。"自动"是洗衣机的内在结构和基本功能之一,自动洗衣机和非自动洗衣机完全是两种洗衣机。而颜色跟洗衣机的内在性质关系不密切:同一台洗衣机,漆上另一种颜色仍然可看作同一台洗衣机。在"白色"和"大型"之中,"大小"是一个比较相对的概念,如"小象"实际上比"大老鼠"大得多。并且"大小"还和观察的距离有关。从这些角度来说,大小这一属性不如颜色稳定;因此一般情况下,理应比颜色修饰语离名词远一些,因此离"洗衣机"最远。[①]

再说可别度领先原则。在"大型""白色"和"自动"之间,大小和颜色是一目了然的,而是否"自动"(指自动程序控制)则不是如此,因此"大型""白色"潜在的可别度比"自动"高。在"大小"和"颜色"之间,"大小"的潜在可别度更高,因为"颜色"对光线环境更敏感,在暗处不容易识别,而"大小"的识别受光线影响比较小。因此,可别度领先原则要求"大型-白色-自动-**洗衣机**"的语序。这个顺序正好跟语义靠近原理所要求的一致。两个原理的作用结果因一致而互相加强,这样的语序就很稳定。相反,它们后置时,语义上要求落实为"**洗衣机**-自动-白色-大型",而语用上要求落实为"**洗衣机**-大型-白色-自动",因此结果就因冲突、抵消而不稳定了。袁毓林(1999)认为定语的顺序主要跟所指性质的对比项多少有关,如"大"的对比项有"小、中","白色"的对比项有"红、黄、黑"等,显然比前者多。袁文认为对比项越多的定语因

---

①　一些例外往往另有解释。如在"白酒、黄酒"中,颜色成了根据工艺对酒进行分类的重要标准,实际上已经不是颜色的本意了,这种颜色修饰语当然应该紧靠"酒"。又如,无标记的"大白马"是"又大又白的马",但是有标记的"白大马"中的"大马",则有表示"成年马"的意思,成了对"马"分类的标准。

为认知上越难，处理越慢，所以越靠后。这个解释，跟可别度领先原理并不矛盾，也可以看作可别度的一个方面。但反过来，对比项原则似乎并不能概括可别度原则，例如"自动"的对比项只有"手动"，但前置于核心名词时其位置却很靠后。[1]

表面现象一方面比内在本质容易识别而有前置倾向，另一方面因为并不反映事物内在稳定的本质属性而有远离核心名词的倾向。当形容词定语都前置时，语义语序原则和语用语序原则的作用结果通常是一致的，因此语序稳定。相反，形容词定语都后置时，这两个语序原则作用的结果通常是互相冲突的。最终结果或者其中之一完全压倒另一方，或者折中一下，互相抵消，结果也就表现出相当的自由度。由此可见，共性例(20)能用可别度领前原理和语义紧密原理的相互结合来解释。我们也可以说，这条语言结构共性既是对客观世界表面现象和内在本质之间关系的临摹，又是对人类认知特点的临摹。

另一点值得注意的是，在形容词后置于核心名词的短语中，各个形容词之间都有比较大的停顿，或者能插进一些表示并列关系的虚词。Hetzron(1978：15)在指出这一点时说："[形容词都后置于名词的]每种情况下，总有某些手段使这些形容词相互间的联系比较松散，从而使自由语序显得不那么麻烦。"人们不禁要问，这"麻烦"指的是什么呢？在我们看来，就是两个语序原则的互相冲突。而结构的松散可以缓和这种冲突。按照 Rijkhoff(2002)的说法，当形容词都前置时，在一个名词短语的"领域(domain)"内；而各后置形容词却不属于同一个"领域"。既然不在同一领域，冲突自然就缓和了。

事实上，当指别词、数词和形容词三种定语都后置时，结果并不像例(18)中 Hawkins 所说的那样完全无法预测。其中还是有某种限制和格局存在的。下面是一些可能的顺序。指别词"Dem"、数量词"Num"、形容词"A"这三个成分的语序排列，数学上的可能有 P3＝3×2×1＝6 种。但据 Hawkins(1983：117—123)的调查，加上我们从其

---

[1] 袁文指出定语语序跟"意义可达性"(accessibility)大小有关，从"容易加工的成分"到"不易加工的成分"排列。这跟本文的观点一致。跟本文的差别是袁文把意义可达性和加工难度都落实到"对比项多少"上，而本文认为应该主要落实为感知上的难度。

他资料中所收集到的,只有下列四种序列是实际存在的,数学上可能
的[N Num A Dem] 和 [N Num Dem A] 没有发现过。

(21) 指别词、数词、形容词都后置于核心名词时的语序:
　　a. N A Num Dem,约鲁巴语、Selepet、斯瓦希里
　　b. N Dem Num A,Kikuyu、(Noni, Nkore-Kiga)
　　c. N Dem A Num,Noni、Nkore-Kiga
　　d. N A Dem Num,羌语、Aghem、Bagungo
　　(Noni,Nkore-Kiga 都有两种语序)

其中,例(21a)的顺序是完全按照语义紧密度原理排列,此时可别度领
先原理完全被压制。例(21b)则完全符合指别性领前原理,此时语义
紧密度原理完全被压制。这两种语序是 Greenberg (1966)所记录的。
例(21c)—例(21d)则都是 Greenberg 描写的例外。其中还是显示出
一个共同的特征,这就是 Dem 总在 Num 之前,这个顺序固定不变,所
变动的只是形容词 A 的位置而已。

　　有趣的是,形容词位置的不稳定性,在单一语言中也有反映。如
下面汉语例子所示:

(22) a.　　　那　　　三个　红的　球。
　　 b.　　　那 红的　三个　　 球。
　　 c. 红的　那　　　三个　　 球。

上面的格局可以用下图来表示:

(23)
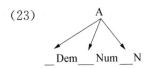

而例(21b)—(21d)的格局则可以表示如下:

（24）

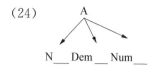

区别仅在于汉语形容词位置的变化在核心名词前。上述现象给我们
两点启示。一、一旦可别度领先原理的作用表现出来，首先就要落实
指别词和数词的顺序。二、指别词和数词的位置相对稳定而形容词
位置多变。这两点可以解释如下：指别词和数词由于意义单纯，由意
义决定的顺序也就单纯。而形容词意义多种多样，相应地位置也就不
稳定。这是形式和意义一致性的又一个表现。

4.3　综观形容词定语语序

综观语序现象，形容词定语跟核心名词的顺序是最不稳定的，或
者说，跟其他语序因素的相关度最低，对其他语序表现的预测性最低。
Greenberg(1966)已经注意到这一点。他极富洞察力地指出，形容词
跟名词的关系具有某种两面性。一方面，因为类似于［主语—谓语］
结构而有形容词后置的倾向；另一方面，这种关系又类似于限制性的
领属结构，形容词可比照领属语而有前置的倾向（领属结构中以领属
语前置为优势，见下面§5有关讨论）。

但是，纵观人类语言整体，形容词定语后置于核心名词还是占优
势，这一点在文献中经常提到（如Dryer 1988）。看来可别度也在这里
起作用。形容词的可别度比名词低，这给形容词定语后置的倾向再添
加了一个砝码，促成了形容词后置的总倾向。但是我们注意到，在英
语、汉语这样的核心基本前置而理应核心名词前置的语言中，却都是
严格地形容词定语前置于名词。更值得注意的是，在因形态极为丰富
而语序相当自由的俄语中，名词短语中却也是相当严格地采用形容词
前置的语序。

由此可以猜想，形容词前置必有某种好处。这个好处就是我们前
面说的更容易同时满足可别度领前和语义靠近两个最基本的语言临
摹性原理。这导致语序的稳定，而语序稳定可以减少选择，避免过多
选择带来的麻烦。按照Comrie(1988：277—278)的说法，语法化的一

个重要功能就是通过规范来减少选择麻烦。因此,有些学者将语法化看成人类社会行为的礼仪化的一种表现。

5　跨词类可别度等级

我们前面把本来主要认为名词才有的可别度引用到指别词、数词、形容词上。其实这种跨词类的可别度还可以进一步扩大到其他词类,并由此解释更多语序共性现象。

其他词类范畴,如动词,有没有指别性或可别度呢? 据我目前所知,语言学界对此没有明确的否认,但也没有认真地讨论过。我们现在假设如下这样一个跨范畴可别度等级(cross-category identifiability hierarchy):

(25) 基本词类跨范畴可别度等级(> 表示可别度高于):
　　　名词 > 动词 > 形容词 > 虚词

关于可别度具有跨范畴的表现,可以举一个例子。我们前面提到,"*一部分/少数学生都没有出席"跟"全部/多数学生都没有出席"之间的对比表明数量大小跟可别度有关①。下面的例子显示这种对比可以进一步落实到名词和形容词的范畴差别上:

(26) a. *士兵们的 极少数 表现很勇敢

---

① "很多"的性质有些特殊,既可以出现在"多数、定指"的位置,又可以出现在"少数、不定指"的位置,如"来了很多学生、有很多学生没有出席、很多同学坐在教室里、教室里坐着很多同学",等等。原因是"很"是个没有具体比较背景的"绝对程度副词"(王力 1985:131—132)。被它修饰的形容词没有区别作用,因此不能说"我要很漂亮的那个",等等(陆丙甫 2003:24—25)。不过,"很多"跟定指的"(绝大/大)多数"还是不同,如说"(绝大/大)多数同学都来了"很自然,但说"很多同学都来了"就不很自然。

另一个有关的现象:英语的"majority of"前面通常要加定冠词 the,如加不定冠词 a,则往往是在宾语位置。相反,"part/ minority of"前面通常加不定冠词 a。如"the majority of the word's population(世界上大多数人口)"和"a minority of the word's population(世界上少数人口)"。这其实很容易理解,因为整体中可以包括若干个"少数"部分,但却只能有一个"多数部分"。"minority"前加定冠词的场合比较少,主要在特指"少数党、少数派"时。

b. [?]士兵们的 少数 表现很勇敢

b. ?士兵们的 少数 表现很勇敢

c. 士兵们的（绝大/大）多数表现很勇敢

可以从中看出这样一种倾向：数目越大，越容易受"的"字定语修饰。而这又可以解释成：数目越大，具有越强的名词性；或者说，多量概念比少量概念更容易落实为名词。相关的现象还有，大数目往往比小数目容易成为名词，如汉语位数词"亿、万"有名词性（"五个亿/万"），而"百、十"就不这样；"千"似乎介于两者之间，"三个千"的说法很勉强，但似乎不能完全排除。俄语的简单数词（非复合数词）中，最小数目"一"是形容词，而最大数目"百万"是名词，介于两者之间的简单数词，从小到大表现为形容词性越来越小，名词性越来越大。

张伯江（2004：137）注意到汉语"一"具有一些其他数词所不具备的形容词性质。根据他的例句，显示"一"具备"整个，满"（一屋子干部开了一夜会）、"稍微"（值得一提）、"彻底、完全"（翻修一新）等意义。这些形容词意义在"一心一意"等成语中也有充分的体现。其实，汉语的"二（贰）/两"也具有一些形容词意义，如"二心、贰臣"表示"不同，不专一"等。

这种倾向甚至可以进一步落实到显性形态上。不少语言，如俄语，其中小数目在形态上是形容词，跟名词结合时为定语，而大数目在形态上为名词，跟一般名词结合时像核心成分（Greenberg 1978：285，共性四十七）。

还有一个相关例子是，大的时间概念如"世纪、年、月、天、小时"都具有名词形式（如"三个世纪、三个年头、三个月、那些日子"等），但是小的时间概念"刻、分、秒"都只有量词性质而没有名词形式。

上述现象显示了作为组成"可别度"因素之一的"数量"概念，它对可别度的作用可以贯穿不同语类范畴。数量范畴本来是个跨词类的普遍认知范畴，如果它对可别度有影响，这种影响贯穿不同词类范畴这一现象也不难理解。又如，作为可别度中另一个因素的"有界性""可及性"也都具有跨范畴的普遍性。既然可别度中的某些因素是跨范畴的现象，那么可以推想，可别度本身多少具有一定的跨范畴性。

根据常识分析，我们可以假设在语言习得过程中先习得的词类具有更大的可别度。发展语言学和儿童语言研究者一般认为：言语产生的过程，从总体上说，重复着儿童语言发展（个体发展）的过程，而这后者从总体上说又重复着语言的历史发展过程(引自李宇明 Peccei 1999 导读)。如果不是以个别词语为标准,从总体上看,儿童早期习得的词汇中,数量最多的是名词,其次是动词,再其次是形容词,最后是虚词(Peccei 1999:3)。这个顺序反映了抽象的程度,所指越抽象的词语习得越晚。而所指越抽象的单位范畴,其可别度也越低,这是由人类认知从具体到抽象的特点所决定的。由此可以作出的一个推理:习得越晚的词类在句子中出现越晚。这里面有个自然的过渡阶段,以个人习得过程看,当孩子第一次把两个不同范畴的词组成一个句子时,很自然地会把早就学会的比较熟悉的范畴放在后来学会的范畴前面。如果没有其他因素干扰的话,这一模式就会沿用下去而成为固定的基本语序。

Yau(1979,1982)指出,在与世隔绝的聋哑人家庭中,自发产生的基本语序都是 SOV。训练猩猩用符号表示语言的实验也证实,尽管教它们的是作为 SVO 的英语,但是猩猩总倾向使用 SOV 语序。此外,人类语言中不乏从 SOV 语言发展为 SVO 语言的例子,例如英语、法语;但是确定无疑从 VO 发展成 OV 语言的例子,至今没有发现过。这些现象,似乎都可以解释为超范畴可别度等级和可别度领前原理的结果。

如果例(25)这个跨词类可别度等级成立的话,还可以解释下面两个共性的对立:

(27) Greenberg 共性六:

　　　所有以 VSO 为优势语序的语言,都可以把 SVO 作为可能的或唯一的一种替换性基本语序。

(28) Greenberg 共性七:

　　　在以 SOV 为优势语序的语言中,如果没有或仅有 OSV 为其替换语序,那么,动词所带的一切状语都处于动词之前。(这就是严格的核心后置语言)

比较共性六和七,可以发现一个有趣的问题:为什么没有严格的核心前置语言,如例(27)所示,但却存在严格的核心后置的语言,如例(28)所示? 这个对比可以解释如下:在 VSO 语言中(实际上也包括 VOS

语言)，由于 S 的可别度远远高于 V，因此很容易跨越 V 而前移。但是在 SOV 语言中，可别度最低的 V 正好在可别度最低的位置，可谓"得其所哉"，因此就不那么容易动摇了。

我们在例(14)中显示了句子层面和名词短语层面基本语序的相似性(重复如下)：

(14) a. 小句中的主语 S，宾语 O，核心动词 V 的语序：
    如果动词在后，那么基本语序几乎总是 SOV；如果动词在前，那么 VOS 和 VSO 都可能是基本语序。
    b. 名词短语中，指示词 Dem、形容词 A 和核心名词 N 的语序：
    如果名词在后，基本顺序就总是[Dem A N]。
    如果名词在前，那么[N Dem A]和[N A Dem]都可能成为基本语序。

但是，进一步的调查，两者有如下的细微差别：

(29) 句子和名词短语的基本语序之跨语言比较：

Dem A N	*A Dem N	Dem N A	*A N Dem	N Dem A	N A Dem
SOV	*OSV	SVO	OVS	VSO	VOS

相对应的[A N Dem]和[OVS]，虽然都违反可别度领前原理，但并不违反语义靠近原理，因为结构上可以分析成 [[A N] Dem] 和 [[OV] S]。那么为什么前者不存在而后者存在呢？不妨解释如下：根据跨词类可别度等级，既然 S 和 O 都是名词性的，可别度等级差别不是很大；相反，D 基本是名词性的(如指示代词)，而 A 是形容词性的，两者的可别度差别相当大。这就是说，就违背可别度领前原则的程度而言，[A N Dem]超过了[OVS]，因此它存在的可能就更小。

此外，本文§1曾提到，人类语言有一种后缀优于前缀(如格形态毫无例外都是后缀，见 Culter 等 1985)，后置词优于前置词的总倾向

(Tsunoda 1995)。这个现象,也至少可以部分地用词缀和前、后置词因为意义抽象、可别度最低而有后置倾向这一点去解释。

Greenberg (1966)对于虚词的后置倾向,也提供了一个潜在的解释。他在解释三条表面十分不同的共性时发现了一种"在单位的末尾而不是起首加以标记的总趋势"。这三条共性是:他的共性七(在以SOV 为优势语序的语言中,如果没有或仅有 OSV 为其可替换的语序,那么动词所带的一切状语都处于动词之前)、共性八(如果可以根据语调类型区分是非疑问句和其相应的陈述句,那么语调类型的区别性特征出现在句末,而不是句首)和共性四十(形容词后置于名词时,形容词表现出名词的所有屈折范畴。在这种情况下,名词可能缺少其中一个或全部屈折范畴的显性标记)。他说,"共性七、八和四十,虽然表面很不同,但看来都同样表现出在单位的末尾而不是起首加以标记的总趋势……我们总知道某人何时开始讲话;但可悲的经验表明,没有一定的标记,我们无法知道他何时结束"。他的意思是,在严格的SOV 语言中,动词 V 就起了标示句子结束的功能。同样,句末具有区别性特征的句调,也有类似功能。而屈折出现在名词短语的最后一个成分上,也有标示名词短语结束的功能。由于虚词往往反映了所属短语的特征,因此置于该短语的末尾就有标示短语结束的功能。例如前置词短语本身往往难以告诉我们这个短语的结束,而后置词短语的结束却由后置词标示得明白无误。

对于虚词后置倾向的两个不同解释,并不互相矛盾,倒是可以互相支持,从而使虚词后置倾向更明显。这种倾向可以部分地解释为什么汉语"和"跟英语 and,都以出现在倒数第二项和最后一项并列成分之间为常规。这个位置可以说是"联系项居中原则"(Dik 1978,中文介绍见刘丹青 2003:68—73)跟虚词后置倾向这两个原理结合的结果。作为联系项,必须出现在中间(才能发挥中介联系的功能),而不能出现在整个并列结构的开头或最后;作为虚词,一方面因为可别度低而有出现在最后位置的倾向,另一方面也因为出现在最后可以发挥标记整个并列结构结束的功能。妥协兼顾的结果,就是出现在倒数第二项跟最后一项之间。最后,Hawkins(1983:68)提出过一个传递性的复合蕴涵共性(⊃表示"蕴涵",∨:"或者",Postp:后置词,Rel:关系子句）：

（30）Postp ⊃（（AN ∨ RelN ⊃ DemN & NumN）&（（DemN ∨ NumN ⊃ GN））

例（30）表示，"后置词语言中，如果形容词或关系子句前置于核心名词，那么指别词和数词也都前置于核心名词；或者，指别词或数词前置于名词，那么，领属语也前置于名词"。这个蕴涵传递关系，可以概括成如下这样的跨范畴可别度等级加以解释：

（31）G ＞ D/Num ＞ A/Rel

也就是说，其中可别度较低的成分的前置，蕴涵着可别度较高的成分的前置。这个可别度等级跟例（25）中的等级是基本一致的，G 是名词，其可别度比形容词高。形容词和关系子句后置的总倾向，是类型学文献中经常提及的（最早的如 Greenberg（1966：79）。他并且认为核心名词前置于形容词，部分原因是因为这类似于主谓陈述关系）。汉语的"他 那 两本 有趣的/刚买来的 小说"就是这个顺序的完美体现。

其实，例（30）中，Postp（后置词）这个大前提并不重要，因为例（30）的成立不依赖于是否使用后置词。这就像例（10），即 Greenberg 的共性五中，"以 SOV 为优势语序"这个条件是多余的一样。

以上所有分析，都引向一个结论：可别度这个语用因素，对于语序的影响，远比我们以前理解的要大。一般认为语用对语序的影响，主要表现在句子层面，而在名词短语内部，则影响不大。本文前面对名词短语内部语序的分析，显示这种推测并不正确。其实，从语言发展的过程看，短语结构和构词结构都从句法结构发展而来。也就是说，"词法是句法的凝固化"。如果承认语用对句法层面的语序有重大影响，就可以推测这种影响也会凝固化在短语内部和构词内部。

6　对语序优势的其他解释

　　有关文献中虽然对语序优势的研究比对语序和谐的研究少得多，但也不是没有，主要是用成分的长度（heaviness，照字面也可译成"重量"，但那不很符合汉语"重量"一词的习惯用法）去解释。这就是Hawkins（1983：88—113）的"长度顺序原则"（heaviness serialization principle，HSP）。该理论认为人类语言倾向于把长的成分放在后边，即有长成分后置的倾向。他的长度等级是：

（32）Hawkins 的长度等级（＞ 表示"长于"）
Rel＞G＞A＞Dem/Num（关系子句＞领属语＞形容词＞指别词或数词）

　　这个等级表，虽然能解释指别词、数词前置于形容词的倾向，以及关系子句后置的倾向，但是无法解释领属语前置于形容词的倾向（Greenberg 蕴涵共性五，即本文的例（10））。根据这个等级表预测的结果，形容词应该有前置于领属语的倾向，这显然不符合语言事实。

　　即使长度等级能说明我们所讨论的语序优势现象，也仍然只是指出了长度跟位置的相关性，仍然没有解释这种相关性的机制、原理。正如刘丹青（2003：57）所说的："然而，人们还是可以如好奇儿童般进一步发问：为什么重的会在后？这还需要进一步的解释。"

　　Arnold 等（2000）对长成分后置作了解释，认为长成分通常表达比较新的信息而倾向后置，这是长成分后置的原因之一。但是Arnold 等并没有否认长度的作用，他们认为长成分占用较多短时记忆空间，出现在后面可以减少记忆负担；并且长成分后置也给说话者更多组织句子的时间。他们的结论是长度和信息的新旧在语序优势中都起作用。由于长成分通常表达较新的信息，因此两者的结果通常是一致的。

　　Arnold 等主要是从说话者的角度来分析的。但是，听话者的角度应该更重要。说话者要监听（monitor）自己所说的内容，因此说话者必须兼任听话者的身份；而听话者不可能同时是说话者。从听话者的语句处理过程主要是组块过程这一角度来看，如果不考虑其他因素，那么，恰恰相反，长成分应该先出现才能减少脑子中短时记忆的负担（陆丙甫 1993：199）。这可以抽象地说明如下：

(33) a. (A B C)　(D E)　(F)……

　　　　1 2 1　　2 2　　　3

　　PN＝(1＋2＋1＋2＋2＋3)/6 ＝ 11/6＝1.83

　　b. (D E) (A B C) (F)……

　　　　1 1　　2 3 2　　3

　　PN＝(1＋1＋2＋3＋2＋3)/6 ＝ 12/6＝2.00

　　c. (F) (D E) (A B C)……

　　　　1　　2 2　　3 4 3

　　PN＝(1＋2＋2＋3＋4＋3)/6 ＝ 15/6＝2.5

以上每个字母代表一个词，组成一个成分的词用括号括起来。这样就代表了六个词、三个成分构成的语句片段的三种语序。每个字母下的数字代表听到此词时，听者脑子中需要记住的"离散块"的数量。PN表示"平均感知难度"，即理解这个片段全过程中平均每时每刻脑子里的成分的数量。计算结果表明，如像例（33a）那样将最大的三词成分置于句首，并将最小的一词块置于最后，则可获得最低的平均难度PN。相反，像例（33c）那样将三词大块置于最后而将一词小块置于最前，平均难度最高。

　　至于长成分后置可以给说话者更多组织时间，也只适用于尚未组织好的长成分。一旦长成分组织好了，那么越早说出它就越能早点"如释重负"减少记忆负担。这也就是上面例（31）的计算所反映的情况。

　　稍微留心一下，不难发现，所有证明"长度顺序原则"的材料中，都是把长成分出现在最后一项位置上的。因此，真正相关的因素，精确地说，不是"靠后"，而是"最后"。倒是 Bever（1970）一语中的地用"把最难的留在最后"(save the hardest for last)这句话挑明了这一点。[①]

事实上,Hawkins "长度顺序原则",是跟他后来提出的"直接成分尽早确立"(early immediate constituents,EIC)(Hawkins 1994)原则相矛盾的。根据 EIC,动词居前的结构中长成分倾向后置,而动词居后的语言,如日语,则是长成分倾向前置。这种对称性就否定了单向、不对称的长度顺序原则。但 EIC 同样不能解决许多语序优势现象,刘丹青(2003:59)指出,"[Hawkins]……不免显得过于自信。可以肯定有些语序共性和倾向与直接成分辨认没有必然关系。比如,条件句前置和目的句后置的强烈跨语言倾向,与语言的象似性明显有关,而跟直接成分完全靠不上。"

EIC 本质上是对称的,而语序蕴涵共性都是不对称的,所以完全不适合语序蕴涵现象。如果碰巧好像适用了,那是因为所针对的语序正好是核心前置的结构。

本文提出的"可别度领前原理"及其各种引申表述,则都是非对称的,正好可以针对跟语序蕴涵共性的线性本质。

7　余论:一点启示和预测

本文对优势现象的功能分析,解释了语言类型学被看作功能学派中的主力军的原因。一般认为功能学派主要有三派,Halliday 代表的系统功能语法,Dik 代表的荷兰功能语法,以及 Van Vanlin 和 LaPolla 代表的角色—指称语法,并不把类型学归入其中。从类型学首要任务是描写这点来看,这是可以理解的。但是,由于它描写的是以蕴涵共性为主的变化的限制,而蕴涵共性能用功能做最好的解释,它实际上

---

① 陆丙甫(1993:199—203)通过组块过程,用"大块置末"来解释这一点。当我们理解句子时,知道进入最后一个成分时就可以封闭整个句子而进入一个新的组块流程(超前组块),如"张三昨天悄悄说 > 李四确实知道 > 王五认为 > 赵六曾经主张……"(其中 > 表示封闭前面的每句而进入子句的过渡点,此时母句内容融入语境背景而从短时记忆中抹去)。从原理上说,处理最后一块时,因为没有后顾之忧,无须保留短时记忆空间而可以去全心全意地处理当前的材料,所以容许最后一块特别大。好比安排工作日程时在干完了所有其他工作后再干最困难的工作。如果不是最后一块,"长度顺序原则"完全不起作用,相反,如例(33)所示,长成分倒是应该前置才好(大块置前)。

可以说是功能学派阵营中贡献最大的一个学派。因此，人们也常把它看作是跟形式主义生成语法方法论上针锋相对的一派，这实际上也承认了它作为功能语言学的主力军地位。

目前在我国流行的功能学派中，类型学是最薄弱的。根据我国少数民族语言资源丰富的国情，可以期望类型学会在今后得到更多的发展。以往少数民族语调查中，都采用传统的描写方法，基本上也就是用汉语传统研究方法的路子去描写方言和少数民族语言，所用参项跟国际语言类型学的参项相关性不大（刘丹青 2002）。近年来少数民族语言的研究开始注意跟国际上的语言类型学研究接轨，用国际语言类型学的描写规范和参项来描写方言和少数民族语言，出版了一些相关专著和论文集（如刘丹青 2003，戴庆厦主编 2004），这是可喜的转变。可惜，由于对国际上有关研究的介绍和了解的滞后，有时就不能及时抓住真正有希望突破的地方。如本文第四节中提到戴庆厦、傅爱兰（2004）一文将很大注意力放在对 Greenberg 第二十条共性反例的描写上，其实类似反例在国际语言类型学的研究中二十年前就提出了。

真正有突破希望的倒是其中如下的事实：藏缅语中往往"名＋形"结构比"形＋名"结构紧密。后者往往可以加入类似汉语"的"那样的关联词，没有节律上的限制；而前者结合紧密，中间不能插入其他成分，节律上有明显限制，常常有音变，音节缩减等，类似复合词。这种定语"前松后紧"的倾向跟国外类型学所发现的相反。国际类型学研究所发现的是定语的"前紧后松"，并认为这是普遍性的。下面英语的例子突出地显示了这一点：

(34) a. a hard-to-pronounce Chinese sound

'一个难发的汉语音'

b. a Chinese sound hard to pronounce

(35) a. the above-average salary

'高于平均的年薪'

b. the salary above average

当定语出现在前时，读音上类似一个节拍群（phonological chunk）

(Escribano 2004),书写上必须用短横表示这种紧凑性。

　　根据笔者的观察,不仅定语有"前紧后松"的倾向,核心后置结构比核心前置结构更紧凑似乎代表了一种跨范畴的倾向:如"复印-文件"作名词时因为核心在后,可看作复合词;而"复印 文件"把"复印"看作核心时就是动宾短语。英语中的 book-reading 和(to)read books 也显示了相同的区别。又例如后置词、后缀跟前接成分的结合比前置词、前缀跟后接成分的结合紧密(前后置词语法上都是核心)。还可以比较古汉语前置性的"之"和现代汉语后附性的"的"在语音上的不同独立性,以及现代"如果……的话"一类框式结构中前后标记跟命题部分不同的结合紧密度。

　　一个极端的例子是俄语的前置词/s/ 跟英语的领属格标记 's 的对比。前者虽然语音上没有独立性,但书写时却自成一词。后者尽管可以附在整个短语后,书写时却必须跟前面的词连成一体,如 the king of England's daughter。从层次结构上看 's 应该是 [[the king of England]'s daughter](英国国王的女儿),汉语的"的"在这一点上也相同。

　　我国少数民族语言的类型学调查如果能更详尽地描写和分析这方面的反例,才具有更大的理论价值。当然,详尽描写的结果,有两种可能。一是证明像例(34)—例(35)那样的定语前紧后松现象没有普遍性,从而另辟途径去寻找新的规律,进而取得理论上的突破。二是最后证明藏缅语中"名+形"结构确实是复合词结构,不仅在节律上受限制,在能产性上也受极大限制。那就应该把它归入构词现象,跟一般的句法现象区分开来。

　　总之,进一步及时了解国际类型学研究,对于我国功能语言学的发展,对于我们深化对中国境内语言事实的描写和认识,至关重要。

主要参考文献

曹秀玲.量限与汉语数量名结构的语法表现[C].第十三次现代汉语语法讨论会(福州)论文,2004.

戴庆厦(主编).中国民族语言文化研究论集(4,语言专集)[C].北京:民族出版社,2004.

戴庆厦,傅爱兰.藏缅语的形修名语序[J].中国语文,2004(4).

刘丹青. 汉藏语言的若干语序类型学课题[J].民族语文,(5)：1-11.

刘丹青.语序类型学与介词理论[M].北京：商务印书馆,2003.

陆丙甫.核心推导语法[M].上海：上海教育出版社,1993.

陆丙甫. 从语义、语用看语法形式的实质[J].中国语文,1998(5)：353-367.

陆丙甫. 从宾格标记的分布看语言类型学的功能分析[J].当代语言学,2001
　　(4)：253-263.

陆丙甫."的"的基本功能和派生功能：从描写性到区别性再到指称性[J].世界汉
　　语教学,2003(1)：14-29。

陆丙甫. 汉语语序的总体特点及其功能解释：从话题突出到焦点突出[C]//庆祝
　　《中国语文》创刊50周年学术论文集.北京：商务印书馆,2004a.

陆丙甫. 指人名词组合语序的功能解释：从形式描写到功能解释的一个个案
　　[C]//第十三次现代汉语语法学术讨论会论文,福州,2004b.

陆俭明."多"和"少"作定语[J].中国语文,1985a(1).

陆俭明. 由指人的名词自相组合造成的偏正结构[J].中国语言学报（第
　　二辑）,1985b.

沈家煊."有界"与"无界"[J].中国语文,1995(5)：367-380。

王　力.中国现代语法(1943的增订本)[M].北京：商务印书馆,1985.

袁毓林. 定语顺序的认知解释及其理论蕴涵[J].中国社会科学,1999(2)：
　　185-201.

俞　敏.汉语的句子[J].中国语文,1957(7)：7-11。

张伯江. 深化汉语语法事实的认识[M]//21世纪的中国语言学.北京：商务印书
　　馆,2004：135-142.

Ariel，Mira. Referring and accessibility. *Journal of Linguistics*，1988(24)：
　　65-87.

Arnold，Jennifer E.；Thomas Wasow，Anthony Losongco & Ryan Ginstrom.
　　Heaviness vs.newness：the effects of structural complexity and discourse
　　status on constituent ordering. *Language*,2002, 76.1：28-55.

Bever，Thomas G. The cognitive basis for linguistic structure. *Cognition and the
　　Development of Language*. ed. by John R. Hayes. New York：Wiley and
　　Sons，1970，279-362.

Comrie，Bernard. Definite and animate direct objects：a natural class. *Linguistica
　　Silesiana*,1979，3：13-21.

Comrie，Bernard. Topics，grammaticalized topics，and subjects. *Berkeley linguistics society*, 1988, 14, 265 - 279.

Comrie, Bernard. *Language Universals & Linguistic Typology* (2nd. Ed.). The University of Chicago Press, 1989.

Cutler, Anne & J. A. Hawkins, Gary Gilligan. The suffixing preference: a processing explanation. *Linguistics*, 1985, 23: 723 - 758.

Dik, Simon C. *Functional Grammar*. Amsterdam: North-Holland Publishing Co., 1978.

Dryer, Matthew S. Object-verb order and adjective-noun order: dispelling a myth. *Lingua*, 1988, 74 (special issue): 185 - 217.

Dryer, Mathew S. On the six-way word order typology. *Studies in Language*, 1997, 21: 69 - 103.

Du Bois, John W. The discourse basis of ergativity. *Language*, 1987, 63: 805 - 855.

Escribano, J. L. G. Head-final effects and nature of modification. J. *Linguistics*, 2004, 40, 1 - 43.

Gil, David. Definiteness, noun phrase configurationarity and the count-mass distinction. *The Representation of (in)Definiteness*, ed. by Eric J. Reuland and Alice G.B. ter Meulan, Cambridge MA: MIT Press, 1987: 254 - 269.

Greenberg, J. H. Some universals of grammar with particular reference to the order of meaningful elements. *Universal of Language*. ed. by J. H. Greenberg (second edition). Cambridge, Mass: MIT Press, 1966: 73 - 113. 中译文"某些主要跟语序有关的语法普遍现象"(陆丙甫、陆志极译),见《国外语言学》1984(2): 45 - 60.

Greenberg, J. H. Generalizations about numeral system. *Universals of Human Language*, ed. by J. H. Greenberg et. al. Vol. 3: 249 - 295. Stanford: Stanford University Press, 1978a.

Hawkins, J. A. *Word Order Universals*. New York: Academic Press, 1983.

Hawkins, J. A. On explaining some left-right asymmetries in syntactic and morphological universals. In Michael Hammond et. (ed.) *Studies in Syntactic Typology*. John Benjamins Publishing Company. 1988.

Hawkins, J. A. *A Performance Theory of Order and Constituency*. Cambridge: Cambridge University Press, 1994.

Heine, Bernd. Determination in some East African languages. I Wege zur Universalen Forschung: Sprachwissenschaftliche Beiträge zum 60. Geburtstag von Hansjakob Seiler, ed. by *Gunter Brettschneider and*

Christian Lehmann: 180 – 186. Tübingen: Gunter Narr, 1980.

Hetzron, Robert. On the relative order of adjectives. In Hansjakob Seiler (ed.), Language Universals: 165 – 184. Tübingen: Gunter Narr Verlag, 1978.

Kuno, Susumu. The position of relative clauses and conjunctions. *Linguistic Inquiry*, 1974, 5: 117 – 136.

Lambrecht, Knud. *Information Structure and Sentence form*. Cambridge: Cambridge University Press, 1994.

Lehmann, Winfred P. ed. *Syntactic Typology*, Austin: University of Texas Press, 1978.

Liu, Feng-hsi. *Scope Dependency in English and Chinese*. Ph. D. dissertation, University of California, Los Angeles, 1990.

Maddieson, Ian. *Patterns of Sounds*. Cambridge: Cambridge University Press, 1984.

Peccei, Jean S. *Child Language* (Second Edition), 1999. 北京: 外语教育与研究出版社 2000 年引进本。

Rijkhoff, Jan. *The Noun Phrase*. Oxford: Oxford University Press, 2002.

Shibatani, Masayoshi & Theodora Bynon (ed.). *Approaches to Language Typology*. Oxford: Clarendon Press, 1995.

Tomlin, Russell S. *Basic Word Order: Functional Principle*. London: Croon Helm, 1986.

Tsunoda, Tasaku; Yoshiaki Itoh; and Sumie Ueda. Adpositions in word order typology. *Linguistics*, 1995, Vol.33, No.4: 741 – 761.

Ultan, R. Towards a typology of substantival possesion. In Greenberg J.H. (ed.). *Universals of Human Language* Vol. 4 (Syntax). Stanford: Stanford University Press, 1978.

Yau, Shun-chiu. Natural word order in child language. *International Journal of Psycholinguistics*, 1979, 6 – 2(14): 21 – 43.

Yau, Shun-chiu. Constraints on basic sign order and word order universals, Nonverbal Communication Today: Current Research. In Mary Ritchie key (ed.) *In Contributions to the Sociology of Language*, Joshua A. Fishman editor-in-chief, 1982, 140 – 153.

（原载《当代语言学》2005 年第 1 期：1 – 15、

《当代语言学》2005 年第 2 期：132 – 138）

后　记

　　还是在 20 世纪 70 年代初,当时我在贵州的一个侗族、苗族聚居的偏僻山区插队落户,由于学习当地语言,遂对语法学有了兴趣。1972 年从外地返上海探亲时,路过北京而去探望了赋闲在家的吕叔湘先生,他花了大约两天的时间向我详细介绍了汉语语法分析中的一些主要问题,特别是句子成分分析法和直接成分分析法之间的深刻矛盾(他当时所讲的内容,大致上也就是后来他那本《汉语语法分析问题》中的基本内容)。深受这次谈话的启发,那时起我就开始持续地考虑如何把两种分析法结合起来的问题,本书可说是这个漫长思考的一个初步结果。吕先生的思想对我的启发,贯彻于此书的始终,这是不难看出来的。

　　1979 年我进复旦大学作胡裕树先生的研究生,胡先生也很支持我把这个问题作为课题,给了很多具体的指导、启发。我把语义看作深层,把语法看作联系语义和语用的中介面,而把语用看作外层、浅层因素的处理,也是直接借鉴了他和张斌先生关于划分语义、语法、语用三个平面的思想。

　　从 1981 年开始,一年一度的中年语法讨论会("现代汉语(语法)学术讨论会")中的一批中年语法学者,他们活跃的思想曾给予我诸多的启发。特别是这个学术群体所特有的力争追回那十多年蹉跎了的岁月,为祖国语法学继往开来、开辟新路、开创新局面的那种急切强烈的时代责任感,深深地感染了我。其中尤多得益于范继淹、饶长溶、于根元、史有为、陈建民、吴葆棠诸位先生的具体指教和同他们的商讨。

　　上海现代语言学讨论会(XY 沙龙)中的朋友们,也通过两周一次的切磋、辩论对我的这一思考以诸多促进。特别是陆致极、余志鸿、邵敬敏、林立、金立鑫、钱乃荣、吴为善、黄金城等朋友,我的不少观点受益于或吸收了他们的见解。这个沙龙对基本方法论的强调,使我获益尤多。

1987 年赴美留学之后，中、外语法学的巨大差别使我受到了极大的冲击。一个以较传统的语言学为背景的人，理解转换生成语法的确有相当的障碍。在此必须提及黄正德先生，他那些成功地运用转换生成语法理论具体分析汉语语法中许多传统问题的精彩论文，无疑在改变我对转换语法的认识方面，起了很大的推动作用。徐烈炯先生的《生成语法理论》，作为一本成功地详细介绍生成转换语法的专著，也对我启发甚多。

早在 1981 年我提出主干成分分析法时，朱德熙先生就对这一路子表示了相当的关注和鼓励。1990 年朱先生到美国讲学，因此我又得以经常接受他具体指教。本书的部分内容，曾得到他的指正。同朱先生以及也在美国讲学、访问或学习的刘月华、孟琮、陆致极、谢天蔚、张洪明、吴道平、朱晓农、许毅、李亚非、端木三、倪维加、任念麒等师友的交流，对于我在美国的环境中能更多地坚持对汉语的兴趣和思考，自然也是一个极重要的因素。

在美学习期间，康州大学语言学系强调研究句法成分"移位"的两位教授 Lasnik 和 Saito，他们对我的影响，可从本书后半部以移位为中心这一点上看出。虽然本书采取的功能解释立场和他们的形式分析大不相同，但他们对移位的深入分析，极大地推动了我去更多地注意那些移位现象，深化了我对移位的理解。当然，本书所讨论到的移位现象，是很有限的，许多他们所分析的移位现象，究竟如何去作功能的解释，尚无明确的答案。因此，本书只能算一本关于从人类信息处理能力角度分析语法的导论。

七八年前，唐发铙君就有了希望我撰写此书的意向，但我一则感到实在没有多少东西可写，二则忙于应付学业和生计，迟迟不能下决心动手。最终的开始动笔，和唐君、游汝杰君的一再敦促和鼓励支持是分不开的。除唐君在拟定主题方面给予建议外，责任编辑也细心地给初稿提出许多修正建议。他们的具体帮助，使本书能以现在的面貌问世。

我还必须特别地感谢我的妻子，如果没有她始终如一地支持、鼓励，如果不是她承担了大部分家计、家务而放弃了自己的学业，这本书的写成是不能想象的。最后,我要对我的儿子挺挺表示歉意,为我因忙于撰写此书而耽误了许多本应同他一起游戏、学习,那些属于他的时间。

本书自1991年春开始撰写,1992年春初步完成,一年多的时间中,艰难困苦,备尝之矣。每每有力不从心之感。但想到国内语言学界的师友们的兢兢业业,想到XY沙龙朋友们为了替中国语言学开创新路的一腔热诚和不懈探索,就不敢半途而废,总算坚持了下来。困难之一是手头关于国内语法研究资料极少,多亏金立鑫君替我不时地寄些资料来,多少弥补了这方面的不足。然而力不从心终是事实,这本小册子的简陋和粗糙,不时令我感到恐慌和惭愧。可是正如讲究实际的美国人爱说的 Better than nothing(聊胜于无),也就不怕献丑了。但愿这本书的出版能起抛砖引玉的作用,希望曾经给过我教益、启发、鼓励的师友,不吝再予指教,则我也就感到不虚这二十年的思考和一年的撰写劳苦了。

陆丙甫

1993.3.4 于美国

Connecticut Storrs

第二版后记

本版除了对第一版的一些文字和表达错误作了勘正外,对第一版中的某些阐述不够明确的地方作了一些补充,并增加了总结方法论的§10。此外,为读者方便和减少误会,对一些术语也根据目前的使用规范进行了若干调整,如把"主题"改为现在通行的"话题";把"附加语"改为"从属语",因为前者现在往往指非论元的 adjunct,而第一版中的"附加语"是 adjunct 和 argument(论元)的统称。但是,第一版的基本体系和结构没有改变。

第一版出版至今,已经有二十多年。回头看第一版,虽然书名为《核心推导语法》,但是对于核心在语用分析方面所发挥的坐标原点作用,基本没有涉及,因此是很不全面的。第一版所讨论的轨层结构,其实基本上只是一个语义空间结构。第一版中除了§6.2 中"内小外大"跟处理难度之间的相关性,§7.1.3 中关于指称性跟双宾语语序的关系,以及§7.2.2 关于"可知度"跟成分移动的关系,基本上没有说到语用因素对语序的作用。因此许多有关分析是颇为片面的。为便于读者能更好地用批评的眼光来阅读,了解第一版的不足,本书附录中收进了能弥补第一版的片面性并代表笔者后继研究方向的两篇文章。

陆丙甫

2014 年 6 月

索　引

图书在版编目(CIP)数据

核心推导语法 /陆丙甫著.—2版.—上海:上
海教育出版社,2018.11
ISBN 978 - 7 - 5444 - 8428 - 2

Ⅰ.①核… Ⅱ.①陆… Ⅲ.①语法结构-研究 Ⅳ.
①H04

中国版本图书馆 CIP 数据核字(2018)第 210620 号

责任编辑 王 鹂
特约编辑 徐川山 廖宏艳
封面设计 陆 弦

核心推导语法(第二版)
陆丙甫 著
————————————————————
出版发行 上海教育出版社有限公司
官 网 www.seph.com.cn
地 址 上海永福路 123 号
邮 编 200031
印 刷 上海展强印刷有限公司
开 本 965×635 1/16 印张 20.5 插页 4
字 数 295 千字
版 次 2018 年 11 月第 1 版
印 次 2018 年 11 月第 1 次印刷
书 号 ISBN 978-7-5444-8428-2/H·0284
定 价 60.00 元
————————————————————
如发现质量问题,读者可向本社调换 电话:021-64377165